21 世纪高师文科系列教材

基础写作教程

陈亚丽 主编

图书在版编目(CIP)数据

基础写作教程/陈亚丽主编. —北京:北京大学出版社,2008.7
(21世纪高师文科系列教材)
ISBN 978-7-301-14031-4

Ⅰ. 基… Ⅱ. 陈… Ⅲ. 写作学—师范大学—教材 Ⅳ. H05
中国版本图书馆·CIP 数据核字(2008)第 099120 号

书　　　　名:	基础写作教程
著作责任者:	陈亚丽 主编
责 任 编 辑:	严胜男
标 准 书 号:	ISBN 978-7-301-14031-4/ H·2022
出 版 发 行:	北京大学出版社
地　　　　址:	北京市海淀区成府路 205 号　100871
网　　　　址:	http://www.pup.cn
电 子 邮 箱:	zpup@pup.pku.edu.cn
电　　　　话:	邮购部 62752015　发行部 62750672　编辑部 62753374
	出版部 62754962
印 刷 者:	河北涞县鑫华书刊印刷厂
经 销 者:	新华书店
	890 毫米×1240 毫米　A5　10.375 印张　300 千字
	2008 年 7 月第 1 版　2023 年 12 月第 18 次印刷
定　　　　价:	39.00 元

未经许可,不得以任何方式复制或抄袭本书之部分或全部内容。
版权所有,侵权必究　举报电话: 010-62752024
　　　　　　　　　　　　电子邮箱: fd@pup.pku.edu.cn

序

刘锡庆

我的桌面上摆着《基础写作教程》的书稿,主编是陈亚丽博士,参编的作者多为首都师范大学文学院的资深教师。

我知道,这意味着又一本高校文科使用的"写作教材"将要问世了。

说到"写作",真让人感慨万千。我们马上会想到(魏)曹丕在《典论·论文》里所说的"盖文章,经国之大业,不朽之盛事"的崇高定位;会自然联想起(晋)左思《三都赋》面世后一时间"洛阳为之纸贵"的文字狂欢情景;也还会记起鲁迅在《摩罗诗力说》中所论"故文章之于人生,其为用决不次于衣食,宫室,宗教,道德"的剀切评价……挂一漏万啊——讲文章写作重要的古圣今贤实在是太多了!

而目下,"写作"的情况又是怎样呢?

一句话:不容乐观。

时代在一日千里地向前发展,变化日新月异犹如沧海桑田!

以"媒体"的变化发展而论,第一媒体是报纸,16世纪在意大利出现,1874年,王韬在香港创办了中国第一份报纸《循环日报》,至今也不过一百多年的光景,但作为平面的"纸媒体"如今已然是落后了;第二媒体是广播,1906年,加拿大出生的美国教授费森登主持播出了世界上第一次语言广播,而中国1926年在哈尔滨广播电台正式开播,到现在还不足一百年呢,可广播这种媒体在现在已经有点过时了;第三媒体是电视,1923年,英国人贝尔德发明了电视,1936年底在英国开始播出,而中国到1958年才由北京电视台

（中央电视台前身）开播黑白电视，至今还不到半个世纪，但它已风靡全国，成了老少皆宜、须臾难离的真正"大众传媒"；第四媒体是互联网，它的资历就更浅了，1969年，美国"ARPANET"正式建立，而中国1987年发出第一个电子邮件，1994年以后才全面启动——短短十来年光阴啊，可想一想我们的现实生活发生了多么大的改变！在中国，电视、电脑、手机的拥有量及上网人数等，都已稳居世界第一，一个全新的"信息时代"正向我们招手呢。

这一百多年，每个有文化的中国人实际都经历了一个不断的"换笔运动"：毛笔——蘸水笔——钢笔（铅笔、圆珠笔）——电脑。这当然是一个历史性的"进步"。但在这"历史进步"的同时，我们有没有失去些什么呢？

我以为有许多人不会写字了（写错字很普遍，或字写得很难看），许多学生痴迷于网络，没时间也没兴趣再去看书、阅读了——这十分危险。除了学生、文秘们，一般人不愿也不再去写那令人头疼的"文章"了，各类各级学校的学生们，其"写作兴趣"在进一步地下滑，其"写作水平"也更加地低下了！

大概在20世纪80年代初吧，美国的"写作危机"闹得沸沸扬扬。当时我们不大懂，以为"汉语写作"已较好解决，可能会走在世界各国的前列。现在看，根本不是那回事。"汉语写作"的危机已然显现，而且它的深度、难度比起拼音文字来似乎还要大得多。

据报载，西安市最近推出了一个名为《作文之星》的软盘，里面存储着各种题目、各种体裁、各种类型的数以万计的优秀范文，想写哪个题目，只要一点击，立即就会有上百篇作家之文和伙伴之文备其"选择"，稍加变化即能拓出"新篇"——这样搞下去，让作文老师如何教？学生怎么学？过去有笑话说："天下文章一大抄，就看你会抄不会抄。"现在，《作文之星》不是在公然鼓励、提倡学生去作假、剽窃和抄袭吗？

所以，我看这个软盘的出现及泛滥，就标志了"汉语写作危机"的开始！

这就是"高科技"时代生活变化所带来的一种大趋势：人的许

多创造性的高级脑力劳动,都被电脑、软盘、摄影机、摄像机等"机器"所取代了。聪明人的大量巧妙发明,造就了"一批"和"一代"懒汉和傻瓜!

重物质而轻精神,重操作而轻文化,正在成为新的"时代病"。我想,这并不是无病呻吟和杞人忧天吧。

从这个角度去看写作,可以看出:它并不仅是一门课程、几个学分,而是一个人"语文能力"的核心和最高综合体现,是"现代人"的一种基本素养,一种不可或缺的生活、生存、精神独创的"能力"——它简直就是在工业"复制"时代的茫茫沙漠里坚守个性化、创造性的一块生机勃勃的绿洲!

写作的重要性及人文价值,难道还需要再加论证吗!

因此,我对在这个艰难情势下仍能在高校安心教"写作"的可亲可佩的老师们,是怀着极大的敬意的!

听四川师范大学马正平教授说:复旦大学、武汉大学等一批高校已开始招收"写作"方向的硕士、博士研究生了,这无疑是件大好事,但来得着实是晚点儿了。中国作为一个文章泱泱大国,长期弃置自己的优良传统,真令人扼腕而叹啊!

我希望首都师范大学的写作教研室在这件事上能走在前列,以承传从张寿康到刘峻鼎、王凯符、孙移山、毛志成、魏润身等众多名师的薪火,努力打造一个一流的写作教学团队!

这就很自然地要说到这本《基础写作教程》了。

我看,这是一本编写得相当不错、完全适合于高校文科本科生使用的"基础写作"教材。它史论并重,文学、实用兼顾,融写作发展史、写作能力论、过程论、文体论等为一炉,特别是缕述各个文体,考源流,论发展,辨异同,谈写作,条分缕析,明畅深刻,这是本书的一大亮点。

当然,教材编得要有系统性、完整性和科学性。事实上,每个老师在使用它的时候都还有自己的取舍与发挥,情况是很不相同的。因此,教材要给教师留下个性发挥的必要空间,也要给学生留下实践、创造的更为广阔的发展平台。从这一点看,此书是做得比较好的,我对此极为欣赏。

我个人热烈祝贺此书的出版问世!希望它能走向学生们的心里,受到他(她)们的欢迎!

2006年5月6日
于北京师范大学珠海分校文学院

目 录

绪 论 ……………………………………………… 1
第一章 写作理论的变迁 …………………………… 7
　第一节 古代文论管窥 …………………………… 7
　　一、《典论·论文》 ……………………………… 7
　　二、《文赋》 ……………………………………… 8
　　三、《文心雕龙》 ……………………………… 13
　　四、《文则》 …………………………………… 17
　　五、《修辞鉴衡》 ……………………………… 19
　第二节 20世纪写作理论的发展脉络 ………… 22
第二章 写作的基本能力 …………………………… 31
　第一节 感受 …………………………………… 31
　　一、什么是感受？ ……………………………… 31
　　二、什么是感受力？ …………………………… 33
　　三、感受力的培养 ……………………………… 34
　第二节 思维 …………………………………… 41
　　一、什么是思维？ ……………………………… 41
　　二、思维的类型 ………………………………… 41
　　三、思维能力的培养 …………………………… 45
　第三节 想象 …………………………………… 52
　　一、什么是想象？ ……………………………… 52

二、想象的类型 …… 53
第三章　写作的基本流程 …… 65
　第一节　聚材 …… 67
　　一、材料诸概念 …… 67
　　二、聚材的意义 …… 68
　　三、聚材的要求 …… 70
　　四、聚材的途径 …… 71
　第二节　运思 …… 82
　　一、思路与线索 …… 82
　　二、运思的意义 …… 83
　　三、运思的要求 …… 84
　　四、运思的任务 …… 85
　第三节　行文 …… 97
　　一、行文的任务与要求 …… 97
　　二、表达方式的选择 …… 99
　　三、文字语言的选用 …… 112
　　四、文面的设置规范 …… 116
　第四节　改稿 …… 120
　　一、修改的意义 …… 120
　　二、修改的任务 …… 121
　　三、修改的方法 …… 122
　　四、修改的范例 …… 122
第四章　文学创作 …… 131
　第一节　诗歌 …… 131
　　一、诗歌概述 …… 131
　　二、诗歌的分类 …… 132
　　三、诗歌的特征 …… 134

  四、诗歌写作技巧 ·············· 153
 第二节 散文 ························ 156
  一、散文的源流及概念沿革 ······ 156
  二、散文的文体特性 ············ 164
  三、散文的写作 ················ 170
 第三节 小说 ························ 182
  一、小说文体的产生 ············ 182
  二、小说概念的演变 ············ 184
  三、小说的基本特点 ············ 188
  四、微型小说的创作 ············ 192
 第四节 剧本 ························ 198
  一、剧本概念的界定 ············ 198
  二、剧本的发展演变 ············ 199
  三、剧本的基本特点 ············ 202

第五章 文章写作 ······················ 211
 第一节 新闻 ························ 211
  一、消息 ······················ 211
  二、通讯 ······················ 226
 第二节 社会评论 ···················· 241
  一、社会评论的界说 ············ 241
  二、社会评论的特点 ············ 242
  三、社会评论的种类 ············ 244
  四、社会评论的写作思路与要求 ·· 246
 第三节 杂文 ························ 255
  一、杂文的产生及文体的发展演变 ·· 255
  二、杂文的文体特征 ············ 257
  三、杂文的写作思路与要求 ······ 264

四、杂文与随笔的差异……………………………… 268
　第四节　学术论文……………………………………… 274
　　　一、学术论文概述…………………………………… 274
　　　二、学术论文的结构………………………………… 276
　　　三、学术论文的写作思路与要求…………………… 286
跋…………………………………………………………… 301

附录一……………………………………………………… 303
　出版物上数字用法的规定……………………………… 303
附录二……………………………………………………… 311
　标点符号用法…………………………………………… 311

绪　　论

　　写作学是研究书面语言写作规律的科学。就书面语言而言，可分为文学作品和普通文章，也就是叶圣陶先生提出的文艺文和普通文，所以写作又可分为文学创作和文章写作两类。"创"与"写"一字之差，体现了两种书面语言的本质差异。关于这种差异，我们会在后面讲到。

　　在中国古代一直沿袭的是"大文章"的概念，比较系统的古文论里，像曹丕的《典论·论文》、陆机的《文赋》、刘勰的《文心雕龙》等，都是用"文"来代指一切书面语言，既包括诗、词、赋等有韵的文学作品，又包括无韵的散体文章。在中国封建社会里，有众多的文人墨客对写作活动进行过专门研究，"泱泱文章大国"，同样也是文章写作理论的富庶之地。中国古代写作理论中，文体学是相当发达的。古代比较成熟的写作理论一直含有比较清晰的文体发展脉络。这些写作理论关注"面"的梳理与概括，尤其注重"点"的分析与发现，擅长针对某一种文体的特点进行比较深入、透彻的辨析。比如古代常用文体的分类方法，把文章分为论说、序跋、诏令、奏议、赠序、典志、传状、碑志、杂记、叙记、书牍、箴铭、颂赞、哀祭、辞赋等，这种分类法在魏晋时期已经基本定型。虽然写作实践自有文字以来一直绵延不绝，但"写作"这个术语直到晚清才出现。

　　中国古今写作理论的发展脉络，大体可以分为两个部分，即古代的文论研究和现代的写作学。由古代的文论研究发展到现代的写作学，中间新旧观念的交汇、融合的过渡期是20世纪前20年。"五四"以后，随着新文化运动的展开，现代白话文的写作活动开始，又加之西方文学理论的引进与吸纳，在现代白话文写作的基础上,逐渐形成了以现代白话为基础的现代写作学。它由最初的着重关注作文教学的研究拓展到对写作活动全过程的研究。这种研究由最初的与古代文论的"貌似隔绝"发展到后来对古代文论的"自觉继承",经历了一个曲折的过程。自"五四"之后,写作活动才逐步由少数文化精英享有的特权,渐渐变为建国后人人必须具备的应付生活的生存能力。

写作是人类创造性的社会实践活动,是特殊的脑力劳动,它开发、记载和发展了人类的物质文明和精神文明。就过程而言,通过记写活动来制作的文字产品,是精神性的、创造性的;就本质而言,是对思维成果的记录,包括个人情感的宣泄和抒发、思想的交流和信息的传播。它随文字的诞生而开始,又随文字的演变而发展,是现代人维持生存与发展的基本技能。

写作,可以叫做基础写作,或是现代写作。写作的对象从广义上说,应该是一切书面语言。狭义的写作又可分为文学创作和文章写作。文学创作,包括诗歌、散文、小说、剧本等;而文章写作,又可分为应用写作、新闻写作、公文写作、经济写作、军事写作、科技写作等。应用写作专指日常应用文的写作,比如便条、书信、通知等;新闻写作指的是消息、通讯、新闻评论等新闻文体的写作;公文写作指国家机关、企事业单位通行的有固定格式的实用文章的写作。公文又可细分为通有(或称通用)公文和专有(或称专用)公文两类,通有公文指在一般国家机关、企事业单位通行的有固定格式的实用文章,而专有公文指的是具有明显行业特征并主要在行业内通行的公文,比如法律文书、外交文书等。

文章的写作过程与文学的创作过程,是有本质区别的。文章与文学虽然都讲究真实,但是在真实的内涵上,两者是有很大区别的。文章是现实的真实和历史上的真实,是自然的真实和客观实在的真实。文章要如实反映客观事物,不能虚构;而文学是艺术的真实,是符合生活逻辑的真实,文学离不开虚构。正如鲁迅所说:"艺术的真实非即历史上的真实……因为后者须有其事,而创作则可以缀合,抒写,只要逼真,不必实有其事也。"①明清小说评点家金圣叹对这两种书面语言之间的差异,早有清醒的认识。他在《读第五才子书法》中指出:"《史记》是以文运事,《水浒》是因文生事。以文运事是有事生成如此如此,却要计算出一篇文字来,虽是高才,也毕竟是吃苦事。因文生事则不然,只是顺着笔性写,削高补低都由我。""以文运事"和"因文生事"恰恰清楚地划开了文章表现真实和文学需要虚构的界限,切中肯綮。从心理学的角度看,文章在写作过程中主要是联想的思维活动,它反映的主要是生活现在怎样,已经怎样;而文学在创作过程中主要是想象的思维活动,它反映的是生活可能会怎样,应该怎样。从审美的角度说,文章的主要社会功用是应用,是人与人之间的信息传播、情感交流;而文学的社会功用主要是鉴赏、陶冶人的情操。日常生活中,我们可以按照报纸上的消息在现实生活中去"按图索骥",去购物或者参加相应的活动;而文学作品中的"信息",它不能在现实生活中去一一兑现,文学作品中的人物,只能存在于读者的想象中,即便是搬上银幕或编成电视剧依然是艺术形象而已,不能与现实生活对号入座。

  这种区别,在过去的语文教学中以及大学中文系里都很少有人郑重其事地去辨析、研究,主要原因是人们对汉语书面语言的认识还不够深入,这方面的研究还处在不被重视的阶段,对于写作学的研究也还没有达到这样的层次。对于书面语言的甄别,是从现代汉语文章学学科的诞生开始的。古代文章学或辞章学的研究对象,是一切书面语言。现代汉语文章学,是在20世纪80年代初开始兴起的一门新兴的学科,它大体与中国写作学会的成立同步,但是不像写作学发展得那样迅速,社会影响也不敌写作学。这门学科建立的目的就是要弥补语文教育体系中只注重文学而忽略了文章的缺陷。它强调文艺学与文章学并驾齐驱,全面阐述了文章与文学在不同方面的差异。其学术带头人是首都师范大学现代汉语专业已故教授张寿康先生。相关文章学的学术成果有《文章学导

---

① 鲁迅《致徐懋庸》,见《鲁迅著作全编》第4卷,人民文学出版社1981年版,第959页。

论》(张寿康著)、《文章学概论》(张寿康主编)、《中国文章史要略》(程福宁著)、《古代文章学》(王凯符著)等等。

　　写作学继承了中国古代文论的衣钵,研究对象是一切书面语言,但是在具体的研究工作中,人们是把文学创作与文章写作分开来进行的,既有小说创作论,又有实用公文写作,经常是按文体的线索来研究。文章学是从学科建设的角度明确提出要区分文章与文学并专门研究普通文章读、写规律的。初学写作的人很有必要了解书面语言中文学与文章的差异,这样才能辨别文学和文章的性质,不至于犯文体特征混乱的文病。

　　本教材第一次引入了文章学理论关于文章与文学的差异的内容,在编写文体知识的部分,特别注意到普通文章和文学作品之间的差异,把属于普通文章的文体与属于文学作品的文体分别编排,这样使教材更科学也更实用。全书共分五章。第一章是对古今写作理论的简略梳理。写作是有着悠久历史的一门学科,学习者应该清楚这门学科的发展历程,应该了解中国古代写作理论是以一种怎样的姿态迈入现代写作学轨迹的。所以,我们对中国古代写作理论的主要代表著述以及20世纪写作理论的发展脉络作了简要的介绍。关于20世纪写作理论的发展脉络的内容,我们主要参考了王志彬教授主编的《20世纪中国写作理论史》当中的一些史料。如果学习者想更多地了解这方面的内容,还可以直接去阅读这本原著。第二章和第三章,是写作基础知识部分。我们在论述这部分内容时,没有采用如"主体"、"客体"等新的术语,我们认为即便术语改变了,但是内涵依然如故,不如就沿用过去的术语,更能一目了然。这部分内容,考虑到学习者可能有"潜在信息",所以本着科学化、系统化的原则,尽量简练地表述。第四章和第五章,是文学作品(四种文体)和普通文章(四种文体)的文体知识部分。我们介绍这两部分内容是想给学习者一个较为完整的文体知识架构,所以每种文体尽量"溯源",与文体发展相关的内容,我们都作简略的介绍。总的来说,全书较为注重学术性、科学性。本书作为大学的教材,留给教师一些自由发挥的空间,不涉及具体的教学方法。另外,在教材的内容结构上没有作硬性的规定,有话则长,无话则短。在每节后面都设计了一些思考题,供教师及学习者选用。

总之,我们在编写本书的过程中,没有太拘泥于常规的写作框架,力图使这本教材有一些新鲜的内容,给学习者在掌握写作知识和技巧方面提供一些实际的帮助,使所有翻阅本书的读者,都能开卷有益。

第一章 写作理论的变迁①

第一节 古代文论管窥

中国古代文论对于现代写作学来说,无疑是一笔宝贵的精神财富,它是中华民族灿烂文化的经典部分。作为文科的大学生,不光要了解自己民族的灿烂文化,更负有传承和发扬光大的历史责任。我们感到有必要将古代文论的风貌介绍给当代的莘莘学子,但因为篇幅的限制,只能挂一漏万,将我们所认定的代表性文论介绍给大家。

一、《典论·论文》

《典论·论文》是魏文帝曹丕精心研究了文人、文章以及"文事"之后写成的见解独到的一篇古代文论。此文涉及文章的价值、作家个性与风格、文体等问题。

此文第一次大胆提出了"文章,经国之大业,不朽之盛事"的论断,第一次郑重宣示了文章写作的社会实践活动的重大意义和社会价值。古人谓立德、立功、立言为"三不朽",文章属于立言,自然归入"不朽"。曹丕所说的文章,指诗、赋和散体文章。他把文章写作与立德、立功相提并论,并鼓励人们"不托飞驰之势"而去努力从事,这对魏晋以后的文章写作事业的发展,无疑起到了极大的推动

---

① 这一章所涉及的写作理论,没有区分文章和文学,因为古代写作理论一直是"大文章"的概念,既有文章,又有文学。

作用。

曹丕提出:"文以气为主,气之清浊有体,不可力强而致。""清",是俊爽超迈的阳刚之气,"浊",是凝重沉郁的阴柔之气。刘勰所谓"才有庸俊,气有刚柔","风趣刚柔,宁或改其气"(《文心雕龙·体性》)多少受到曹丕这个观点的影响。曹丕认为作者的气质、个性直接作用于各自所形成的独特的文章风格,因此他清楚地知道文人各有所长,难可兼善。所以"徐幹时有齐气"、"应场和而不壮"、"刘桢壮而不密"、"孔融体气高妙"。

《典论·论文》对四类文体进行了辨析。"夫文本同而末异。"所谓"本",指的是基本的规则,这是一切文章所共同的;所谓"末",指的是各种文体的不同特点。曹丕说:"奏议宜雅,书论宜理,铭诔尚实,诗赋欲丽。"奏议、书论,自此以后被认为是所谓"无韵之笔",而铭诔、诗赋被认为是所谓"有韵之文"。曹丕认识到文章的功能有所不同,而体裁和表现方法自然也就有差异。所谓"雅"、"理"、"实"、"丽",各具特点。在曹丕以前,人们对文章的认识只限于"本"而未及"末","本"、"末"结合的提法是曹丕的首创。这极大地推进了后来的文体研究。这一点,从陆机的《文赋》、挚虞的《文章流别论》,以至刘勰的《文心雕龙》里都能得到验证。

在《典论·论文》里,作者还对文坛之事提出了自己的看法,一针见血地指出了"文人相轻"这种普遍现象。他认为其中的原因有两个方面:一是"贵远贱近,向声背实";二是"闇于自见,谓己为贤"。前者是古人的见解,而后者则是曹丕的创见。因为"闇于自见",所以必然是"各以所长,相轻所短",不会产生正确的文章批评。

《典论·论文》虽然只有千余言,但是作者在文章里论述的却是文坛中的本质问题。"论文"虽然只是略引端绪,但是对后代的文论研究产生了深远的影响,颇有四两拨千斤的味道。

二、《文赋》

晋人陆机的《文赋》是一篇完整而系统地论述文章写作理论的

专论。骆鸿凯在《文选学》中说:"唐以前论文之篇,自刘彦和《文心》而外,简要精切,未有过于士衡《文赋》者。"①《文赋》的确是简要精切,警语、微言随处可见,而那些精论要语正是陆机对文章理论的重大贡献。

陆机在"小序"里讲到:"每自属文,尤见其情,恒患意不称物,文不逮意。""意"指作者的思想、文章主旨,"物"指客观外物,"文"指语言文字,意思是:我常常担心思想、主旨不能反映客观事物,语言文字不能把思想、主旨恰当地表现出来。"意称物"、"文逮意"是对文章写作的基本要求。"意不称物,文不逮意,属文之难,无愈二者。"②怎样解决这一难题呢?陆机提出:"盖非知之难,能之难也。"懂得"意称物"、"文逮意"的道理并不难,难就难在具体实践上。这正抓住了问题的要害。陆机第一次提出了文章写作的基本要求,并看到了写作实践的重要,这对现代的文章写作仍具有指导作用。

陆机认为文章写作的源泉无非来自两方面:一是直接经验,"遵四时以叹逝,瞻万物而思纷;悲落叶于劲秋,喜柔条于芳春"。也就是作者感于自然现象而起笔。现在看来,这种直接经验除自然现象外,还应包括社会现象,陆机虽未提及后者,但"感于物"的思想已跃然纸上。二是间接经验,"咏世德之骏烈,诵先世之清芬;游文章之林府,嘉丽藻之彬彬"。也就是在典籍中感于古人的美事美言。这两个方面,陆机归结为"伫中区以玄览,颐情志于典坟"。

构思是一种创造性的劳动,是作者对文章的设计过程。陆机在论述文章构思的具体过程、状态时主张:一要有广泛的联想;二要有独创性。他说:"其始也,皆收视反听,耽思傍讯,精骛八极,心游万仞。"他强调构思要有丰富的联想,不受时空限制。联想并不是胡思乱想,而是对已有的各种知识的回顾、物色,选择其中有用的部分,充实于文章之中。为了使文章不落俗套,必须"收百世之阙文,采千载之遗韵;谢朝华于已披,启夕秀于未振"。也就是"用

---

① 转引自张少康《文赋集释》,上海古籍出版社1984年版,第190页。
② 同上书,第12页。

人未用之书,发人未发之意"。文贵有新意,这依然是现代文章写作的重要原则。

《文赋》论述了布局谋篇的全过程。"选义按部,考辞就班。"也就是按分段布局的需要(内容的需要)遣词造句。"辞"如何能恰到好处地表现"意"?陆机的原则是"抱景者咸叩,怀响者毕弹"。天地间一切有声有色的事物都可以用来表达文中的意。陆机还列举了几种文章结构方式:"或因枝以振叶,或沿波而讨源;或本隐以之显,或求易而得难……"对于具体的写作过程,陆机描述得十分细致:"罄澄心以凝思,眇众虑而为言;笼天地于形内,挫万物于笔端。始踯躅于燥吻,终流离于濡翰。"作者充分展示了细腻的写作心理。在处理意和辞的关系上,陆机主张"理扶质以立干,文垂条而结繁"。陆机以树喻文,认为内容是主干,形式如同枝叶。树叶繁茂,树干才有活力、有生气,二者缺一不可,互相依存。陆机把"内容"放在重要的地位,为范晔"以意为主,以文传意"的思想奠定了基础。陆机还提出形式与内容谐和一致的问题:"信情貌之不差,故每变则在颜;思涉乐其必笑,方言哀而已叹。"也就是语言文字随思想感情的变化而变化。他还进一步指出意与辞的运用归根到底是为使物能"穷形尽相"地表现出来。"辞程才以效伎,意司契而为匠;在有无而僶俛,当浅深而不让。"为了达到意能"称物"的目的,可以打破任何的方圆规矩,不受约束:"虽离方而遁圆,期穷形而尽相。"陆机不仅摆正意与辞的关系,而且指出运用意与辞的目的,使意与辞的关系更深化了一步,把意与辞的关系用"意称物"的基本要求联系起来了。

陆机认为文章的体裁是多样的,因为"物无一量",客观事物是千变万化的。陆机列举了九种文章体裁(诗略去不谈),并作了精当的说明。"赋体物而浏亮"(赋,陈述事情,语言清楚明了);"碑披文以相质"(碑,内容应切合实际,文辞应求实);"诔缠绵而凄怆"(诔,情意绵绵,格调凄怆);"铭博约而温润"(铭,意义博大而语词简约);"箴顿挫而清壮"(箴,讥讽得失,行文有节奏);"颂优游以彬蔚"(颂,行文自然,富于文采);"论精微而朗畅"(论,内容精深,词语畅达);"奏平彻以闲雅"(奏,语气平和,文辞雅致);"说炜晔而谲诳"(说,求实又有文采)。陆机对文章体裁的这种归纳、剖析虽然并不全面,但它比《典论·论文》中"奏议宜雅,书论宜理,铭诔尚实"要精密而细致。陆机对文章体裁的意与辞的概括,其中渗透着文辞应该合体的含义。就"碑"文来说,应该求实,因为它涉及对一个人的评价;"诔",格调一定凄婉,因为它要表达凄婉的感情;"箴",应该有节奏,因为要讥讽得失,必须有理有节,有咄咄逼人之势,这样才能达到讽谏的目的。陆机之后,也有人很重视文章的体式。"是以草创鸿笔,先标三准,履端于始,则设情以位体"(刘勰《文心雕龙·镕裁》),"夫才童学文,宜正体制"(刘勰《文心雕龙·附会》),也把体制放在第一位。可见正体制在文章写作活动中的位置。

在具体的文章写作中,怎样才能使意称物、文逮意,意与辞互相映衬,相得益彰呢?陆机提出了有关章法、技法的四个问题。

第一,剪裁得当。为了文章不致前后矛盾,陆机提出文章应该"考殿最于锱铢,定去留于毫芒。苟铨衡之所裁,固应绳其必当"。对于"骈拇枝指,附赘悬疣","譬绳墨之审分,斧斤之斫削矣"(刘勰《文心雕龙·镕裁》)。可见刘勰和陆机对于文意剪裁的观点是一致的。文章写作只有经过"去粗取精,去伪存真",详略得当,才能加强表现力。

第二,片言居要。文章必须有精辟的语言来概括全篇的主旨,纲举才能目张,否则文章写了一大篇,别人读了不知所云。"虽众辞之有条,必待兹而效绩。"要突出文章的主旨。"立片言而居要",也就是画龙点睛,或叫"文眼"。

第三,戒雷同,求新意。"虽杼轴于予怀,怵他人之我先。苟伤廉而愆义,亦虽爱而必捐。"也就是力求发古人未发之意,即使是自己很得意的语句,如果没有新意,也必须抛弃。章学诚在《文史通义·内篇三·辨似》中说:"盖言文章之士,极其心之所得,常恐古人先我而有,是言苟果与古人同,便为伤廉愆义;虽可爱谌,必割也。"这也是同样的道理。

第四,烘托铺垫。文章只有警句、佳言,就变成了"名人名言录",也不成其为文章。文章还必须有与佳句相配合、相呼应的语句,应"弃偏善之巧,学具美之绩"。陆机说:"彼榛楛之勿翦,亦蒙荣于集翠。缀《下里》于《白雪》,吾亦济夫所伟。"庸音配佳句,如同鄙曲配雅唱,也能增加文章的奇特。烘托也是必不可少的。

陆机阐述的章法剪裁、点眼问题和技法求新、烘托的问题,均有开创之功。陆机的《文赋》,篇幅不长,但涉及的内容却很广泛。《文赋》还系统地指出文章写作过程中容易出现的五种文病:1.文章前后缺少呼应,"俯寂寞而无友,仰寥廓而莫承。譬偏弦之独张,含清唱而靡应"。2.喧宾夺主,"辞与理竞,辞胜而理伏"。陆机概括为"混妍蚩而成体,累良质而为瑕"。3.缺乏真情实感,"言寡情而鲜爱,辞浮飘而不归"。4.文章格调低下,"徒悦目而偶俗,故声高而曲下。寤《防露》与桑间,又虽悲而不雅"。5.缺少文采。孔子云:"言之无文,行而不远。"如果语言缺少文采,就难以流传久远。陆机认识到,缺少文采的文章,同样也不能达到预期的效果。陆机列出这五种文病,告诫人们,凡遇到这样的文章,都必须加以修改、加工,否则,就会削弱文章的社会作用。

陆机在阐述文章构思规律的同时,还指出这种规律的"有定"性和"无定"性。《文赋》中,陆机先谈到写作规律的"有定"性:"其为物也多姿,其为体也屡迁;其会意也尚巧,其遣言也贵妍。暨音声之迭代,若五色之相宣。虽逝止之无常,固崎锜而难便。苟达变而识次,犹开流以纳泉。如失机而后会,恒操末以续颠,谬玄黄之秩叙,故淟涊而不鲜。"这些文字,表明文章写作应遵循一定之规。表达文意推崇技巧,语言应该华美,音节应该和谐。如果掌握文章写作(包括音韵变化)的规律,认识到次序安排的重要,那么写起文章,犹如打开的闸门,会文思泉涌;如果失去了正常次序,以首续尾,文章就不会流畅。陆机在此首先规定了文章对意与辞的要求,其次强调了文辞(音韵)的次序。有序则文顺,无序则文阻,概括了文章写作要遵循的主要原则,也就是"普辞条与文律"的条律。这些反映了陆机文章理论中"有定"的方面。

《文赋》还说:"若夫丰约之裁,俯仰之形,因宜适变,曲有微情。"就是说,文章写作中细微的变化,曲折而有微情,又是不可琢磨的。"或言拙而喻巧,或理朴而辞轻;或袭故而弥新,或沿浊而更清;或览之而必察,或研之而后精。"总之是变化多端。最后陆机说:"是盖轮扁所不得言,故亦非华说之所能精。"他把文章写作活动看做是妙不可言的事情。还说:"若夫应感之会,通塞之纪,来不可遏,去不可止。藏若景灭,行犹响起。方天机之骏利,夫何纷而不理。"他把文章写作的灵感也归于机遇。这些都表明了陆机对文章写作理论认识的另一个方面。怎样看待陆机这种既"有定"又"无定"的观点呢?我们认为这并不矛盾。"有定"是从写作规律的角度来讲的,谁也不能否认文章写作有一定之规;而"无定"是从写作实践来讲的,每个作者的知识水平不同,个人经历不同,文风当然不同,构思的方法必定是多种多样,而每一个人在构思一篇文章的过程中,文思也是变化多端的。陆机如此揭示文章写作的规律,展示出既"有定"又"无定"的朴素辩证法思想,是对后代文章理论的重要贡献。

陆机把文章的作用概括为"俯贻则于来叶,仰观象乎古人。济文武于将坠,宣风声于不泯"。他认为文章可以流传万世,是取法前修,垂范后世,可以继承文武之道,可以起到宣传教化的作用。从现代文章学理论的角度来看,文章作法也包括陆机所说的内容。今天所写的文章,仍然要继承前人写文章的一些方法,而我们写出的较好的文章,对于后代人来说,也将起典范的作用。同时,有些实用文章还能起到传播真理、移风易俗的作用。当然,现代文章还有许多其他方面的作用,陆机所说的则是文章的基本社会作用。

纵观全文,《文赋》有几个突出的贡献:一是抓住了文章写作的基本要求"意称物、文逮意";二是正确处理了意与辞的相互关系,奠定了"文以意为主"的基础;三是对文章构思主张联想和创新;四是发展了前人对文章体裁的认识;五是提出了有关章法、技法的问题。这些文章理论,虽然出于晋代陆机之笔,但有些内容仍是现代写作学理论所依据和遵循的重要原则。"尽曲其妙,良不诬"矣。

三、《文心雕龙》

《文心雕龙》,是魏晋南北朝时期刘勰所著的一部比较系统、完整的写作理论专著。它曾经被文艺理论界认为是一部天经地义的文学批评著述。但是如果我们认真研究过《文心雕龙》的具体内容，就不难发现此书所概括的文论，不光是文学的（诗、词、赋），还有实用文章的，而且关于实用文章的内容占了绝大部分篇幅。《文心雕龙》研究专家周振甫先生在他的《〈文心雕龙〉今译》中明确指出："他是先博通经史子集，再从文学和文章的角度，论文序笔，研究文体论；再从文体论中剖情析采，研究创作论……最后制定文之枢纽的。"①这个评价，客观、全面，实事求是。文章学家张寿康先生在《文章学古今谈》中说："《文心雕龙》体大思精，旨深论宏，实际是一部《文章写作发微》。"②我们不反对把《文心雕龙》说成是文学理论著作，但同时我们还要郑重地补充说明：《文心雕龙》也是一部文章学理论著作。其实，在刘勰那个年代，根本没有现代意义上的"文学"这个概念，一切书面语言，都统称为"文"或"辞"，所以确切地说，《文心雕龙》所表述的就是一般意义上的写作文论。

《文心雕龙》体大而虑周，涉及写作理论的方方面面，包括了文体论和创作论。

从《祝盟》到《书记》（除了《谐棋》），共论述了24种文体（不包括文中提到的），从这些对文体特点及功用的分析看，它们都具有极强的实用性。《文心雕龙》中的文体论，可以归结出以下几个特点：

第一，每种文体各司其职，功用明确。在15篇文体论中，每种文体都有特定的内容规范和应用范围。这种文体分类法分工精确，但同时也带来分类过细、有交叉现象的弊端。如诔、碑、哀、吊，同是纪念死者的文章，却分出纪念夭折的"哀"和纪念成年死者的"吊"。文体是发展的，这种区别在以后的文体分类中被取消了。诔，是表扬死者的德行，碑，是专门讲死者的生平行事，事实上在具体写哀悼文章时，诔、碑的内容往往是密不可分的，"合二为一"更符合悼念文章写作的实际。这四种文体，在姚鼐的《古文辞类纂》

---

① 周振甫《〈文心雕龙〉今译》，中华书局1986年版，第5页。
② 张寿康《文章学古今谈》，见《文章丛谈》，知识出版社1982年版，第254页。

里被合成"碑志"和"哀祭"两类。

第二,文体论中涉及的多种文体,均具有较强的实用性。像祝盟、诏策、书记这样的文体,其实用性是不言而喻的。这类文体的写作,无所谓形象塑造或艺术加工,都要求如实反映客观事物,其应用价值是主要的。因此,《文心雕龙》文体论中的绝大多数文体属于实用文章。

第三,文体论中,明显透露出刘勰反对浮靡文风的思想。《祝盟》中说:"凡群言发华,而降神务实,修辞立诚,在于无愧。"还说:"非辞之难,处辞为难。"这从侧面道出了这类文章的应用价值,同时也反映出刘勰重视文章实用性的文章观。像"箴全御过,故文资确切","其取事也必核以辨,其摛文也必简而深"(《铭箴》),"奢体为辞,则虽丽不哀;必使情往会悲,文来引泣,乃其贵耳"(《哀吊》),"文非泛论,按实而书"(《史传》),"文不雕饰,而辞切事明"(《檄移》),"述理于心,著言于翰"(《书记》)等等,都体现了刘勰注重文章真实性,而反对单纯追求文辞华丽的思想。刘勰在文体论中体现出来的文章观,可以概括为三个字,即"言有物"。这种文章观实际是刘勰宗经思想的具体体现。

从刘勰对多种文体在内容与形式上的分析可以看出,刘勰抓住了这些文体所体现出的求实的写作特点。这些实用文体,从本质上有别于我们今天所说的文学作品的创作特点。

《文心雕龙》的写作论涵盖了文章写作过程论、文章合体论、文章风格论和养气论四个方面。其总体思想集中体现在《宗经》的"六义"中,主要是重视文章的思想内容,引证要确切,反对诡诞、浮夸等内容。写作论共有20篇,其中《神思》、《声律》、《丽辞》、《比兴》、《夸饰》、《隐秀》、《物色》侧重总结文学手法的运用和要求。《总述》是对整个写作论的总结。《事类》、《附会》、《通变》、《镕裁》是讲有关文章内容方面的要求,与"六义"中的"情深而不诡"、"风清而不杂"、"事信而不诞"、"义贞而不回"相呼应。《章句》、《练字》等主要讲文章形式方面的要求,与"六义"中的"体约而不芜"、"文丽而不淫"相呼应。另外,刘勰还讲了文章的修改(《指瑕》)和文章作者自身的修养问题(《养气》)。以上各篇构成了包括文章写作过程各个环节的完整的写作理论体系。

《文心雕龙》设多篇详尽论述了人们在文章写作活动中几个必不可少的环节,如文章的构思、选材、布局谋篇及文章的修改。这些内容在写作论中各占一篇,彼此相对独立。把它们联系起来分析,更能充分显示出刘勰写作理论的系统性。"是以陶钧文思,贵在虚静,疏瀹五藏,澡雪精神"(《神思》),形象地描述了文章写作过程中想象及联想的心理活动过程。关于文章材料的选择,刘勰主张继承古人之精华,反对因袭辞句,认为文章应该兼有质与文(文采),在文辞上应该雅而不古,俗而不讹。关于对文章材料的提炼与推敲,他在《镕裁》篇详尽地论述了炼辞和炼意的方法和原则。"善删者字去而意留,善敷者辞殊而意显。字删而意阙,则短乏而非核;辞敷而言重,则芜秽而非赡。"其中心意思就是炼辞以炼意为要。他还设专篇具体谈了练字的原则。《文心雕龙》之所以被人推崇备至,一方面由于它"体大虑周",另一方面也因为它"精研覃思"。关于文章的结构,他从总体的角度去考察,勾画了文章结构的总纲,即"总文理,统首尾,定与夺,合涯际,弥纶一篇,使杂而不越者也。若筑室之须基构,裁衣之待缝缉矣。"《指瑕》篇又具体谈了文章修改的问题。文章写作过程论,构成了《文心雕龙》写作论的核心内容,也是充分体现刘氏文章观的关键部分。

涉及文章合体论的内容,在《文心雕龙》里,只有《定势》一篇。所谓"定势"就是文章的体裁与风格要相适应,要按照某种体裁所需要的风格去写。刘勰具体论述了体裁对文章写法及风格的制约作用。"是以括囊杂体,功在铨别,宫商朱紫,随势各配。章表奏议,则准的乎典雅……箴铭碑诔,则体制于弘深……此循体而成势,随变而立功者也。"他还指出"势"是根据客观内容而定,无一定之规;写作技巧娴熟的人,无论刚柔,都善于综合运用各种体裁。他强调文章的写作必须合乎相应的体裁规范,如果一味追求新奇而违背了相应的体裁规范,则是不可取的。

文章形成一定的风格,是文章写作的高级阶段,表明作者的思想及组织文章的能力都达到了相当的高度。《文心雕龙》中《风骨》和《体性》是专门讲风格的。刘勰讲风骨,并不抽象,紧紧围绕"析辞"与"述情",使风骨的效用极其明了。在《体性》篇里,刘勰谈到文章风格与作者内在气质的联系,总结归纳了文章常见的八种风格,即"典雅"、"远奥"、"精约"、"显附"、"繁缛"、"壮丽"、"新奇"、"轻靡"。其中的风格有优有劣。在刘勰以前,曹丕在《典论·论文》中对具体作家作品的风格作过简略的评价,但未概括出一般规律,这一点,刘勰超越了前人。刘勰之后,宋人陈骙在《文则》中把文章的风格又概括为"三美":"雄健而雅"、"宛曲而峻"、"整齐而醇",都是从正面的角度来总结的,比刘勰简要。另外,值得一提的是《文心雕龙》中的《养气》篇,还专门论述了文章作者的修养问题,具体而又详尽。

总之,《文心雕龙》中的文体论和写作论,虽然是论述古代文章的写作规律,但对现代文章的写作依然具有直接的指导作用。其中精辟的论断很多,对现代文章理论的建设,不乏多方面、多角度的启迪。可以说,《文心雕龙》是中国古代写作理论中的瑰宝。

四、《文则》

《文则》是南宋陈骙潜心研究了《六经》诸子文章之后,写成的"为文之法"的著述。它涉及语法、修辞及文章写作三个方面的理论问题,论点简明扼要,引用大量文章片断做论据,事实例证占据书的绝大部分篇幅。这种以文话、笔记的形式论文的方法是陈骙论文的一大特色。《文则》涉及的文章理论是多方面的,包括"文以意为主"、"事类法"、"文章体裁论"等内容。

《文则》被认为是一部修辞学专著。从作者的写作意图及全书的宗旨看,它不仅仅是一部修辞学著作,同时还是一部探讨文章写作规律的写作理论著作。此书记录了作者多年来潜心研究作文之法的心得体会,即要追寻古人的文章写作规律。持这种看法的有《〈文则〉注释》的作者刘彦成先生。《文则》以"为文之法"为宗旨,"文则"即文章写作的法则。在《文则》中,作者言必称《六经》,当然其中也不乏作者的亲身感受。无论是作者自身的写作体验,还是归纳总结出他人的文章写作规律,对现代文章写作实践,都具有重要指导意义。

在我国古代文论中,从陆机的《文赋》到刘勰的《文心雕龙》以及《颜氏家训·文章篇》,都把文意放在重要地位。"理扶质以立干,文垂条而结繁","文以情志为神明,事义为骨髓,辞采为肌肤","文当以理致为心胸,气调为筋骨",都阐明了文意在文章中的主导地位。到了范晔,他就更加明确地提出了文"当以意为主,以文传意"。陈骙在《文则》中也有同样的看法,他说:"辞以意为主,故辞有缓有急,有轻有重,皆生乎意也。"(见《文则》乙第五条)他认为"意"应该主宰"辞",统帅"辞"。其实,辞就是指文,指书面语言。可以说,从魏晋到宋人陈骙,他们都认识到文意的重要性,虽然说法有别,但有异曲同工之妙。

陈骙还指出:"文之作也,以载事为难,事之载也,为蓄意为工。"意思是记事之文,以蓄势的手法逐渐表达出文意为佳,也从侧面透露出作者重视立意的倾向。这是"文以意为主"的观点在具体文体中的体现。

另外,《文则》还详细总结了《六经》诸子文章中的事类方法。在此不赘述。

陈骙在《文则》中用了较多篇幅论述了几种实用文体的风格及功用,简明扼要,很有概括性。陈骙首先归纳了《左传》中的八种体裁样式:"一曰命婉而当,二曰誓谨而严,三曰盟约而信,四曰祷切而悫,五曰谏和而直,六曰让辩而正,七曰书达而法,八曰对美而敏。"这里,陈骙高度精练地概括了各种体裁的风格。"命",委婉而允当;"誓",谨慎而严肃;"盟",简要而信实;"祷",恳切而诚挚;"谏",和谐而率直;"让",雄辩而公正;"书",畅达而规范;"对",优美而机敏。这些概括不仅仅反映了"八体"的风格,而且揭示出文体与风格的内在联系。"谏",是以提意见为主要内容的文体,它的特点之一就是率直;祷,是对神灵的祈祷,所以要恳切诚挚,否则心不诚就不"灵验"了。其他体裁都是同样的道理。

陈骙除论述了《左传》的八体之外,还论述了箴体、赞体、铭文、祝谥及诏、命、封、策八种文体。在举例的同时,也阐明了各种体裁的内容特点或者说社会功用。如箴体,"箴"是一种以规劝君王过失为内容的文章,是"各箴王阙";"祝谥辞"是"祭有祝嘏,死有诔谥,周公之制备矣。祝嘏尚钦,诔谥宜实。"祝,是祭神的祷告辞;嘏,是神赐的话。原文意思是祭祀时有祝祷辞和赐福辞,人死后有诔文和谥号,祝辞嘏辞以恭敬为好,诔文谥辞以笃实为宜。这里,作者用画龙点睛的语言辨析了这四种文体的细微差异,很好地突出了各自的功效。

总之,陈骙在诸多方面阐明了他的文章观,有些内容与前人的主张一脉相承。陈骙所说的"援引"、提倡浅语、通语,反对滥用古语,与刘勰的"事类"、"练字"的观点大同小异。有些内容如"文协尚矣",虽然在《文心雕龙》中也有类似的主张,但陈骙的提法更为明确,对一些文体特点的辨析显示出他的创新所在。可以断言,《文则》也像《文赋》、《文心雕龙》一样,是古代文章理论的重要一页。研究、吸取《文则》中的精华,并不意味着它完美无缺。《文则》由于没有分出论点来阐述,从全文看来显得有些凌乱,个别地方有前后重复的毛病。但是,尽管如此,瑕不掩瑜,《文则》仍不失为一部值得后人重视的重要的写作理论著作。

五、《修辞鉴衡》

元人王构编撰的《修辞鉴衡》是中国古代第一本也是唯一一本以修辞命名的专著。值得注意的是,此书虽以修辞命名,却与修辞学无直接的关系。这一点已经在修辞学专家陈望道、郑子瑜两位先生那里得到了证明。[①] 确切地说,此书是一部系统性强且结构完整的写作理论著作。书中集录了宋人的诗话、文集、杂记(只有最后一条是作者自撰的,直接表明了作者的观点),从其编排的顺序及所设置的小标题,可以发现此书在编排上极有内在的逻辑性。卷一是讲"为诗之术",卷二是讲"为文之术",读者可以从中探寻到编者的写作思路及主张。

卷二的内容体现了编者对文章写作规律的总体把握。

---

① 参见郑子瑜《中国修辞学史稿》,上海教育出版社1984年版,第283、287页。

卷二之首,编者引用了《珊瑚钩诗话》(宋人张表臣著)之说,先列举了"诗之众体",然后又从"制、诏"到"札子",列举了约40种"文之众体"。这段引文,实际是对"诗之各体"及"文之各体"的一个界定。文论开篇,首先将文体的定义摆在了首位,读者可以从中悟出编者的用心,即要想学"为文之术",首先要了解"文之各体"。这种思路与刘勰的"履端于始,则设情以位体"的文章观实有异曲同工之妙。

书中从"古文有三等"到"李格非论文",都是对一家之文的评说。这部分文论的内容从六经、诸子文章到两汉、唐宋的文章名家,几乎都涉及了。这表明编者向初学者指明了一条学习"为文之术"的捷径,即向名家学习。

从"文有三多"到"作史",可以归结为文章写作过程论。其中涉及了文章写作的总原则、文章构思的注意事项以及文章的章法、技法等。

"文有三多",告诉读者,学习写文章要"多看多做多商量",强调文章写作的技巧必须通过历练才能获得。"为文当从三易",告诉读者文章在表现形式上的总体要求,即写出的文章要"易见事,易见字,易读诵"。"学文有自来"和"作文有悟入处",告诫读者要从不同的文章家那里学习不同的"为文之术",并强调写文章要用心去领悟。在"草野台阁之文"、"文章有三等"两条里,告诉读者文章有不同的风格和档次。从内容上大体可分为两类,即"草野"之文("著书立言之所尚也")和"台阁"之文("代言华国者之所尚也");从文章的表现形式、技巧上又可分为三等:上等为"藏锋不露读之自有滋味",中等为"步骤驰骋,飞沙走石",下等为"用意庸常,专事造语"。读者应该学习哪一种,不言自明。从以上内容可以看出,编者是从文章整体着眼的,从"三多"、"三易"到"三等",让初学者体味到写作实践的重要,既要向他人学习,又要刻苦练习。另外,还使初学者了解到好文章在表现形式上应具备"三易"。

从"文章先定凡例"到"文不可拘一体",主要阐明了文章构思酝酿阶段要注意的问题。比如,为文要先立意,有主次;写文章切忌因袭等。这些内容虽然没有具体讲文章构思的详细过程,但都是文章作者构思时要思考、定度的关键性问题。编者将这些内容按顺序编排在一起,是要告诉读者,解决、处理好这些问题,是写好文章的重要前提。

从"文要纡徐有首尾"到"繁简",是关于文章章法、技法的内容。包括文章要前后呼应,纡徐有余韵;要处理好文章内容之间的衔接与过渡;文章的语言要以传意为宗旨,要以贴切、准确地表达事物为原则。"文章平淡"(平中见奇)、"文不当好奇"以及"文要用人所不能用",说明文章不应刻意去求奇,但应努力去创新。文章的写作只有达到炉火纯青的地步时,才能平中见奇。

总之,从卷二的整体内容及其编排顺序,我们可以领悟到编者是想借前人的写作经验,给读者指出一条写好文章的捷径。它包括文章写作的原则、文章的构思及文章写作过程要注意的方方面面。这些内容综合起来,构成了"为文之术"。

书名中所谓"修辞"即"修饰辞章也"。无论"诗论"与"文论",都是王构精心选择集录而成的,集腋成裘之功非他莫属。

此书具有较高的史料价值。书中所引内容现大多散佚,因该书采录才得以保存下来。"其中世传吕氏《童蒙训》非其全帙,此书所录凡三十一条,皆今本所未载,亦颇足以资考证。"(《四库全书提要》)书前的王理之"叙",高度概括了全书的宗旨,即"教为文与诗之术",可以弥补王构只在书尾一条里阐发个人观点的"遗憾",让读者直接从"叙文"里去触摸全书的脉络,起到了很好的导读作用。

总之,《修辞鉴衡》虽为集录,但仍不失为一部指导初学者写作实践的好书。即使在今天,"适事则行,情感则通",仍然是当代诗歌创作、文章写作所追求的境界。

从以上内容我们可以得出这样的结论,古人不光是非常重视文章写作,而且还非常重视研究写作。他们把写作活动看成是一种事业,与"立德"、"立功"同等重要,这在同时代的其他国度里是比较少见的。正因为如此,我们的先人才日积月累,创造了高度的精神文明与物质文明。在迈向文明的里程中,发达的写作活动发挥了不可替代的承载和传播作用。

【思考与练习】

1. 阅读《典论·论文》,谈谈你读后印象最深的是什么?
2. 阅读《文心雕龙·附会》篇,谈谈你对其中"附会"的理解。
3. 《文赋》、《文心雕龙》、《文则》、《修辞鉴衡》都涉及对文体风格的论述,把这些论述归结到一起,分析一下它们之间的差异。

第二节 20世纪写作理论的发展脉络

回顾整个20世纪的中国写作理论,用"浩如烟海"来形容,一点也不夸张。对上,它承接了古代写作理论的丰厚底蕴;对下,又与风云多变的社会变革遥相呼应。所以,20世纪的中国写作理论既是对中国古代写作理论的继承、革新和发展,又不可避免地映射着社会发展的脚步,显示了特有的时代风貌。如果我们将20世纪写作理论的发展脉络进行分段的话,不能不与近百年中国社会的政治历史的发展脉络相联系,我们认为,20世纪中国现代写作理论的发展脉络大致分下面四个阶段:

1. 第一阶段(1900—1919),以专题性的写作理论著作为主,写作理论是社会上少数精英关注的对象。[①]

这一时期民族灾难日益深重,资产阶级革命运动初步发展。这时期写作理论的特点是以少数精英的专题性理论著作为代表。研究写作理论的人,在整个社会的发展进程中所占的比例还很小,但是研究的成果很有分量,是以鸿篇巨制的形式体现的。它们明显继承了中国古代写作理论的恢弘博大的特征。比如姚永璞的《文学研究法》,模仿《文心雕龙》,共25篇,综合罗列诸家论文之说,稍加评论,前后串联自成系统,涉及文章的分类、功效、神理、气

---

① 参阅王志彬主编《20世纪中国写作理论史》,南京大学出版社2002年版,第1页。

味、格律、声色等。① "自周秦以迄近代,通人之论,莫不考其全面撷其精","虽谨守家法,而无门户之见存",是近代以来,最为完整、系统的一部传统的写作理论著作。自1914年出版后,近20年间,重印了9次,是高等院校长期使用的教材。又如林纾的《春觉斋论文》,其中"应知八则"一章,详细讲述意境、识度、气势、风趣、情韵等问题,强调文章写作的艺术性及形象化的特点;他还特别注意到《史记》、《汉书》中对人情事态委婉逼真的描绘,其论述对后人很有启发。尤其是"制局之法和为文之忌",体现了鲜明的实践性。1913年,《春觉斋论文》在《年报》上刊载,1916年由都门印书馆印行,1921年又由商务印书馆出版。到30年代末,还经常被"作文法"一类的书籍引用,影响相当深远。林纾是桐城派末期的代表性作家,他的观点也充分体现了桐城派的文学观点,后由人民文学出版社出版的《论文偶记》、《初月楼古文绪论》、《春觉斋论文》的合集,集中体现了桐城派初期、中期和末期的文论主张。

另外,值得一提的还有来裕恂和吴曾祺。1913年,来裕恂著有《汉文典》,包括《文字典》和《文章典》两个部分。前者讲述了文字的源流及用法;后者论述了文章作法与体格,包括字法、句法、章法、篇法、文章体式、文章变迁及作者修养等。该书详尽地论述了古文写作的特点、原则和方法,既综合继承了传统的写作理论,又独抒己见,自成一体。此书由上海商务印书馆光绪三十二年(1906)印行。1911年,吴曾祺的《涵芬楼文谈》由商务印书馆出版,全书以传统写作理论中的诸多关键问题为线索,共编40题,62篇。全书大致可以分为两个部分,第一部分是《宗经》、《治史》、《读子》、《养气》等关于文章作者的修养问题。第二部分是《储才》、《炼字》、《运笔》、《涉趣》等关于文章写作原则和技巧的内容,既提出了对写作原则的要求,又批判了写作实践中的弊端,多数内容具体、扎实,少数内容也有陈旧过时之嫌。此书先后重印13次。

此外,黄侃的《文心雕龙札记》,曾作为"文章作法"的讲义,刘师培的《文章学纲要》,首次提出了开设文章学课程的设想。这两

---

① 参阅王凯符主编《古代文章学概论》,武汉大学出版社1983年版,第237页。

部著作,在当时虽未能公开出版,但对当时的高等院校的写作教学产生了一定影响。

20世纪初期,除了上面提到的传统写作理论的专著之外,还有一部分著作的写作理论属于新兴的写作理论,它们顺应了资产阶级改良派和资产阶级革命派制造变革舆论以唤起民众的需要,有了空前的发展。康有为、梁启超、谭嗣同、严复、夏曾佑以及黄遵宪、裘廷梁等资产阶级改良派人物在1898年、1902年分别创办了《清议报》和《新民丛报》、《新小说》杂志,以此为阵地,进一步发动、领导了"诗界革命"、"文界革命"、"小说界革命"和戏剧改良运动,并且得到了广泛的响应,使晚清文坛出现了"一个崭新、全面的兴盛局面"。章炳麟在1902年至1908年间,精心结撰了《文学说例》、《文学总略》、《定式》、《辨诗》等著作,其中有一些精辟见解,当然也含有一些不合潮流的保守、片面之议。管达如在1912年写的《说小说》,试图对小说这一文学样式进行一次全面的理论总结。这部作品的论述虽不够全面、深刻,但却是从古至今较为系统地阐述小说创作中诸多基本问题的论著。吕思勉在1914年发表的《小说丛话》,是我国近代最长的一篇小说专论。另外,影响较大的戏曲理论专著主要有近世曲学大师吴梅的《顾曲谈》和姚华的《曲海一勺》等。

纵观这一阶段的写作理论的发展状况,它的突出特点是,处于新旧交替的矛盾斗争之中,既有相互间的排斥,又有一定程度的融合。写作理论多出自造诣深厚的宿儒、学者、教育家和思想家、革命家之手,具有较高的学术品位和系统归纳的理论形态。

2. 第二阶段(1920—1949),以学者、教育家的写作教学著述和文学家的散论为主导;社会上关注和研究写作理论的人增多。

五四新文化运动对我国写作理论的建设和发展的影响最为直接也最为关键。当时,人们的思想得到了空前的解放,各种文化社团纷纷建立,形成了一个近乎"百家争鸣、百花齐放"的局面。这一时期的写作理论,具有明显的"反叛"性。最大的变化就是白话文写作理论的兴起,它与传统的写作理论泾渭分明,打破了传统写作理论"只可意会,不可言传"的神话。对写作理论的研究不再是少数人的专利,开始向普罗大众倾斜。大量面向中小学生的"作文法"一类的读物相继出版。

这一时期关于作文教学法的著作主要有梁启超的《中学以上作文教学法》,这是我国第一部作文教学法,开创了作文教学法的先河。还有黎锦熙的《新著国文教学法》、张震南的《师范国文述教》、陈望道的《作文法讲义》、龚自知的《文章学初编》、阮真的《中学作文教学研究》和《中学国文教学法》。40年代以后还出版了一些关于说明文、论辩文、记叙文、应用文、公文写作方面的教材。叶圣陶的《作文论》,是这一时期现代文章写作理论的奠基之作,主要是关于文章作法的研究。所谓文章作法,就是告诉读者"怎样写作是合乎法则的,也附带说明怎样写作是不合规则"。① 相关的理论著述还有夏丏尊和叶圣陶合著的《文心》、叶圣陶的《文章例话》、孙起孟的《写作方法入门》等;后期有蒋伯潜和蒋祖怡合著的《章与句》、蒋祖怡的《文章学纂要》等。

这一时期的写作理论,开始借鉴西方问题分类法对文体进行分类,有的分为美术文(包括诗歌、小说、戏剧等)和实用文(包括记叙文、说明文、议论文);有的分为文艺文和普通文(叶圣陶)。对文体进行分类,首先是写作理论进步的表现,它一方面打破传统文论中"大文章"代指一切书面语言的定式,另一方面也突破了姚鼐《古文辞类纂》分类过于烦琐、不实用的苑囿;其次是便于现代人掌握具体文体写作的性质特点、作法和要求。这种文体分类法,为新中国成立之后现代文体的分类乃至基本定型奠定了基础。

这一时期,除了对作文教学法的研究、一般基础写作理论的研究之外,文学写作理论也得到了创造性的发展,尤其对单一文体写作理论的研究,获得较为显著的成绩。在文学写作理论方面,对小品文写作的研究成果引人注目。具有代表性的著作有鲁迅的《小品文危机》以及冯三昧、贺玉波、陈光虞分别撰写的《小品文作法》等。这一时期,对杂文写作理论的研究也曾经形成一个热点。杂文从五四新文化运动到30年代中后期,终于成为一种独立的文

---

① 王志彬主编《20世纪中国写作理论史》,第82页。

体。30年代中期以前,杂文始终包含在小品文之中,并未独立。1927年以后,在杂文与小品文的论争中,产生了大量关于杂文写作的著作。30年代中期,人们开始将小品文、杂文与通讯、报告文学、传记、回忆录等短篇文章统称为散文。1936年是我国报告文学发展的高峰。比较有代表性的著作有周立波的《谈谈报告》、茅盾的《关于"报告文学"》、李广田的《谈报告文学》等。

这一阶段的写作理论也存在局限性,即大多数著作学术层次不高,大多数写作理论著作对文章写作的本质或规律开掘还不深;借鉴西方写作思想有余,而对中国传统写作理论的研究和继承尚显不足。

3. 第三阶段(1950—1979),写作理论的发展以学校教育为核心,以大学教师为主体,现代写作理论架构初步形成。

这一时期写作理论的发展受到国家政治体制以及教育方针的严重影响,与中国传统的写作理论有暂时的割裂之嫌。由传统的"大写作"变成以"作文写作"为主导,因为"作文写作"是教育内容的一部分,所以这一时期写作在大学以及中、小学都受到前所未有的关注,确立了独立课程的地位,并向独立的学科方向发展。有代表性的教材有朱德熙的《作文指导》、纪纯(张志公)的《写作方法——从开头到结尾》。在文学、艺术和学术领域,从1950年初到1957年春天,由于国家倡导"百花齐放、百家争鸣"的方针,出版了一批独抒己见的论著,如钱谷融的《论"文学是人学"》、巴人(王任叔)的《论人情》、萧殷的论文集《谈写作》等。

由高等院校教师编写的写作教材有:湖南师范学院中文系编写的《文章讲话》、复旦大学中文系语文写作教研组编印的《写作基础知识》、北京大学中文系汉语教研室编写的《写作知识》。文学写作理论方面影响较大的著作主要有赵树理、刘白羽等合著的《作家谈创作经验》、吴调公的《文学分类的基本知识》、秦牧的《艺海拾贝》、唐弢的《创作漫谈》、周振甫的《诗词例话》等。此外,关于剧本写作的著作有胡可的《习剧笔记》、李宜山的《写戏常识》、夏衍的《写电影剧本的几个问题》等。这一时期,写作成为各高等院校广泛开设的一门课程,有了前所未有的独立地位。1978年以后,各高等院校新编的写作教材有王志彬、郝季光合著的《写作简论》、河北大学中文系写作教研室编写的《写作基础知识》、北京师范大学中文系刘芳泉等撰写的《写作基础知识》等。这几部教材的出版，为1980年中国写作学会的正式成立和中国现代写作理论的发展，作了学术上的准备。

综观这一时期写作理论的发展状况，主要特点是：以高等院校写作教材的形式为主导，较之30年代以面向中学生为主的作文法，在学术品位上有了一定的提高；文章的内容与形式成为主要研究对象，并兼顾文章写作的过程；与国家政治形势的密切程度达到了空前的地步。与30年代的写作理论相比较，这一时期的写作理论的积极因素有：(1)——强化了写作理论的社会功能；(2)逐步建构了一个以主题、材料、结构、表达方法、语言、文风、修改和有关文体知识为基本内容的框架体系；(3)自觉吸纳相关学科的新知识、新见解和写作实践的新经验，丰富了写作理论的内容。

4. 第四阶段(1980—   )，写作已发展为独立的学科，写作理论著作呈现"百花齐放、百家争鸣"的景象。

随着改革开放政策的实施，人们的思想得到真正解放，以高校写作教师为主干的写作理论研究队伍逐步形成，他们将写作作为独立学科，出版了数以千计的写作理论著作，孕育了前所未有的写作学的学术高潮。

这一时期的写作理论有四个突出的特征：一是"写作学科"不再依附于语文教育学，成为独立的学科。二是回归"传统"。重新关注古代写作文论，避免了近代写作理论切断"固有之血脉"的弊端与尴尬，找到了写作学生长的"根"。三是充分借鉴现代科学理论来阐释纷繁复杂的写作现象，比如借鉴心理学、思维学、脑科学、语言学、传播学等。四是形成了以基础理论、文体理论和操作理论为核心的中国现代写作学。

1989年以前，写作以建构理论体系为中心。1980年12月，中国写作学会(原名中国写作研究会)正式成立；1981年《写作》杂志创刊；1982年王凯符、吴继路主编的《写作》一书，有十几所院校用作教材，共发行30万册以上；1985年刘锡庆的《基础写作学》

第一次以"学科"的面目出现。由此中国写作学跨入有序、全面发展的"自觉——兴盛"时期。① 1986年3月王凯符、孙移山合著的《写作概论》一书,是某些大学长期使用的专用教材,在社会上产生广泛影响。这一时期学术活动频繁。据不完全统计,从1981年至1989年中国写作学会及其所属的委员会、研究会主办重要学术会议、讲习班等十余次。这一时期的基础理论研究取得了突出的进展:有"过程—要素"模式(李景隆的《作文法概要》)、"总论—分论"模式(即写作总论—写作过程,刘锡庆的《基础写作学》)、"智能—技能"模式(林可夫的《基础写作概论》和吴伯威的《基础写作教程》)、"客体—主体—总体"模式(朱伯石的《现代写作学》)、"圆形"模式(含本质论—过程论—技巧论—文体写作论,裴显生的《写作学新稿》)、"基础理论—文体理论"模式(周姬昌的《写作学高级教程》)。较为重要的写作论著还有刘锡庆等合著的《写作通论》和朱伯石的《写作概论》等。值得一提的,还有一本王凯符、张会恩主编的《中国古代写作学》,这本专著对中国古代文论进行了理性梳理,并作了比较详尽、深入的总结。文章学研究也有一些重要成果问世,主要有张寿康主编的《文章学概论》及其专著《文章学导论》,王凯符、吴庚振、徐江等编著的《古代文章学概论》等。

与此同时,实用写作研究方兴未艾。实用写作研究论著大体有"通论"和"分论"两种类型。"通论"的代表作主要有李景隆、高瑞卿主编的《应用文体写作概要》,杨宗、聂嘉思主编的《中国实用文体大全》和李凯源的《高等应用写作教程》。"分论"著作主要有裴显生主编的《公文写作概论》、任公伟等编写的《科技写作》和宁致远等编写的《司法文书教程》等②。

文学写作研究也表现出强劲优势。主要有张少康的《中国古代文学创作论》,孙绍振的《文学创作论》,林东海的《诗法举隅》,尹均生、杨鹏如的《报告文学纵横谈》和高行健的《现代小说技巧初探》等。

---

① 参阅王志彬主编《20世纪中国写作理论史》,第302页。
② 参阅王志彬主编《20世纪中国写作理论史》,第304、305页。

关于写作技术和写作工程的操作理论著述也层出不穷。写作技术理论的代表作是王志彬等主编的《写作技法举要》和凌焕新主编的《写作技法》。有关写作技法的比较重要的著作如孙移山的《写作方法与技巧》、谭兴国的《写作技巧探微》和洪威雷的《写作技巧教程》等。这一时期比较有特点的写作工程理论如林可夫的"写作能力论"(《基础写作概论》)、都本忱的"写作系统工程论"(《论写作教学工程化》)、高原的"作文三级训练体系"(《作文三级训练体系概论》)和常青的"分格写作法"(《论"分格写作法"》)等。

总体而言,这个时期的写作理论也有令人遗憾之处,在写作学的一些关键问题上尚未达成学科范围内的共识,比如术语的称谓、各种"论"的融合等。

90年代以后,现代写作学又有了新的进展。学术交流不仅增多而且范围扩大,即不仅在大陆内部交流,而且延伸到台、港、澳地区。具有代表性的学术会议是:1994年6月,由南京大学、香港大学、澳门大学、上海大学、台湾中山大学共同发起,上海大学主办的中国大陆、台湾、香港、澳门应用文体制研讨会;1997年12月,在香港理工大学召开的第二届现代应用文国际研讨会;1998年6月,在湖北省宜昌市召开的第三届现代应用文国际研讨会;等等。这一时期的学术成果令人瞩目,其主要特点是对写作理论的综合——梳理。比如关于写作理论的纵向研究——史的描述,有李凯源的《中国应用文发展史》、刘锡庆主编的《中国写作理论辑评》(含古代、近代、现代、当代四个分册)和中国第一部写作理论史著作《中国写作理论史》等。此外,写作学辞典大量涌现,有武少文、邵璧华主编的《写作学简明辞典》、袁昌文的《中国当代写作理论家》、刘锡庆主编的《写作学辞典》、路德庆主编的《中国写作大辞典》等。这一时期,中青年学者自觉地整合学术观点,主要有程民的《毛主席写作艺术论》、任遂虎等合著的《文章价值论》和马正平的《写的智慧》(五卷本)等。较为重要的实用写作论著有裴显生主编的《现代实用写作学》、丁成鲲主编的《现代应用文》(中国大陆及台、港、澳高校通用教材)和林可夫的《高等师范写作教程》等。其他重要论著有李保初的《创作技巧学》,万奇主编的《写作技法实用指要》,林三松、李保初主编的《外国写作教学理论辑评》和于成鲲、李白坚、沈汉达合著的《题型写作教程》。另外还有林杉的《文心雕龙创作论书鉴》《文心雕龙文体论今疏》,特别是童庆炳等人合著的《文体学研究丛书》和冯光廉等人编著的《中国近百年文学体式流变史》等,都显示出写作学研究在深度、广度上又有了新的进展。①

然而,必须看到,这一时期的写作学在繁荣的背后还存在一些问题。比如,写作学面临市场经济和高新技术的挑战——写作学如何在市场经济条件下生存和发展?怎样和高新技术结合开拓新的研究领域?就学科自身来看,突出的问题是,重复的低水平著述较多,高质量的著作较少。

20世纪中国写作理论的历史沿革是曲折的、变化的,所取得的成就是繁复的、多方面的,但还有很多问题需要进一步研究,比如写作理论的地位问题、写作理论体系的建构问题、写作理论的功能问题等等。尽管如此,这一百年间的写作理论发展进程终究是厚重的。严峻的历史事实证明,写作理论研究和写作教学,不仅不能削弱或取消,而且需要从根本上加以改造和提高。

【思考与练习】

分别阅读一本20世纪30年代和80年代出版的写作教材,比较一下它们在关注热点上有什么不同?从中反映出写作理论怎样的发展进程?

---

① 参阅王志彬主编《20世纪中国写作理论史》,第312—316页。

第二章　写作的基本能力

第一节　感　受

一、什么是感受？

《人民文学》杂志社副总编、作家肖复兴多次强调，作者要对生活敏感、善感，写作表现出美感。其实，作家的能力首先是感受生活和表现生活的能力。在生活与作品中间有一条必经之途——感受。所谓感受，是指作者的感官受到各种外界物（如形象、颜色、声音、气味、滋味、冷暖）的刺激所产生的一种相应的心理活动，它是通过感觉和知觉从生活中摄取感官信息，在与感情的同化中获得的一种智能。它与感情记忆紧密相连，它的沉淀、复呈和表现，构成了主体写作行为过程中的重要心理内容。

感受分为有意感受和无意感受。

有意感受是作者自觉的、有预定目的的感受。它受主体意识和动机控制，是主体对客体刺激的集中注意。作者的正确认识从哪里来，只能从社会实践中来。写作先哲无不强调，要热爱生活，拥抱生活，怀着对生活的虔诚之情，全身心投入生活之中，全方位地感受生活。这正是"有意感受"。主体对客体刺激越是集中注意，越是有意感受，就越能获得清晰的信息。

无意感受是相对有意感受而言的，它是指主体无意识的，既没有自觉的目的，也没有意识到本身的努力而获得的一种意外的感受。无意感受对于创作的作用，并不小于有意感受，在一定的条件下，甚至超过有意感受。

应该强调的是,无意感受沉淀感情记忆只是文学创作中的一个特殊规律。对于一般的写作来说,有意感受沉淀感情记忆是主要的、大量的、切实可行的。只要比深入生活更深一层地"介入生活",捕捉初感,那么,有意感受沉淀感情记忆的数量和质量势必会超过无意感受沉淀感情记忆的数量和质量,进而有助于作者捕捉信息并构思、完成作品。

感受具有以下四个特点:

1. 新鲜性

感受的新鲜性首先是表象的鲜明性。所谓表象,是指当前没有作用于感受器官的对象和现象在头脑里产生的映像,也就是在记忆中所保持的客观事物的形象。表象是否鲜明,这是感受能否获得新鲜性的必要条件。

感受的新鲜性除了具有表象的鲜明性外,感受对于主体的记忆还具有陌生化的特征,也就是说,它是第一次去敲记忆的大门,任何外界信息都可以在上面留下新鲜的痕迹。感受新鲜性的质量越高,就越能在兴奋区域内形成新的条件反射,向固有的心理定式提出强有力的挑战,并且有可能对它加以改造。

2. 持久性

感受的持久性是写作主体对存在于同一时空的客观事物感受的时间长度。在感受的时空坐标系上,感受的时间越长,感受的持久性就越明显。社会实践使写作主体获得了时间和空间这两种基本的思维框架(表象、观念等)。巴金曾不止一次地讲过,假如没有那二十多年对自己家族中无数悲惨事件的观察、体验,如果不是因为自己心灵始终忍受着"爱与憎的烈火的煎熬",那就绝不会有《家》这部小说。

3. 丰富性

感受的丰富性是由记忆的脑机制所决定的。记忆是通过神经元的突触(神经元之间传递信息的结构)储存在神经网络上的,这种贮存是扩布性的,感受的丰富性增加了它的触发点,这就使由感受的丰富性所获得的短时记忆因有突然触动的触发点的增多而具有较好的抗干扰性,从而为进一步转化成长时记忆创造了条件。

感受的丰富性是指写作主体感受的广度而言的。沈从文先生的创作,与他最广泛地感受生活是分不开的。他在童年时,就喜欢各处去看,各处去听,各处去嗅闻,能辨别死蚊的气味、腐草的气味、屠户身上的气味……蝙蝠的声音、一只黄牛在屠户把刃刺进它喉中的叹息的声音……他调动了视觉、听觉、嗅觉等,从而获得了丰富的感受,完成了生活气息浓烈、脍炙人口的作品。

感受主体经历广博,同样可以使感受获得丰富性,使它沉淀在感情的记忆里。海明威就是明显一例,他一生多次历经险恶,曾出入于炮火之中,在海上丛林探险……因此他的作品中,那些在失败面前从未放弃过勇气和努力的硬汉子形象,是因他丰富的感受而生的感情记忆直接复印出的精神产品。

4. 爆发性

所谓感受的爆发性,是指不经过短时记忆,一次性的感受直接敲开感情记忆的大门。它有震撼人的心灵,在人的心灵深处摇撼生澜的强力作用。

法国大文豪雨果曾目睹过这样一件事:一位姑娘因犯所谓的"仆役盗窃罪",被拴在巴黎广场的木柱上,壮汉扯去她的上衣,抄起一把烧红的烙铁往她裸露的肩头烫去——"啊!"姑娘一声惨叫。雨果晚年回忆说:"在我的耳朵里,虽然隔了四十年之久,仍然响着那被暴行折磨的女人的惨痛的呼喊。这是在我的心灵上永远不能磨灭的呼喊。"[①]这正是爆发性的感受顷刻沉淀为感情记忆。感受越具有这种"爆炸性",记忆的痕迹也就越深。

二、什么是感受力?

从信息加工的角度看,感受力,其实质就是信息获取能力,是指作者在感受事物的过程中,使感受的目的得以逐渐完成的心理特征的总和,也指直接影响感受的效率。

如果把感受能力看做是一个结构,那么,这个结构远不是一次

---

① 转引自龙协涛编著《艺坛趣闻录》,北京大学出版社1984年版,第10页。

性完成的,而是有一个不断建构的过程。作为一种结构,感受能力有同化、顺应两种作用。其同化作用表现在对外界信息纳入自身结构时的选择;其顺应作用,表现在对纳入自身结构的外界信息遗漏部分的再选择。从同化到顺应是一个不断打破原有结构、建立新的结构的过程,即所谓"建构"。同化引起结构的量变,顺应引起结构的质变。每一次应变,都是感受能力在新的阶梯上的攀登。感受能力的"进化",都是以它的内在因素——信念、意志、感情、兴趣和感知觉等的增长为基础的。而这一切,只有在实践中才有可能获得。

在感受生活的过程中,存在着"身入生活"与"心入生活"的差异。

"心入生活"是感受能力不断建构的必由之路。"心入生活"是对"身入生活"的进一步要求。"身入"生活,只是深入生活的第一步,而且只是外表的、形式上的;"心入"生活,才是内在的、本质的。古人有"外师造化,中得心源"的说法,世界的万千变化,唯有用心去感受,才能获得高质量的信息,感受能力也就得到了完美的自我表现——建构的暂时完成。只有用心灵感应生活,感受能力的不断建构才可能兑现。[①]

三、感受力的培养

培养感受力最直接的办法就是引导学生学会观察,只有具备了观察事物的能力,在观察时才有可能去感受,才有可能获得感受能力。

(一) 什么是观察

观察,是指在写作活动中,人们有计划地认识某个对象的知觉过程和认识过程。它是一种有目的的有意知觉形式,是人们取得写作材料的重要途径。观察过程,并不限于知觉,而常同积极思维

---

① 以上内容摘引自朱伯石主编《现代写作学》,人民日报出版社1986年版,第168—176页。

相结合,因此,观察具有很大的个人积极性和能动性。观察是写作的重要基本功。

任何观察过程总是包括相互对立依存的两个侧面,即客观内容同观察主体对这一内容的感受、认识和评价。

观察是有目的、有意识进行的。它是人们根据科学研究、文艺创作以及其他方面的需要有意识有目的地进行的,它是自觉的,不是盲目的,是主动的,不是被动的。

观察渗透着思维。观察的过程是知觉的过程,同时也是思维的过程,人们随时要把观察获得的感性材料纳入自己的认知结构,加以整理和加工、分析和思考。

(二) 观察的作用

鲁迅曾把他的创作经验总结为四句话:静观默察,烂熟于心,然后凝神结想,一挥而就。——这里把观察摆在第一位。高尔基自幼丧父,寄居在外祖父家,十岁便走向社会,做学徒,当跑堂,过流浪生活,正是这些"身之所历,目之所见",才使他写出了《我的童年》《人间》《我的大学》。曹雪芹也是通过观察、感受积累"半世亲见乐闻"的材料,才写出了一部中国封建社会的"百科全书"——《红楼梦》。生活是写作的取之不尽、用之不竭的源泉。

文章写作要真实地表现主观,真实地反映客观。要想真实地反映客观世界,就必须从观察入手。历代的文学大家多主张"以自然为师","以造化为师"。茅盾创作《子夜》之前,曾去"探亲访友",广泛搜集上海都市社会的生活材料,但这毕竟是间接的写作素材。为了更真实地把握生活,他又花了不少时间出入上海有名的交易所,挤在商人、掮客堆里,体验金融市场的生活。茅盾能在亲临其境的同时,将眼睛和心灵深深融入"现实情境"中,结果使《子夜》获得了成功。

观察是基础,思考是关键。如何提高思考的水平,很大程度上取决于作者在观察生活上所下的工夫和观察水平的高低。对事物的深刻理解来源于感觉,来源于观察,也依赖于感觉,依赖于观察。有了大量而详细、准确而生动的材料,思考才不是空中楼阁。

把观察所得贮存在头脑中,这是写文章的基本功。许多作者充分利用"观察笔记"、"生活札记"等形式,记录自己的观察所得,这是一种行之有效地帮助记忆、积累素材的方法。

(三) 观察的类型

1. 环境观察

环境是对一定人物而言的,是指围绕人物的一切外在条件的总和,其中主要指各种人物所构成的社会关系,也包括物质条件和自然条件。环境可分为自然环境和社会环境。自然环境主要指自然景物和自然现象;社会环境是由人和人的活动所形成的环境。

环境观察与写作的关系是极为密切的。由于人物的活动、事件的展开,总是在一定的社会环境和自然环境中进行的,因此写人写事决不能离开对社会和自然环境的观察。环境观察在不同的文体中起着不同的作用。抒情性文字,如抒情散文、抒情诗等,往往是借景抒情,写景就是写情;游记类文字常用较大的篇幅描摹大自然的景色和名胜古迹,环境观察往往构成文章的主体;新闻通讯、叙事散文、小说、剧本等叙事性文字中,景物观察往往用于交代背景、渲染气氛。

环境观察的方法有很多。从观察的位置和角度来区分,有四种情况。

(1) 观察的位置和角度始终不变。此种情况梁启超称之为"凸聚法",即观察凸聚在一点,从一点看全局。观察的位置和角度不变,可以使作者从容不迫、细致周到地观察,容易发现事物的特征,收到特写镜头的效果。

(2) 观察的位置不变,角度变化。这种情况好比摄影机位置不动,却把镜头转向前后、左右、上下等不同方位。观察位置始终不变,角度随着视线的移动而改变,始终把握一个观察的中心点,所以写到的地方虽多,却井然有序。以上是观察点与事物基本在一个平面上的。如果观察点很高,自上而下地观察,就是通常说的"鸟瞰法"了。这种"鸟瞰法",最宜表现环境的全貌,如与局部的细致观察结合在一起,更可以相得益彰。

(3) 观察的位置、角度不断变化。这种观察法,梁启超称之为"步移法",即移步换形,在运动中观察。凡观察比较复杂的环境,多用此法,可以从头到尾,从左到右,从外到里,从整体到局部,一一看来,使观察对象面目毕现。

(4) 从总体的角度去观察。人们到了一个新的环境,经过初步观察,一定会对这个地方有个总印象。观察时把握住这个总体印象很重要。法国作家罗曼·罗兰在《七月十四日·序言》中说:"为了表现一个风暴,不是描画每个浪头,而是要描画整个激动起来的海洋。把一些枝节细腻地描画准确,在全部热情的现实里是无关紧要的。"有了这个总印象就抓住了事物的全貌、总体,就抓住了事物的最基本的特征,写起文章来也就会心中有数,笔下从容。

观察环境,最终是要看出生活在这个环境中的人。在对人物已有了解的情况下,要重点观察人物的性格对环境的影响;在对人物茫然无知的情况下,要善于捕捉环境的主要特点,从中推断人物的性格、爱好、职业等。墙上贴着《年年有余》的年画与挂着毕加索的《亚威农少女们》,显示出主人的艺术趣味全然不同;桌上摆着木制的围棋盘与墙角竖着钓鱼竿,也表明主人爱好的差异。观察者要善于从环境中看到人的性格的投影。

环境观察的训练方式有以下四个方面:

(1) 静物观察。静物观察对象的选择具有如下特点:结构单一,特征突出,易于把握;层次丰富,可以从不同角度欣赏把玩;有一定的思想蕴含,易于引进观察者联想。如艺术雕塑、美术宫灯、彩蛋、盆景、窗花以及能唤起观察者联想的生活用品,都有较好的效果。观察静物首先要抓主要轮廓。由于静物处在一种相对静止的状态之中,与外界环境联系较少,我们只要先抓住对象的总体结构,这一静物的特征也就基本把握住了。其次,要从多角度观察,注意对象的层次感。物体,哪怕最简单的圆球,随着我们视点的不同,也会呈现不同的变化。我们要从不同角度去看,去比较,选择最能表现事物特征的角度把它记写下来。

(2) 风景观察。观察景物的重点,一是在于发现景物的个性,即此时此地的景物与他时他地的景物有什么不同。二是善于发现景物的动态,自然景物看起来是静的,但在不同的光线、角度下观察会给人以动的感觉。如能把握动与静的关系,文字表现就会生动得多。三是善于体会景物在自己内心中唤起的感情,景物本身是死的,但景物所唤起的人的感情却是活的、有生命的,这种体会越真切,写出来也就越感人。

（3）场所观察。生活场所是社会环境最重要的组成部分,它小到家庭的陈设,大到城市的风光,涉及面极广。最好从身边写起,比如自己的家庭、自己的教室、自己常去的商店、自己锻炼身体的操场等,这样易于把握,易于对照。须把握以下几个环节:首先,总的浏览一遍,了解全貌,获得总体印象,并为确定观察重点打下基础。其次,确定观察重点。所谓重点,应当是环境中最有特色的部分。发现特色,一是靠比较,与同类的场所一比较,此地的特点就显露无遗了。二是联系生活在这一场所中的人物,高级知识分子的家庭可突出其藏书及雅致的陈设,建筑工人的临时工棚可突出其粗陋与实用……观察重点确定之后,就围绕这一重点进行细致的、反复的观察。

（4）场面观察。场面是指在一定的时间或地点里,人们进行某项活动的面貌。场面有大有小,但总是要表现出人物与人物的相互关系。场面观察与生活场所观察都属于社会环境观察,但二者侧重点不同。生活场所观察以物为主,以静为主;场面观察则以人为主,以动为主。在环境观察的几种形式中,场面观察稍微复杂一些。因为场面不是由一种单一因素构成,而是既有物,又有人,既有背景的烘托,又有人物的活动,既有全场的鸟瞰,又有重点人和事的特写。要注意在运动中观察,要善于把握事物的动态,善于把事物的发展变化过程分为若干阶段,并找出每个阶段有代表性的动作细节和事物特征。要先从小场面看起,从自己较熟悉的场面看起。这类场面,事件单一,容易驾驭,待观察小的场面有了基础,再观察大型的场面就易于把握了。

2. 人物观察

人物观察的重点无疑要放在人物上。写文章总离不开写人,要写好文章就要从观察人物、积累人物入手。观察人物比观察环境难度大得多,因为物是死的,人是活的。环境虽也在变化之中,但毕竟容易把握;而人物,一个人一部历史,一个人一副性情,要准确地把握,尤其是透过表面看他的实质就实在不易。就整个观察训练的安排说,无疑应当加重对人物的观察。

观察对象的选择,要依据写作的题目或指定的任务。除去这种按照明确的要求选择观察对象外,我们平时的观察训练,则可以自由选择观察对象。观察对象的选择是否得当,直接关系到观察收获的大小,不可掉以轻心。

观察人物,最好从自己熟悉的人开始:与观察对象接触并非一日,知之甚深,能够较容易地把握其性格特征;与观察对象之间没有拘束的感觉,可以从容细致地观察;对观察对象有较深的感情,这种感情不仅能保障观察的顺利进行,而且能渗透在观察文字的字里行间,容易打动读者。

日常生活中,我们观察的人物,除了熟悉的之外,还包括一些不太熟悉甚或是邂逅相逢,但给我们留下了深刻印象的人物。不熟悉的人引起我们的注意总有某些原因,或是奇特的外貌,或是不凡的谈吐,或是惊人的行为,总之在他们身上有个性的强烈闪光,我们要抓住这种强烈的个性。

观察人物与观察自然环境不同。自然环境是死的,无论你远看近看、左看右看、前看后看、横看竖看,怎么看、看多长时间都可以。观察人物则没有这么便利,因为人是活的,他有思想,有意识,有感情,还有脾气,这一切都在不断的运动和变化之中。要想使观察的结果客观、有效,最好是不打扰他的正常活动,让他在不知不觉间成为你观察的对象。

人物观察的重点,就是人物的内心世界。人物的心理固然埋藏在内心深处,但是它毕竟不像沉睡在地下的矿藏。因为人是个有机的整体,有什么样的心理,必然会在他的形体、面貌、行为、动作,乃至一颦一笑、一举手一投足当中表现出来。深入观察人物的内心,重要的在于多思考、多分析。并不是所有的人都像一泓清水,心灵可以清澈见底。不能仅仅看人物表面的行为或光听他本人的自白。因此观察者的责任就不只是去感觉,去搜集,去记录,而且要思考,要分析,要注意人物在思想、感情、性格等方面的特点,这样才有可能了解人物的内心世界。

茅盾有个恰当的比方,不要使"人物"成为"人生树"摘下来的一片叶子。意思是说,人物的思想质量、兴趣爱好、性格特征是在环境的熏陶中形成的,人物与他周围的环境有着千丝万缕的联系。因此要观察人物,就要把他放到一定的社会关系中去,联系周围的环境,予以全面的考察。人物的某些细微的动作、表情,孤立地看,也许没有多大意思,但是把它们与特定的环境联系起来看,便会立刻显示出新的意义。为了不使"人物"成为"人生树"上摘下来的叶子,观察人物时必须同时留心环境。有的老记者外出采访,由于某种原因,一时未能见到采访对象,他一点儿也不感到遗憾,而是先到采访对象生活的环境中去,接触那里的群众,了解那里的生活,在对采访对象的生活环境有了清楚的了解之后,再去接触人物,心中就有了底。

生活中人物的性格是极其复杂的,既有相对稳定的一面,又有在特殊情况下变异的一面;同一个人在不同的时间、不同的地点、不同的情况下与人相处,也往往会有很不相同甚或截然相反的表现。人物的性格是一种复杂的、立体的、多层次的结构,而且时刻处于矛盾冲突中,因此,在观察的过程中要注意这种多层次的性格特点的表现。①

【思考与练习】

1. 写作活动中感受的内涵是什么？
2. 什么是感受力？
3. 什么是观察？观察的方法有哪些？

---

① 以上内容摘引自吴思敬《写作心理能力的培养》,北京出版社1985年版,第16—54页。

第二节 思　维

一、什么是思维？

所谓思维，是人脑的一种机能，是人脑对客观事物的特征和规律性的一种间接的、概括的反映过程。思维与感觉、知觉一样，都是人对于客观现实的反映，不过，感觉和知觉是对客观现实的直接的反映，而思维则是对客观现实的间接的、概括的反映。

写作像酿酒，观察、阅读所得是原料，原料在人脑中酝酿成熟，美酒流出，文章诞生。酝酿的过程，即写作的思维过程。观察是写作的基础、起点，思维是写作的重心、关键。观察只是提供了大量、生动、丰富的感性材料，而一篇文章的最终完成，必然凝聚着作者思维的艰辛。

生活本身是丰富多彩的，事物也是纷纭复杂的，对于观察所得的生活素材，必须经过沉淀、消化、加工和改造——也就是深入思考的过程。作者目光敏锐、思维缜密，才能揭示事物的本质。本质是指事物本身所固有的、决定事物性质、面貌和发展的根本属性。

思维和语言是不可分割的，语言是思维的工具、思维的外在表现，思维不能脱离语言；语言又从属于思维，依赖于思维。想得透彻，写得明白；思维明晰，语言准确；思维深入，语言深沉；思维独创，语言新鲜。

二、思维的类型

（一）抽象思维

抽象思维是以各种概念、判断、推理为方式，以分析、综合、抽象、概括为基本过程的一种思维形式。写作中的抽象思维有如下特征：

1. 集中

集中指思考中所有信息均朝一个方向聚敛前进,形成单一、确定的答案。其主要功能在于求同。例如,唐弢在《琐忆》中记叙了作者与鲁迅先生生前的交往,这些信息聚敛收缩,最后集中到"横眉冷对千夫指,俯首甘为孺子牛"这一鲁迅一生的鲜明写照上。

2. 分散

分散指思考中信息朝着各种可能的方向扩散,并引出更多新信息。其功能主要在创新、求异。例如,范仲淹写《岳阳楼记》是景随情迁,情以物异,作者的思维呈辐射状,进而得出"不以物喜,不以己悲"的新观点,发出"先天下之忧而忧,后天下之乐而乐"的高吟,突破旧的物我关系,成为那个时代强音。

3. 臻美

臻美指作者的思维活动向着一种完美或完善的臻美境界投射,使思维呈现出一种纵横交错的"过滤"状态。写作中的臻美思维表现在很多方面。例如,鲁迅先生在《为了忘却的记念》一文中写下的那首《七律》就曾作过三次修改:第一次,把首句"惯于长夜度春时"的"度"改为"过";第二次,当鲁迅先生把这首诗写成条幅送给许寿裳先生时,又把第五句的"眼看"一词改成"忍看";第三次,当他把这首诗寄给一位日本歌人时,又把第六句中的"刀边"改成"刀丛"。这样,一诗三改,韵增千钧,这就是思维境界的臻美。

(二)形象思维

形象思维是指借助形象反映生活,运用典型化和想象的方法,塑造艺术形象,表达作者思想感情的一种思维方式。形象思维与抽象思维相比较,区别如下:首先,形象思维使用表象;抽象思维使用概念。其次,形象思维始终不舍弃感性现象,将同类事物中相同的本质特征集中概括,形成更富有一般性的形象;抽象思维则舍弃感性现象和各种非本质的特征,只选取抽象的本质特征,思维的结果是抽象的概念,不带有任何具体可感的形象。

写作中的形象思维表现如下:

1. 表象运动

所谓表象,是感知过的事物不在人的眼中而在人的脑中再现出来的形象,即在记忆中所保持的客观事物的形象,又称记忆表象。表象是人把对客体事物的感性认识过渡到理性认识的一个必经的中间环节,是一切思维的起点。当形象思维的成果一旦被创作者外化,就将产生某个艺术形象。

2. 意识流动

意识的流动,是人的心理活动现象。"意识流"这个名词最早是由美国心理学家威廉·詹姆斯提出来的。接着奥地利心理学家弗洛伊德提出"超自我"、"自我"、"无意识"三重人格结构。依照弗洛伊德的说法,人的潜意识是"一种混沌状况,一锅沸腾的激情","自我代表理智和审慎,而伊德代表尚未驯服的激情"[①]。意识流动的文学艺术表现手法,大致是回忆、联想、闪念、梦境、幻觉、象征、剪贴、独白,然后组织起一种呈放射线的艺术结构。

(三) 灵感思维

灵感思维过程是通过表象的分析、比较、综合和推测,最后得出具体的形象。灵感思维与形象思维的最大的区别是:形象思维一直在意识之内进行,每一个认知过程都是意识的活动,每一个认知内容都是察觉得到的;而灵感思维则是在意识之内进行后,又在无意识之中进行并完成的。灵感思维的过程包括以下几个方面:

1. 蓄势与专注

(1) 蓄势。对于要解决的问题进行多方面的设想,使大脑皮层上不仅留下星罗棋布的表象痕迹,而且刻上一道道的思路痕迹,我们称这个过程为"蓄势"。它是灵感思维的准备阶段。在写作中,蓄势是"十月怀胎",其特点是向着某一目标积累意识的精华。但灵感偏爱有准备的头脑。我们应当到现实生活、大自然、图书馆中去,看、听、嗅,感受、思考,把众多信息储蓄于脑,笔

---

① 转引自《文艺理论译丛》(1),中国文艺联合出版公司1983年版,第216页。

录于纸,输入电脑。持之以恒,蓄势自成。蓄势是灵感思维产生的前提条件。

（2）专注。专注就是对蓄势积累的材料进行认真、集中的理性思考。专注与蓄势相辅相成,如果说蓄势重在感性材料的积累,那么专注则是重在理性思索的集中。阿基米德揭开皇冠之谜,是因为他连日都在专注于此事,思索着解开难题的方法。凡是有成就的作家、艺术家、发明家、科学家,其专注的品质都是惊人的。

2. 机遇与契机

机遇和契机,就是触发灵感的境遇和机会,是潜意识上升为显意识的中间站。一般来说,人们在经历了蓄势和专注之后,往往能产生好构思,写出好作品。机遇和契机在灵感思维中占有特别重要的地位。其特点如下：

（1）亢奋性。在灵感到来的时候,写作主体往往会不由自主地热情奔放、情绪高涨,产生不可遏制的创作冲动,表现出异乎寻常的智力超限和体力超限,爆出旺盛的创造力。柏拉图曾经把这种现象称之为"迷狂"状态。如郭沫若写《地球,我的母亲》,歌德写《少年维特的烦恼》,都是范例。

（2）突发性。灵感,常常是在写作主体毫不经意的时候,脑子里突然蹦出来的新思想、新感觉、新念头——闪电式的光临。常常是突然之间,找到了老问题的答案,顿悟了事物的本质。其到来难以预料,不可捉摸。

（3）易逝性。灵感,来也匆匆,去也匆匆,常常"如兔起鹘落,稍纵则逝矣"(苏轼语)。在灵感袭来的时候,假如没有及时地把它捉住,便再也追不回来。

3. 顿悟和创新

顿悟和创新是灵感思维的机制。心理学家把顿悟称为"直觉思维",其心理过程常常表现为忽然明白或忽然领悟。这种突然领悟常常伴随着创新因素,而且,正是创新的刺激,才使人猛醒,"忽然明白"了自己"百思不得其解"的问题。这是无意识思维的三种基本形式决定的。

（1）循轨思维。循轨思维是按照意识阶段已有的思路去进行无意识的思维。在意识阶段，人们已进行过艰苦的思维，大脑皮层留下了思路痕迹。这时虽然还没有解决问题，甚至距离解决问题甚远，但这一时段的思路的大方向是对的，仅仅由于思路未伸展到，或思路已布满了有关大脑皮层，只是缺乏某些环节，思路未能贯串。这时，大脑皮层仍然会自动进行循轨思维，如果有某个外界因素刚好弥补了那个缺损的环节，就会在不知不觉中把思路接通。例如，法国著名作家福楼拜早就准备写被损害与损害人的女性形象，但一直没法动笔。后来，他偶尔在报上看到一则妇女自杀的消息，引起创作冲动，于是成就了名著《包法利夫人》。

（2）越轨思维。越轨思维就是摆脱传统的、习惯性的思维模式或路子的一种思维。这种思维可以是对材料范围的越轨，也可以是对思维方式的越轨。这时，思维活动突破了原来的特定领域，转移到了大脑皮层的新部位，使原来隐伏在这些部位的潜存信息浮现出来，成为思考的新材料；原来的传统思维模式和路子被冲破了，随之而来的是违反常规的新思路。曹冲称象的故事就是越轨思维的产物。

（3）梦幻思维。人在做梦时，完全处于不自觉的非理性状态中，神经细胞中的信息组合不按通常的逻辑顺序，而是自由自在地组合，哪怕是毫无关系的事物也会连接在一起。这时，有些潜藏已久、清醒时难以想得起来的信息也将浮现出来。顿悟的实质是灵感袭来时的豁然境界，没有艰苦的有意识思维，没有充分的蓄势和恰当的机遇，不可能达到这一境界。①

三、思维能力的培养

思维力指进行思维活动时所表现出来的个性心理特征。观察力主要指直接认识事物的能力，思维力则主要指间接地、概括地认

---

① 以上内容摘引自朱伯石主编《现代写作学》，第224—248页。

识事物的能力。在写作的诸种心理能力中,思维力居于核心地位。写作是一种独创性很强的精神劳动,其本身就是培养思维力的重要途径。在写作活动之外,培养人的思维力的途径有以下三个方面:

1. 实践

实践,特别是一些需要动脑的实践,如进行社会调查等,都是培养思维力的好机会。在实践活动中应该注意:一是要善于提问,无论干什么事情,都要多问几个为什么;二是要善于总结,任务完成以后或进行到某一阶段,都要及时回顾,系统地整理一下自己的思想,使思维水平不断提高。

2. 读书

俯而读,仰而思。读书是培养思维力的又一重要的途径,读书获得的知识为思维提供了极丰富的原材料,通过读书可以学习作者是怎样思考的,从而在思维过程、思维方法等方面得到启发。

3. 游戏

我国传统的智力游戏如谜语、七巧板、九连环、益智图、迷宫等,十分有助于启发人的思维力。国外有心理学家研究过下棋对开发儿童思维力的作用,对100名7—9岁儿童的调查研究表明,无论被试者是男是女,无论他们的家长是职员还是工人,他们经过四个半月的棋课训练,智商均有显著提高。

在写作活动中,人的思维力的培养可以从以下五个方面去着手:

1. 概括性训练

(1) 提炼观点

① 从给定的材料中提炼观点。围绕某一中心提供有关材料,或打印,或板书,或口述,通过分类归纳,形成观点,用准确鲜明、简明扼要的语句概括出来。

② 从观察到的现象中提炼观点。思维的材料由自己从生活中去寻找。此种训练,可以事先给学生规定一个范围,比如观察你所在地区社会风气的变化,思考2008年北京奥运会文明礼仪的问题等。

(2) 概括人物

① 从指定的书面材料中概括人物。指定一篇叙事性作品,小说、剧本、报告文学均可,要求阅读后用准确而洗练的语言,概括某人物的个性特征。

② 观察生活中的某一人物加以概括。这种概括重在写出对人物的总印象,对人物的职业、气质和性格等加以推测和判断。

(3) 概括情节。此项训练题材广泛,读过一本小说,看过一部电影、电视剧,学过一篇课文,听过一个故事,叙述一下故事梗概,以锻炼思维的概括力。要透彻理解原文(剧),把握好情节发展的中心线索和阶段性,抓住关键,舍弃枝节,使用简练的语言,让故事梗概本身也能成为一篇结构紧凑、语言简明的小文,比如,对电视剧《乔家大院》、《玉碎》一集或几集乃至全剧故事情节的概括。

(4) 提炼标题

① 提炼材料分类标题。因原始材料极为庞杂,只有恰当地分类并拟定概括准确的小标题,这些材料才能被驾驭起来。要求简洁、醒目,既能标示类别,又能概括内容。

② 提炼文章标题。文章的标题像一面聚光镜,把主要内容和作者意图凝聚一点,需要在全盘把握的基础上反复思考,反复比较,反复选择。这既是训练方式,又有实用价值。

(5) 准确定义。用准确而简练的语言,揭示出事物的本质属性,并廓清这一事物与同类事物的不同。比如在一个概念后列出几个不同的定义,选择最恰当的一个定义。举例来说,关于货币有如下定义:货币是买东西使用的,货币是由贵金属铸成的物质;货币是商品交换的媒介,货币就是钱;货币是充当一切商品的等价物的特殊商品。其中"货币是充当一切商品的等价物的特殊商品"是最恰当的定义。也可对指定的对象下定义。要求不用工具书区别对象的本质属性和非本质属性,并用定义的方法和规则来加以衡量,得出完美的结论。

2. 条理性训练

文章缺乏条理,反映出作者的思维缺乏条理性,而思维的条理性是客观事物条理性的反映。客观事物无论多么纷纭复杂、千姿百态,总是有条理、有规律可循。一条河流有来龙去脉,一件事情有前因后果,人们认识一件事物总要按一定的"顺序",由浅入深、由此及彼、由表及里地进行。条理性训练可以从以下四个方面入手:

(1) 变更。结构顺序标志作者的思维顺序,变更结构顺序,要改变思路、调整思维。

① 变更时间顺序。即把倒叙、插叙的文章变为顺叙;或把顺叙的文章变为倒叙、插叙。

② 变更空间顺序。如写故宫,多是按从南往北的空间顺序,进午门、出神武门,现在改为由北往南顺序,进神武门,出午门。

③ 把用意识流手法写的小说改为正常叙述的故事。这是一种比单纯改变时间或空间顺序要复杂得多的练习,因意识流小说是按心理顺序展开的,往往时空错位,叙述角度多变。

(2) 对应。即把逻辑顺序正常的一篇文章或一段话的顺序打乱,然后理顺、恢复为原来的顺序。

① 调整句子顺序练习。即提供句子之间排列错乱的一段话,按照句子之间的逻辑关系,将它们排成合理的顺序。

② 调整层次顺序练习。即提供层次被打乱的一篇文章,要求学生理顺。

(3) 分类。通过观察、调查、阅读所获得的材料,经过一番梳理,使之条理化。训练形式有三种:

① 一次分类。可列出有关事物,运用一个分类标准一次完成分类。

② 多次分类。列出多项事物,按照一个标准分类后再打乱,按另一个标准重分,这样尽可能多分几次,以培养熟练把握分类标准,善于从多角度考虑问题的习惯。

③ 鉴别分类。在属于一类的多项事物中夹杂一两项不属于此类的事物,然后把不属这类的个别事物挑出来,并说明原因。

(4) 系统化。系统化就是在比较、分类的基础上,把材料纳入一定的顺序,使彼此之间互相关联,构成一个有机的整体。系统化训练大致有两种类型:一类是由分到总,即把细小的、零散的、片断的材料组织为一个较大整体;另一类是由总到分,主要是对现成的有机统一的事物加以分解,由总体到局部,条分缕析,一一弄清。

3. 灵活性训练

写作中由于拘泥某一思维方法,从某一固定角度思考,往往陷入迷途,而变换方法、角度去思考,常常会豁然开朗,带来创造性成果。根据实际打破陈规、不断修正思维方法和改变思维角度的能力,就是思维的灵活性。培养思维灵活性的训练方法可以从以下两方面入手:

(1) 开拓思路。开拓思路有以下三种方法:

① 分解法。即把一个大题目分成几个小问题来思考。比如记叙性题目可以分解为"什么时候"、"什么地点"、"什么人物"、"什么事件"、"什么原因"、"什么结果"来一一思考;议论性题目则可以分解为"什么是"、"为什么"、"怎么样"等等来思考。

② 扩展法。分解法是对一个题目内在含义的解剖,是向纵深开掘的;扩展法是就这一题目与外界事物的关联,向外开拓。比如《雨》这个题目,用分解法,可以划分为"雨的构成"、"雨的形态"等来思考;用扩展法,则可以就"雨与生命"、"雨与人类"等来思考。

③ 背反法。即从事物相反的一面来思考。比如谈美想丑,谈真想伪,谈战争想和平,谈进步想不足,谈抓紧时间之益想浪费时间之弊等。

(2) 改变角度。人的思维往往有惰性,总习惯于走老路,朱光潜在《咬文嚼字》中称其为"套板反应"。改变思维角度,首先要能看出客观事物不同侧面的不同属性,也就是说要把通向客观事物的不同思维路线、不同角度摆出来,以供选择。训练的第一步是展示不同的角度,其次是要善于选择最佳角度。因为展示角度与改变角度都不是最终目的,最终目的是确定一个最佳角度,写出一篇新颖而有创见的好文章。选择最佳角度要靠对众多的角度的分析与比较,最佳角度应切中要害,应得心应手,既便于调动生活积累,又便于发挥写作特长。

4. 独创性训练

思维的独创性是关系到一个人创造能力高低的思维品质。具有思维独创性的人,善于独立思考问题,能不断提出与以往不同的新的认识、新的概念、新的方法、新的理论,创造出新的精神产品或物质产品。

(1) 发现问题。思维是由问题开始的,提出正确的问题,往往等于解决了问题的大半。发现问题要敢字当头、耐心思考。发现问题的训练可以与观察、阅读相结合,特别注意结合实际,反复多练。一般到提出问题为止。提出了高质量的问题后,也可继续思考下去,提出解决问题的方案和设想,写成一篇完整的、有创见的文章。

(2) 原型启发。思维的独创性关键是个"新"字。在某一新创造的孕育阶段,往往会从其他事物得到启发,从而找到实现这一创造的途径和办法,这就是原型启发。进行原型启发训练,教师可以提供原型,学生以此为契机展开创造性的思维;学生也可以根据自己探讨的重点到生活中去寻找原型。不管哪种情况,都必须注意思维要飞跃,要立足于创新,不要拘泥于原型。

(3) 成语新解。成语新解就是给成语(也包括谚语、俗语)以新的解释,这是一种简便而有效的思维独创性训练形式。由于成语(包括谚语、俗语)源远流长,在书面上或口头上被长期沿用,为人熟知,其含义已相对固定。因此要冲破传统的理解,赋予新的含义,就要有一种敢于创新的精神不可。成语新解,重在出新。但这一新意应是建立在科学分析的基础上的,而不应故作惊人之笔,立论怪诞,耸人听闻。如把"骄兵必败",硬说成"骄兵不败",就未免强词夺理了。不要离开原成语作不着边际的发挥,不要牵强附会,生拉硬扯。

5. 深刻性训练

思维的深刻性,即认识由感性到理性的飞跃,由对事物局部的、外表的、肤浅的认识过渡到对事物全体的、本质的、深入的认识，从而把握住事物的本质和个性特征，把握住事物的内部联系与外部联系，把握住事物运动、变化和发展的规律。

（1）辩证分析。指运用唯物辩证法的基本观点来分析客观事物。辩证分析是一种要求比较高、难度比较大的思维训练方式，除去要在学习唯物辩证法上下工夫之外，恰当的选题也很重要。一开始不去讲抽象的"大道理"，而是讲"小道理"，也就是渗透在某一社会现象或自然现象中的具体的道理、实在的道理；不要去分析生疏的事物，而要分析熟悉的事物。比如一场球赛的胜负、一次考试的得失、一次网络上的辩论、一片绿地的养护，以及乘车、走路、购物等常见的生活现象，都可以通过思考，写出生动活泼的、渗透辩证思维的好文章。

（2）揭示寓意。寓言、童话、神话、成语故事、民间故事等文学形式，往往寓较深的道理于故事之中，这些寓意大多不直接写出，而是让读者从故事中去体味。因此，阅读这些故事要经过认真思考才能抓住它的本质，这就为思维深刻性的训练提供了一种很好的形式。需注意材料恰当，精心阅读，正确归纳，避免成为故事的复述或缩写。

（3）集中、收束。思维集中与收束的过程，是抓主要矛盾、观点逐步明朗的过程，关键是把可有可无的意思删去，主旨就自然浮现。进行这类训练必须注意：首先，与开拓思路的训练结合起来，安排时可与开拓思路的训练自然衔接；其次，要有明确的中心，使集中与收束有所依傍，有所归属；再者，对枝蔓的头绪、次要的意思能够忍痛割爱。

（4）比较判断。由于事物总是处于与其他事物的联系之中，事物本身也是在不断运动发展的，因此比较此事物与彼事物以及同一事物不同发展阶段的相同点和相异点，是认识事物的特殊性、揭示其本质特征的基本方法。一类是对照比较，即把一事物和与它同类（或相近）的事物放在一起比较。写作许多环节（选材、立意、结构等）都可以进行这种比较。另一类是顺序比较，即同一事物在不同发展阶段上的比较。人们考察事物现状，光了解目前的数量和状态,认识往往不深,如能纵向从历史上加以比较,便会印象鲜明,看出发展,作出预测。①

【思考与练习】

1. 简述思维对写作的作用。
2. 对照写作中的思维,简述对孔子"学而不思则罔,思而不学则殆"的分析理解。

第三节 想 象

一、什么是想象?

想象是一种特殊的心理活动。在写作行为中,想象是在感受的基础上进行,并伴随一定的思维活动。它以表象为基本材料,不脱离感性认识,同时具有分析综合效应和理性认识因素;它和形象思维具有内在联系,对于文章构思和形象塑造起着至关重要的作用。写作主体应不断培养、提高自己的想象力,以期达到在写作的天地里展翅高飞的目的。

在写作过程中,想象是感性认识和理性认识互相联系的中介。因为想象和思维密切联系着,像思维一样能进行分析、综合,具有理性认识的性质,所以,它往往又对客观现实进行超前反映,使人预见未来。想象的这种超前呈示功能,能够使作者在文章尚未成形或形象尚未成熟时,把它们的未来形貌展示出来。提纲的拟定,就是一种预见,它往往促成一篇新作的诞生。"预见"实际上也是一种内视能力,它能帮助作者在脑海中清楚地看到要描绘的形象。想象的预见和内视,可以让构思中的形象和人物的感性细节和特征清晰地浮现在作者头脑中,作者不仅能看到人物的外表和行动,

---

① 以上内容摘引自吴思敬《写作心理能力的培养》,第117—146页。

听到人物的语言,而且能进入人物的内心世界,体验人物的思想感情,并且能根据这个人或那个人的性格中某些突出的特点努力猜度和补足其余部分。

想象是以表象作为基本材料进行思维的,想象的分析和综合不同于抽象思维中的分析和综合。抽象思维的分析和综合是以概念为基本形式的逻辑推理;而想象的分析、综合则是对表象进行加工改造以形成新的形象。只有想象活动的参与,作者才能选择、提炼、概括、缀合从生活中获得的种种表象,才能按其"最喜爱"的"图样和幻想"对生活素材进行重新组合,创造出比普通的实际生活更高、更美、更集中、更理想、更典型的艺术形象。这便是想象的粘合力在起作用。

任何作者要克服个人经历、实践、观察和学识上的局限性、狭隘性,冲破旧经验的束缚,就必须借助想象。写作不是对现实生活的简单描摹和抄袭,想象可以突破作者的局限,去创造新的生活领域。鲁迅写《故事新编》、郭沫若写《屈原》,他们并未经历古人的生活,但丁写《神曲》、吴承恩写《西游记》,他们也不曾到过天堂地府,是想象帮助他们突破了自己的生活局限。想象能帮助我们把理想和现实完美地结合起来,一方面构想出各种现实中不可能存在的神奇的景象,一方面构思出体现未来和理想中的"应当存在"的人物和事物。

二、想象的类型

(一) 无意想象

所谓无意想象,就是没有特定目的、不自觉的想象。初级形式的想象往往如此。例如,不由自主地随别人对故事的讲述而想象故事中的情景;看到天上的白云而把它想象为人的面孔、奇峰异树或某种动物等。无意想象虽然是一种心理活动,但它的有些内容经过改造,也是可以写入文章的。

梦则是睡眠抑制状态的想象活动,是无意想象的极端情况。

梦是在无意识状态下对表象的奇妙的组合。梦虽然不能由人的主观意志控制,但它仍然曲折地反映了客观,反映了梦者的某种心理活动。梦这种生理现象,不过是人类头脑中变了位、变了形的物质现象而已。有些作者看到了这种变位、变形的艺术魅力,将其直接移植到文章中,使梦境也成了写作的一个重要内容。杜甫写过《梦李白》,李贺写过《梦天》,《红楼梦》里的不同人物做了许多不同的梦,鲁迅的《野草》中有九篇是写梦的。如《死火》中的片断:

我梦见自己在冰山间奔驰。

这是高大的冰山,上接冰天,天上冻云弥漫,片片如鱼鳞模样。山麓有冰树林,枝叶都如松杉。一切冰冷,一切青白。

但我忽然坠在冰谷中。

上下四旁无不冰冷,青白。而一切青白冰上,却有红影无数,纠结如珊瑚网。我俯看脚下,有火焰在。

这是死火。有炎炎的形,但毫不摇动,全体冰结,像珊瑚枝;尖端还有凝固的黑烟,疑这才从火宅中出,所以枯焦。这样,映在冰的四壁,而且互相反映,化为无量数影,使这冰谷,成红珊瑚色。①

无意想象作为一种艺术手法,在中外文学名著中比比皆是,而且有越来越发展的趋势。最典型的就是意识流小说,这种小说主要运用了体现无意想象的一种内心独白和自由联想的手法。

(二) 有意想象

所谓有意想象,即带有目的性、自觉性的想象。根据想象的创造性的强弱,又可把有意想象分为再造想象和创造想象。

1. 再造想象

(1) 什么是再造想象? 再造想象是根据现成的语言或其他手段(如图样显示)的描绘在头脑中再造出新形象的过程。再造想象

---

① 转引自严家炎、孙玉石主编《中国现代文学作品精选》,北京大学出版社 1993 年版,第 119 页。

并不只是对作品所描绘形象的简单接收和原封不动的复制,而是通过自己的大脑,用自己的生活经验、知识积累、形象记忆和情绪记忆去领会和体验,并进行一定的加工改造和丰富补充。再造想象是客观制约性和主观能动性、确定性和不确定性的统一,也就是说,再造想象中包含着创造想象的成分。

写作中的再造想象要比一般认识过程中的再造想象更加生动有力。这主要是因为想象的目的很明确,如根据资料写方案、报告、诗歌、小说、戏剧和电影。其他如根据图纸写设计报告,或根据模型写产品说明书等。从根本类型上说都应属于再造想象。

强调写作主体的直接感知觉,这是十分必要的。但一个人直接经验的东西毕竟有限,大量的材料,还是靠别人的讲述——包括口头的、书面的,以及各种图样、图解符号来获得。写新闻、通讯、报告文学,写工作总结,必须发挥再造想象能力,才能把文章写得更好。徐迟写《哥德巴赫猜想》、理由写《扬眉剑出鞘》、穆青等三人写《县委书记的好榜样——焦裕禄》均是如此。现在盛行的国家公务员考试中的"申论",更是让考生在对所给资料进行分析的基础上,充分发挥再造想象,写出符合要求的"方案"等,并展开合理性、社会性、前瞻性的论述。

即使是文学创作,在运用创造想象的同时,也运用再造想象。如王愿坚的小说多以第二次国内革命战争时期江南苏区及长征的题材写成。其实王愿坚并未参加过这些战争。他是由于参加编写《星火燎原》,有机会和我们党内、军内的首长、老干部接触,采访了大量材料,在再造想象的基础上,集中、提炼而写成的。

(2) 运用再造想象的条件

① 理解能力。正确理解再造想象所依据的语言的表述或非诗文的描绘(包括图画、图纸、符号等),是再造想象的必要条件之一。要按照图纸去想机器,首先就应学会阅读图纸,即会识图。对建筑识图或机械识图一窍不通的人,就绝难通过图纸形成未来机器的形象。同样,依据口头和书面语言的表达,也首先要听懂和看懂这些描写和叙述,这样才能保证再造想象的正确。

② 贮存能力。再造想象虽说是有依据的,不像创造想象那样天马行空,任意驰骋,但也必须有丰富的表象积累。一般说,想象的水平是依一个人所具有的表象的数量和质量的情况为转移的。表象越贫乏,其想象也就越狭窄、肤浅,有时甚至完全失真;表象越丰富,其想象才会越开阔、深刻。

由于阅历的限制,一般人,尤其是少年儿童,容易用本地的情况推想外地,用本国的情况推想外国,用今天的情况推想过去和未来。这就不仅不能形成正确的再造想象,而且会片面地、表面地、形而上学地看问题。所以,相应的贮存能力对于再造想象的运用,也是至关重要的。

③ 语言能力。想象的活动是在语言的调节下进行的,并用言语的形式表达出来。仅有丰富表象而无丰富的语言,会使人们的想象停留在直观水平,而不能上升到语言的思维水平上来。在想象力大致相当的情况下,一个语言能力强的作者,他描绘出来的再造想象情境要比那些言语能力差的人强得多。

(3) 培养再造想象的方式

① 口头复述。这是一种利用材料进行口头训练的方式。利用的材料可以是由人口述一个故事,也可以是文字材料,复述就是把自己感受的材料通过再造想象表述出来。这种训练要求表达要用自己的语言,而不是背诵;要脱离原始材料,不许重复;要忠实于原材料的文意;注意语言的精练和完整。

② 听写故事。请人先讲述一个故事,然后让学生用书面语言叙述这个故事。写作过程也就是再造想象的过程。训练要求:忠实于原文;要发挥想象力而不是单纯的记录能力;较长的故事可在动笔之前编一个故事提纲。

③ 按图写文。这是根据给定的图像进行再造想象,然后写出文章。这种训练既能锻炼观察感受能力,又能锻炼再造想象能力。训练要求:认真观察,包括一些微小的细节。就人物来说,要注意衣着、姿势、表情;就时间来说,要注意季节、阳光或星光变化;就地点说,要注意环境特点,如城市、农村、高山、平原、陆地、海洋、天

空、室内室外等等。要有想象,以再造想象为主,可以丰富补充,但不能把与此图毫无关系的东西写出来。要相对完整地写出画面,并贯穿为连贯的情节。

2. 创造想象

(1) 什么是创造想象？创造想象是根据预定的目的,不依据现成的描述而独立地创造出新形象的过程。这个过程是通过表象的分解和综合两个方面辩证统一的活动来实现的。创造想象与理性思维密切联系着,它是人类创造性活动一个必不可少的因素。由于想象特别是创造想象的参与,作者能够结合以往的经验,在想象中形成创造性的新形象,并且提出新假设,这是创造活动顺利展开的关键。

写作中的想象表现为一种自觉的表象运动,而其中的创造想象里,这种表象运动就更独立、更新颖、更有创造性。谁也不会否认以下的观点:创造一个贾宝玉的形象,比阅读《红楼梦》时想象出(再造想象)贾宝玉的形象,不知要有多少不可比拟的困难。据金开诚教授的研究,写作中的创造想象,说到底就是原有的表象拆散或者碾碎,再重新结合成一个新形象。但由于分解的精细,组合的巧妙,因此往往有这样的情况:新形象利用了"旧材料",却认不出这材料是从哪个表象上分解出来的。写作中创造想象的一个最基本的特点就是:从同类事物的各个表象中把"最有代表性的特点"或"最自然的特征"抽取划分出来,把它们综合和概括到一个重新创造的形象中去。

(2) 培养创造想象的训练方式

① 创造性口头复述。这种方式与再造想象的口头复述方式主要不同在于:再造想象的复述要忠实于原材料;而创造性复述训练则鼓励复述者在所给材料的基础上去生发、去畅想。

② 改写文章。改写是把一篇短文或一段概括性的素材加以改造。其基本要求是:可以改造原文主旨、内容、体裁、人称,尽可能超过原文的现有水平;可以尽量展开想象,但不能完全脱离原文,另起炉灶。

③ 续写。截选一个故事的开头或某一部分,由学生写出结尾或相应部分。这种续写,可借用现成文章,也可选用学生习作。写完后对照。但这种现成文章不要选大家都熟悉的,尽量选一些新作,或过去的不那么引人注意的作品。

(三) 幻想

幻想是愿望支配下的不与现实生活相结合的想象。幻想体现了想象者的愿望,但还不能立即去实现。所以,幻想是远离现实的想象。所谓体现了想象者的愿望,是指一个人所幻想的东西都是直接满足于他愿望的东西。从这一点看,幻想与创造想象有所不同,因为创造想象的产物,不一定都是直接满足创造者愿望的东西。如鲁迅创造的阿Q,就绝不是他所愿意有的人物。所谓远离现实,是指一个人的幻想不论怎么清晰鲜明,但都不能在现实中立即实现。

幻想主要表现在神话、童话、诗歌和科学幻想小说之中。古代希腊神话对欧洲文化艺术的发展起了很大作用。童话也是通过丰富的幻想和夸张来塑造形象,反映生活。这种幻想造成故事情节神奇曲折、生动浅显。作者对自然物往往作拟人化的描写,能适应儿童的好奇心理和接受能力。著名的有安徒生童话、格林童话等。科学幻想作品也是运用幻想的方式描述人类利用某些新发现、新成就来完成某些奇迹的小说、电影。优秀的科幻创作,把科学和艺术很好地结合起来,不仅能培养青少年对科学和艺术的兴趣和爱好,即使对成年人也有相当的审美价值和艺术价值。写作中幻想的表象的分解与组合,和创造想象中表象的分解与组合基本相似,只不过比创造想象更夸张、更变形。风行全球的《哈利·波特》就是力证。

培养一个人的积极幻想能力除了要具备再造想象和创造想象中所说的基本条件之外,尤其要热爱生活,相信未来,对未来生活的希望和向往是促成积极幻想的催化剂。幻想的品质与一个人的世界观或一般思想状态紧密联系着,在正确世界观的指导下,符合现实生活发展规律,并且可能实现的幻想就是理想。

(四) 联想

1. 联想的定义

联想就是我们平时所说的由一个事物想到另一个事物的心理过程,或是由当前事物回忆这事物的过去及有关这事物的其他情况。它是由此及彼的一种想象,用以丰富加深写作主体所要表达的事物。

"文思泉涌"是人们向往的写作境界。文思怎样才能像清泉一般,滔滔汩汩,奔涌而出呢?其中的秘密之一就是要善于联想。茅盾由伟岸、挺拔的白杨,联想到坚强、质朴的北方农民;陶铸由松树的特征,联想到共产党人的风格;而俄国的文学大师托尔斯泰,在观察牛蒡花的基础上,经过联想,竟写出了一部中篇小说《哈泽·穆拉特》。

2. 培养联想力的基本条件

(1) 表象储备。表象的积累如同水流,愈深沉,愈广阔,才愈能更好地托起联想的航船。如果把联想比成梭,即使是一把"神梭",如果没有众多表象的五彩缤纷的丝线,也是织不出任何漂亮的工艺品的。我们应该通过观察、感受积累极为丰富的记忆表象,并善于随时把这些积淀的表象调动起来,才有可能产生丰富奇丽的联想。我们或畅游江河,或攀登山峦,或独步园林,或踏入曲径……所见所闻,总不会使我们无动于衷吧?那拍岸的惊涛,那飞泻的瀑布,固然可以使你浮想联翩,一片落叶、几颗卵石,难道不可以使你产生些许情思?哪怕只是一些很小的物件,如一本旧相册、一片夹在书中的红叶、一对凌空而过的飞雁、一只闪亮的萤火虫,都可以在我们心头唤起生动的回忆和美好的遐想。可见,具有丰富的表象储备,对产生联想是有非同小可的作用的。

(2) 寻找联系。就是要找出表象与表象之间的相近、相似、相反或类同的内在联系或外在联系。不善于找到这些联系点,那就很难放开联想的脚步,展开由此及彼的联想。找出这些联系点,就像是在表象与表象之间架起了一座桥梁。如杨朔由小小的浪花联想到人民改造自然、改造社会的力量。

3. 联想的基本方式

（1）相似联想。相似联想是由某一种事物的感知和回忆，引起对和它在性质上或形态上类似事物的回忆。它反映事物间的相似性和共同性，是事物间暂时联系的泛化式概括化的表现。写作中常见的比喻、象征、拟人等手法的运用，从心理基础上看都属相似联想。如：那壮丽而奇巧的景色呀，犹如蓝天碧海的日出；那喷薄而下的钢水呀，好像朝霞映照着的高山瀑布；那庄严而豪迈的气概，如同万杆红旗一齐涌向凯旋之路；那金光闪闪的钢花呀，好似满天星斗同时在炉前跳舞。其中的景色、钢水、钢花、用日出、瀑布、星斗来形容，是取其外形相似而展开联想的结果，而气概与凯旋是取意相似，这种相似联想，描绘出了出钢的壮丽景象，挖掘出了出钢的豪迈气概。相似的内容是极为丰富的，在写作中，我们要敢破陈法，不拘死法，力争找到新鲜、生动、贴切的相似之处，运用好相似联想。

（2）接近联想。接近联想就是由某一事物的感知回忆，引起对它在时间或空间上接近的其他事物的回忆。接近联想的运用，可使作者思路宽阔，冲破时、空限制，把纷繁万象的大千世界，尽收笔端。魏巍在《谁是最可爱的人》中写小战士在冰天雪地的战场吃雪，为的是祖国人民不吃雪——这是将发生在同一时间里的事物联系在一起。事物在时间上的接近和空间上的接近往往是互相关联的，因此，写作中接近联想往往兼有时空两种因素。陆游在《沈园》里写出由重游沈园的此时此情，联想到曾游沈园时的彼时彼情，时空交叉叠合在一起。

（3）对比联想。对比联想是把性质截然不同或情境完全相反的表象联结在一起的联想。对比联想的运用，能使被描述的形象好的更好、坏的愈坏，真正打动人心；能使阐发的道理在正反两方面论证上更加深刻。魏巍在《依依惜别的深情》中就运用了这种对比联想。在敌人面前，无论受到多么残酷的折磨，朝鲜人民从来"没有哭"；而当志愿军即将离开时，他们却要把"一生一世的眼泪""都倾洒在今天！"这种对比联想，把中朝两国人民用鲜血凝成的战斗情谊,突出地表现了出来。臧克家的名诗《有的人》也运用了这种联想,作者把两种世界观完全相反的人,对比着写,鲜明地突出了两类人的生存价值。

4. 运用联想的基本方法

(1) 寓托。即寓情于景、托物言志。借用一景一物,寄寓人情事理。景、物与人情、事理,未必有实在联系,作者通过寓托法联想,把它们粘连在一起,表情达意,妙笔成文。运用此法联想所譬喻的景或物,多数是花鸟虫鱼(动物植物)和山川日月(地理环境),所寄寓的应该是深沉的情志和深刻的思想。譬喻和寄寓两者之间要有形似和神似之处,尤其是神似。如冰心《往事》中的片断:

> 杰两手抱膝听着,这时便运用他最丰富的想象力,指点着说:"她……她住在灯塔的岛上,海霞是她的扇旗,海岛是她的侍从;夜里她曳着白衣蓝裳,头上插着新月的梳子,胸前挂着明星的璎珞,翩翩地飞行于海波之上……"
>
> 楫忙问:"大风的时候呢?"杰道:"她驾着风车,狂飙疾转的在怒涛上驱走;她的长袖拂没了许多帆舟。下雨的时候,便是她忧愁了,落泪了,大海上一切都低着头静默着。黄昏的时候,霞光灿然,便是她回波电笑,云发飘扬,丰神轻柔而潇洒……"①

这篇散文里,作者就是运用寓托法造成联想,将"海性"升华为"人格"——超绝而威严,号召人们做"海化"青年,充满丰富的哲理意味。

(2) 追溯。即抓住一点串连下去,首尾相衔,勾出一串连贯的记忆表象。它可以使文章的内容、境界比眼前更加深刻、宽广。朱自清的散文《背影》中就运用了此法,作者开门见山写"背影"——"我与父亲不相见已二年余了,我最不能忘记的就是他的背影";中

---

① 冰心《往事》(一之十四),转引自徐中玉主编《大学语文》,华东师范大学出版社1999年版,第130页。

间用特写镜头写"背影"——"他用两手攀着上面,两脚再向上缩;他肥胖的身子向左微倾,显出努力的样子。这时我看见他的背影,我的眼泪很快地流下来了";结尾写泪光中的"背影"——"在晶莹的泪光中,又看见那肥胖的,青布棉袍,黑布马褂的背影"。经过作者精心的追溯联想的描写,顿时在读者面前产生了一幅生动画面,使读者加深了对"背影"所系的父子挚情的认识,并被其深深打动。

(3) 化形。即把某种概念、思想、情感、声音等看不见、摸不着的抽象物,化为具体可见的形象体,便于读者直接体验和感受。如史铁生在散文《我与地坛》中便把人生四季化作了一组具体形象的画面:

> 如果以一天中的时间来对应四季,当然春天是早晨,夏天是中午,秋天是黄昏,冬天是夜晚。如果以乐器来对应四季,我想春天应该是小号,夏天是定音鼓,秋天是大提琴,冬天是圆号和长笛。要是以这园子的声响来对应四季呢?那么,春天是祭坛上空漂浮着的鸽子的哨音,夏天是冗长的蝉歌和杨树叶子哗啦啦地对蝉歌的取笑,秋天是古殿檐头的风铃响,冬天是啄木鸟随意而空旷的啄木声。①

作者以种种具体可感的事物比喻四季,清楚地象征自己对人生经历酸甜苦辣和人生命运复杂多变的令人难忘的种种感受。

(4) 发散。即选择一个联想中心,由此发散出一系列联想,环绕这一点,形成发散状态或网络状态。如秦牧的著名散文《土地》以"土地"为出发点,联想到晋国公子重耳的故事;联想到"乡井土"所寄托的丰富深厚的感情;联想到多少劳动者为了土地而进行的"连绵不断的悲壮斗争";联想到"寸金桥"的寓意和"一寸土"的严肃意义……这种发散联想的运用,使文章蕴含丰富,表现出强烈的立体感。当然我们在运用发散联想时,必须要首先

---

① 史铁生《我与地坛》,转引自徐中玉主编《大学语文》,第203页。

抓好那个具体的发散出发点或网络集结点,而不能写得散漫无羁。①

【思考与练习】

1. 想象在写作的过程中会产生什么作用?
2. 写作中再造想象与创造想象的联系与区别是什么?
3. 举例说明联想的基本方法。
4. 分析所附诗歌的联想方法的运用。

阳光,阳光——乘飞机到延安上空时

叶延滨

满天都是一片金黄。
遍地都是一片金黄。
银色的机翼也闪射金色的光,
金色的阳光涌满机舱。
　　　(其实这里不叫黄土高原,
　　　这里是贮藏阳光的库房。)

难怪小米是金黄的,
一粒粒金沙是温馨的阳光!
难怪大豆是金黄的,
一粒粒珍珠是甜蜜的阳光!
　　　(难怪这大地是金色的,
　　　这是阳光沉淀的矿藏!)

难怪我们在这里耕耘,
耕耘是开采地层的阳光;

---

① 以上内容摘引自吴思敬《写作心理能力的培养》,第233—272页。

难怪我们在这里收获,
收获是采摘空中的阳光。
　　　　（难怪我们的皮肤是金色的,
　　　　我们的根在高原上!）

太阳呢? 阳光来自何方——
啊,阳光来自天上!
啊,阳光来自塬上!
啊,阳光来自心上!
　　　　（难怪新中国从这里起航啊,
　　　　每个延安人都揣颗太阳!）

第三章　写作的基本流程

写作流程，是指文章写作活动中从材料积聚到文稿定型的一系列程序。常称写作过程。一般认为，文章写作的完整流程包括聚材、运思、行文、改稿四个基本环节。

1. 聚材

聚材是指写作者通过搜集、摄取等行为来积聚各种主客观信息的活动。也常称作积聚。聚材是文章写作的起始环节。写文章的材料不是现成的，不是简单收集就能得到的，必须由作者去多方搜集；并对所得的材料进行整理、分析、记忆，使其化为己有，这就是摄取。光搜集到材料不一定能为写作所用，还必须经过摄取才能真正为己所用。

2. 运思

运思是指写作者运用思维对将要写作的文章从内容到形式进行总体设想的活动。运思是文章写作的关键环节，包括立意与炼意、选材与用材、布局与谋篇等。运思也常称作构思，是指广义的构思；狭义的构思，往往专指文章的结构安排，即指布局谋篇。为了不和狭义的构思相混淆，本章采用运思这个术语来代替广义的构思。

3. 行文

行文是指写作者运用具体的文字语言符号把文章撰写出来的文字化活动。也常称作表达。行文是文章写作的核心环节，是狭义的"写"或"作"。有了丰富的材料和缜密的运思，还不能成为文章，只有把材料和运思成果用文字符号表达出来，变成一种文字产品，文章写作活动才能最终得以实现。行文实质上就是把运思结果文字化的过程。

4. 改稿

改稿是指写作者对文章初稿进行修改以使之定型的活动。也常称作修改。改稿是文章写作的最后环节，包括修正、修饰、改换、删除、调整等，修改的目的是使文章更加完美，从而使文章最后定型。文章最终以什么面目、样态呈现于读者面前，最终取决于修改。

在文章写作活动中，写作流程的四个基本环节处于不同的地位，具有不同的作用。聚材是文章写作的准备环节，运思是文章写作的设计环节，行文是文章写作的具体制作环节，而改稿是文章写作的定型环节。任何文章的写作，都是从聚材开始，然后经过精心的运思，再以相应的文字符号表达出来，最后经过认真的修改使之定型，离开任何一个环节，文章写作都不可能顺利进行。要想写好文章，就必须重视每一个环节。

需要进一步说明的是，关于写作的基本流程，在近十多年的写作教材编写中，由于研究者的认知不同，出现了从两个阶段（或环节）到八个阶段（或环节）的区分差异，且区分的层次也较为复杂。有人认为："写作过程大致可以分为两大阶段：准备阶段和运行阶段。准备阶段主要指搜集和整理材料，需要观察、调查、阅读、回忆、体验、想象、整合等多种能力；运行阶段主要指内部运思和外部表达，包括立意、选材、构思、赋形、表达、修改诸环节，还包括写作成品传播过程的反馈与再吸收。"[1]有人认为："它大致可以划分为三个阶段：构思、起草和修改。"[2]有人认为："感知⟷运思⟷行文，在写作行为过程中构成了纵向发展系统的核心，三者是一个整体，互相交叉、包容。"[3]有人把写作过程划分为积聚、构思、行文、修改四个环节。[4] 有人认为：从文章制作的角度研究，写作"形成了一个由积累、运思、表达、修改等制作环节连缀、衔接的运行系

---

[1] 尉天骄主编《基础写作教程》，高等教育出版社2005年版，第154页。
[2] 王光祖、杨荫浒主编《写作》，华东师范大学出版社1999年版，第149页。
[3] 董小玉主编《现代写作教程》，高等教育出版社2000年版，第70页。
[4] 参见徐振宗等编著《汉语写作学》，北京师范大学出版社1995年版，第17—144页。

统",并进一步指出:"其具体操作过程大致分为:取材与炼意、运思与谋篇、行文与定稿三大环节(或称三大阶段)六个步骤。"[1]有人认为:写作的"具体过程大致可分为:采集、立意、谋篇、用语、修改等五个环节,也可以概括为采集—构思—表述三个阶段"[2]。有人则把写作过程分为感知聚材、动机萌发、思维运行、情感投射、意向凝聚、体式选择、结构优化、语言表达等八大环节。[3]

比较而言,我们更认同从宏观上把写作流程区分为四个阶段(或环节),这也是人们更为熟知、更为习惯的区分。但各环节的称谓,我们并未简单袭用上述的任何一种四分概念,而是对它们加以整合。我们主张使用构词结构相同的概念来指称四大环节,即聚材、运思、行文、改稿,使人们不单知道每一环节怎么做,也大致知道在各环节做什么。因此本章各节的内容分别是聚材、运思、行文、改稿。

第一节 聚 材

一、材料诸概念

材料,是指写作者从生活中积聚到的供写作用的各种主客观信息,诸如事件现象、人物、环境、理论观点、意识流动、生活感受、情趣情感等。凡是写作者积聚到的信息,都称作材料,不管以后是否会被写入文章。

材料可以区分为不同的类型。标准不同类别也不同。从材料的主客观性质看,可以分为客观材料和主观材料;从材料的形成时间看,可以分为历史材料和现实材料;从材料的获取途径看,可以分为直接材料和间接材料;从材料的作用角度看,可以分为正面材料和反面材料;从材料的表现样态或介质看,可以分为文字材料、

---

[1] 吴伯威等主编《写作》,高等教育出版社1992年版,第37、165页。
[2] 陈家生主编《写作》,高等教育出版社1999年版,第44页。
[3] 参见牛炳文、刘绍本主编《现代写作学新稿》,学苑出版社2002年版,第7页。

数据材料、图表材料、音像材料等。但是,材料的各种类型并不是截然分开的,实际上,任何一种材料都是兼类的。如客观材料,也可以是历史材料或现实材料;也可以是直接材料或间接材料;还可以是正面材料或反面材料等。

另外,与材料相关的概念还有素材、题材、资料等。

素材,一般是指创作者在生活中积累起来而未经过加工改造的原始材料。即创作者从生活中获取的感性的、分散的、原生态的全部信息,是建构作品的原料。《辞海》的解释为:"作家、艺术家从社会生活中摄取而来,尚未经过提炼和加工的原始材料。"

题材,一般是指构成作品内容的一组完整的生活事件或社会现象。《辞海》中解释为:"文艺作品内容的构成要素之一。即作者所描写的、体现一定创作意图的社会、历史的生活事件或现象,是作者在观察体验社会生活的过程中,经过选择、集中、加工和发展而确定的。"

不难看出,人们主要是在文艺创作领域定义"素材"、"题材"的。素材与题材的区别在于:素材是原生态的,题材是经过加工改造的,题材是在素材的基础上形成的;素材不一定都写入作品,题材则是被写入作品中表现一定主题的某类材料。另外,题材也常用来指称文艺作品所反映的生活事件或社会现象所存在的领域,如工业题材、农业题材、军事题材、城市题材等。

资料,是指用做参考或依据的材料。在科研文章写作中,如撰写学术论文、实验报告等,常用资料这一概念。大学生在校学习期间无论是写读书报告、实验报告,还是写学年论文、毕业论文,都必须掌握大量的资料才能保证持论有据,写好文章。另外,在一些实用文体(如总结、文摘、年鉴等)的写作中,也常常使用资料这一概念。

二、聚材的意义

聚材活动是文章写作的第一个基本环节。清代学者章学诚曾说:"夫立言之要,在于有物。"(《文史通义·文理》)这里的"立言"即指写作，"物"即指材料。把"言之有物"看做文章写作（立言）的首要问题，可见积聚、占有丰富而翔实的材料是十分重要的，也是十分必要的。

聚材就是为文章写作准备物质与思想基础。就像建房必须准备砖瓦、水泥等一样，写文章必须积聚材料。材料被比喻为文章的血肉，是写作的物质基础。这一方面表现为材料是形成观点、提炼主题的基础。主题是文章的灵魂，任何文章的写作都要有明确的主题。主题无论大小都是在具体材料的基础上产生的，是写作者对具体材料进行提炼、认知的结果，材料以自己的特质决定着主题的形成。这就是写作理论中"材料先行"的观点，即先有材料后有主题，材料第一性，主题第二性。在写作活动中，不积聚充足的材料，不对材料进行一番"去粗取精、去伪存真、由此及彼、由表及里"的分析鉴别、整理加工，就不可能提炼出一个正确而又深刻的主题来，也就写不出优秀的文章。另一方面表现为材料是说明观点、表现主题的支柱。在动笔之前，材料是形成主题的基础；在行文之时，材料又成为表现主题的支柱。任何主题都必须借助一定的材料加以表现和支撑。有了充足翔实而又典型的材料，才能使文章血肉丰满，表现力强；反之，文章就会空洞无物，缺乏感染力。从这方面说，聚材是写出各类优秀文章的有力保证。

聚材还是写作欲望产生的直接动力。在文章写作中，当作者对材料的积聚达到一定程度的时候，往往会产生一种不吐不快的写作冲动，这种直接的冲动激荡着作者的情感，使其产生强烈的写作欲望，并进而写出具体的文章。这种现象，在文学创作中表现最为明显，最为强烈。中外许多作家的创作都是如此，如郭沫若写《女神》，歌德写《少年维特的烦恼》等。没有材料的充分积聚，就不可能萌发强烈的写作欲望，所以积聚、占有材料是写作活动中的一项重要环节。写作就是从聚材开始的。

三、聚材的要求

（一）主客统一

写作者在聚材时，既要积聚各种事件、现象、人物、数据等客观信息，同时也要积聚主体对客体的感受、认识、评价、情感等主观信息，把客观的事实与主观的认知密切地结合起来；只有重视了后者，材料才能更加富有表现力。文章不是无情物，文学作品更是如此。一部优秀的文学作品，打动读者的不光是客观的事实、现象，往往更直接地表现在感受、情感等主观信息方面。事实上，在聚材时，任何写作主体都不可能只积聚客观信息而忽视主观信息，只是有的聚材者对主观信息的积聚缺乏自觉的意识。

（二）点面结合

点，就是指在聚材时要有所侧重，对某些重要的事情或个人感兴趣的方面给以特别关注，对之作进一步的、深入的了解，力争获得更为具体、翔实的材料，这是就聚材的深度而言的。面，就是指在聚材时要广收博聚，要尽可能多、尽可能全地获取各领域、各方面的信息，这是就聚材的广度而言的。写作者在聚材时，既要在面上铺开，以保证积聚到更广、更多的材料；又要在点上深入，以加深对材料的理解，提高材料的表现力。只有这样，才能保证对材料获得全面、具体的认识，从而写出优秀的文章。

（三）聚理同步

在现实社会中，随着生活的不断发展变化及阅历与学识的提高，聚材者会积聚到越来越多的材料，这些材料大多是杂乱无章的，因此及时、有效地对材料加以整理、归类是十分必要的。一方面，多难免杂，且聚多忘多，及时整理，能够与遗忘作斗争，保证更加有效地积聚材料。另一方面，对材料的整理，本身就是对材料的再认识，科学的整理不仅能够加强材料的条理性，而且能够加深对材料的认识与理解。对具体写作而言，积聚与整理同步进行，能够保证写作时顺利选材，随用随取，有时还能够进一步激发创作灵感。

(四) 脑手并用

聚材活动需要多种感官共同运作，视觉、听觉、嗅觉、味觉、触觉等都需要参与其中，尤其是视觉、听觉作用更大。但是通过感官获得的信息，最终都必须经过大脑和手的工作才能真正成为可供写作使用的材料，因此脑手并用才是保证高效聚材的关键。用脑，就是指思考、记忆；用手，就是指书写、记录，既指用笔书写，也指用电脑录入。对材料的积聚整理，既要用脑进行分析、综合和归纳、分类加以记忆，更要动手把分析、归纳的结果有条理地记录下来。脑手并用，在电脑写作时代意义更重大。随着电脑科技的发展，磁盘的巨大存储容量为记录材料提供了优势。这一方面使聚材者的大脑从传统的记忆信息活动中得到了极大解放，另一方面也使写作者产生了思考、记忆的惰性，只满足于记录，以为拷贝到自己的磁盘里就行了。实际上只拷贝、记录，不思考、不记忆，所获得的信息仍然不能有效地利用。动脑又动手，就是说我们聚材时既要善于思考，也要勤于记录，把二者有机地结合起来。

四、聚材的途径

聚材的基本途径主要有以下几条：观察与体验，调查与采访，阅读与查检，观看与聆听。前两者的共同点在于：都是聚材者直接对社会生活事件或现象进行考察，要求聚材者亲察、亲历、亲见、亲闻。这样获得的第一手材料，一般都是直接材料。后两者的共同点在于：都是聚材者借助记录在一定介质上的信息间接地对社会生活事件或现象进行了解。这样获得的是第二手材料，也是间接材料。不同的聚材途径，对于不同体式文章的写作有着不同的作用，比如，文学作品的创作偏重于观察与体验，新闻文体的写作偏重于调查与采访，理论文体的写作偏重于阅读与查检，文艺评论的写作则偏重于观看与聆听。

(一) 观察与体验

1. 观察与体验的含义和作用

观察与体验是聚材的最基本途径。观察，就是指聚材者凭借自己的感官功能或借助某些科学仪器对事物进行直接考察的活动。一般观点都倾向于把观察看做一种有计划、有目的的考察活动，如《辞海》的解释就是：有计划、有目的地用感官来考察现象的方法。但我们并不这样看，我们认为观察并不是或不总是有目的、有计划的，通常情况下的观察恰恰是无目的、无计划的，这也正是观察与调查的根本区别所在。

体验，则是指聚材者通过亲身经历以获取对事物的认知的考察活动。这里的"体验"是指一种外在的实践活动，而不是内在的心理学上的概念，因此，当观察不足以认知把握事物时，聚材者往往会去亲身体验，通过亲身经历来加深对事物的认知与理解，如作家聚材时到农村或基层去体验生活。观察与体验是密切相关的，观察重在"亲察"，而体验重在"亲历"。体验离不开观察，体验活动本身就伴随着观察活动。体验生活，就是聚材者深入到某种具体的生活环境中亲身经历某些事件，在体验的过程中聚材者必然要用自身的感官去观察生活的方方面面。体验是以观察为前提的，因此，观察是认识生活、积聚材料的最初始行为，是整个文章写作的基石。

任何文章写作都离不开观察与体验，不过观察体验对于文学创作的作用更为明显。鲁迅曾说："如要创作，第一须观察，第二是要看别人的作品"（《给董永舒》）；应当"用自己的眼睛去读世间这一部书"（《读书杂谈》）。大诗人歌德则说："依靠体验，对我就是一切，臆想捏造不是我的事情。我始终认为现实比我的天才更富于天才。"[1]优秀文章无一不是作者对自然环境、社会生活观察与体验的结晶。从这种意义上说，没有观察体验就没有文章写作。

2. 观察的要求

观察生活，必须热爱生活，留心生活。现实生活是五彩斑斓、变化繁复的，对身边发生的生活事件，聚材者必须时时留心，处处留意，及时敏锐地捕捉生活中的新鲜事件，做生活的有心人。而要

---

[1] 转引自吴伯威等主编《写作》，第172页。

观察准确,高效地积聚材料,必须掌握观察的要求。

(1)准确透彻。准确透彻是指在观察过程中,要透过纷繁复杂的现象,理清事件的来龙去脉、因果关联,准确地把握事件的本质。准确,就是要对观察对象作实事求是的客观把握,而不能被表象所迷惑;透彻,就是要对观察对象作更加深入的了解,而不能浅尝辄止,流于肤泛。只有透彻地了解事物,才能准确地认识其本质。鲁迅曾说:"对于任何事物,必要观察准确、透彻,才好下笔。"(《第二次全国木刻联合流动展览会上的讲话》)文章内容主要是客观现实生活的反映,要想写好文章,就必须对生活作准确、透彻的观察。

(2)全面细致。所谓全面,是指观察事物既要在空间上观其全貌,也要在时间上察其全程,必须从时间、空间上全面了解对象。老舍曾说:"观察事物必须从头至尾,寻根追底,把它看全,找到它的'底'",因为"不知全貌,不会概括"。(《多练基本功》)茅盾也说:"表现在我们笔下的,只是现实的一局部,然而没有理解全面,那你对于这一局部也不会真正认识得透彻。"(《茅盾论创作》)如朱自清的散文《春》,就是全面观察了春天的景象,从春风、春雨、春花、春草、春人等五个方面,描绘了春天欣欣向荣的景象和蓬勃向上的气势。所谓细致,则是指观察事物要注意事物的细微之处。这样才能准确抓住事物各个侧面、各个发展阶段的特点,把握事物的本质特征,从而用语言准确地表达出来。朱自清说过,观察要"拆开来看,拆穿来看","于一言一动之微,一沙一石之细,都不要放过!"(《山野掇拾》)如《水浒传》中个性化的人物描写,就是得益于对人物的细致观察。关于这一特点,著名小说评点家金圣叹曾称赞道:"《水浒》所叙,叙一百零八人,人有其性情,人有其气质,人有其形状,人有其声口。"(《〈水浒传〉序三》)

(3)讲究技巧。作者在观察事物的具体过程中,可以从不同的视点(角度),运用不同的方法进行。首先要讲究观察的角度。角度不同,观察的效果与所获得的信息或材料也就不同,正如苏轼所说:"横看成岭侧成峰,远近高低各不同。"其次要注意观察的方法。方法不同,观察的效果与所获信息也必然有区别。观察的方法多种多样,有概貌观察与细节观察、动态观察与静态观察、对比观察与类比观察等。另外,还要注意把观察和思维、想象相结合,把观察和记录、整理相结合,以提高观察的效率。

(二) 调查与采访

1. 调查与采访的含义和关系

调查与采访是聚材的重要途径。调查,就是指聚材者为了了解或掌握某些情况或信息而有目的、有计划地对事物进行直接考察的聚材活动。采访,则是指通过对相关人员的访问以获得相关材料或信息的聚材活动。采访是一种特殊的调查活动,调查的对象是活生生的人,常常以对话的形式对相关人员进行直接访问。

调查与采访是密切相关的。调查采访所得的材料一般都比较具体、集中、翔实,写作者通过调查采访来获得大量第一手材料是非常必要的。需要反映真人真事的文体,如总结、报告、消息、通讯、报告文学等的写作,都必须通过调查采访活动获取相关信息;采访式调查对新闻写作的意义更为重大。如魏巍的《谁是最可爱的人》与白夜、柏生的《卓越的科学家竺可桢》这两篇优秀通讯,都是在作了大量的调查采访之后写成的。

2. 调查的要求

通过调查聚材,必须掌握调查的要求。

(1) 目的明确、计划合理。通过调查积聚材料,首先要有明确的目的。事先确定好调查目的,明了调查的对象、范围、内容(题材),在调查时将会收到事半功倍的效果。但光有目的还不行,还必须有切实可行的计划。调查计划就是具体指导调查活动的纲领、指南,有计划、按步骤,将会大大加快调查的进度,能迅速而有效地积聚材料。

(2) 实事求是、重在本质。这一要求是针对调查者的思想态度而言的。有了目的和计划,还必须有正确的态度,应本着实事求是的原则进行调查,不要先入为主,为自己的先见所左右,以免失之客观;同时,还要能够透过调查所得的现象,深入到对象内部,抓住其本质,切不可走马观花式地搞形式主义,这样很难得到真实的材料。

3. 调查的方式方法

通过调查聚材,还必须掌握调查的方式方法。调查的方式或方法不同,所获得的材料的内容、性质等也会有差异。

(1) 调查的方式。调查的方式主要有以下几种:

① 普遍调查。普遍调查是对一定范围内的所有对象逐一进行考察。它具有普遍性的特点,可以直接获得比较接近实际的全面材料。但这种调查在小范围内进行比较容易,反之则难做到。实际上这是一种综合的、总体的、全面的调查。

② 抽样调查。抽样调查是把一定范围内的所有对象,依据一定的原则或标准进行分类,从中抽取部分对象作为"样本"进行考察。这样做可以比较省力,但是在抽样时必须尽量做到分类科学合理,使所抽样本能够全面、真实地反映出所有对象的情况。

③ 重点调查。重点调查是从一定范围内的所有对象中选取有重要性的事物作为对象进行考察。重点对象能够集中体现一类现象或一系列事件的本质。调查问题要能抓住重点,突出重点,因此找准重点对象尤为重要。只有找准重点,才能真正提高调查质量。

④ 典型调查。典型调查是从一定范围内的所有对象中选择有代表性的事物作为对象进行考察。典型对象能够突出体现一类现象或一系列事件的特性。进行典型调查,同样必须认真选择好典型,要使其真正具有代表性,并要防止以偏概全。

普遍调查与抽样调查是依据调查对象的范围所作的区分,普遍调查针对的是所有对象,抽样调查则只针对部分对象。重点调查与典型调查是根据调查对象的性质所作的区分,典型调查与重点调查所侧重的方面不同,典型事物常常就是重点事物,但是二者并不完全相等。调查事物,既要从总体上全面了解,更要在局部上深入把握,这就要把普遍调查和重点调查、典型调查结合起来,或把抽样调查与重点调查、典型调查结合起来。

(2) 调查的方法。调查的方法主要有以下几种:

① 问卷调查。问卷调查是以卷面形式提出若干固定问题,要

求被调查者选择填写从而获得材料的调查。这是一种书面调查方法,也是调查活动中最常用的方法。采用此法,必须事先设计好问卷,题目设计要目的明确,针对性强,科学性强;答题则要尽可能方便选择填写,少占用被调查者的时间;还要尊重被调查者的权益,不要涉及调查对象的隐私。这种方法能减少被调查者的顾虑,使其通过答题反映出真实情况,因而获得的材料相对比较真实,这样写出的文章也就更真实。

② 直接采访。直接采访是对事件的相关人员直接访问以获得信息的调查。采访的对象,可以是当事人,也可以是见证者或其他相关人员;可以是单个人,也可以是一群人或全部有关人员。采访的形式,可以是当众采访,也可以是私下采访;可以是公开采访,也可以是暗中采访;可以是面对面地交互问答,也可以是借助通讯设备进行问答。采用此法,调查者要反应灵敏,善于捕捉问题,并且有眼力看清被采访者的真实状态与心理,保证所获信息的价值,从而提高文章内容的质量。

③ 现场调查。现场调查是亲自到事件或现象发生的现场进行实地考察以获得材料的调查。对于事件或现象的调查,调查者往往需要置身于事件或现象发生的现实环境之中,通过亲自考察,了解事件或现象的相关具体情况,如事件的严重程度、影响范围、解决对策、进展过程、社会反映等,从而获得更加感性的信息。这种真切的了解对积聚材料更加有益,不仅能够全面地反映情况,还能够增加文章的深度或感染力。这种方法是新闻写作的重要聚材途径,是避免报道失实的有效方法。

④ 开会调查。开会调查是通过召集会议对与会者集中进行问询以获取材料的调查。这种方法,简单易行,调查面广,所得的材料一般真实可靠。但是当今由于受一些不正之风的影响,被调查者往往不愿当众吐露真言,所获信息有可能不够真实,因此要慎重选用此法。调查者要注意和被调查者打成一片,端正态度,而不要高高在上,脱离群众,要事先让被调查者对调查内容有所了解,同时还要善于察言观色,能辨别被调查者所反映信息的真伪,听出话外之音,这样才能保证获得较为真实可信的材料。

(三) 阅读与查检

1. 阅读与查检的含义和作用

阅读与查检是聚材的又一重要途径。阅读,是指聚材者通过阅读文章从文字语言中获取信息或资料的聚材活动。阅读的实质就是通过破译文字语言的意思去理解、接收文章的信息或内容。一个人不可能事事经历,必须间接地从书籍报刊中获取多种材料。尽管阅读的目的不全是为了写作,但是写作离不开阅读。阅读不仅能增广见识,为写作积聚材料,而且能学习技巧,提高表达能力,还可以开阔视野,使读者的思想受到多方面的熏陶与洗礼,因此必须把阅读和写作结合起来。知识浅薄,孤陋寡闻,就会下笔艰难,文思枯涩;而学贯古今,文通八方,则能下笔如注,应付自如。古人早就强调过"能读千赋则善赋","读书破万卷,下笔如有神"。从这种意义上看,可以说没有阅读,就没有写作。

查检,是指通过查找与检索获得所需文章或文字以便阅读掌握的聚材活动。阅读离不开查检。在浩瀚的文海中,阅读者必须借助相应的查检工具或功能去搜寻自己喜爱、需要的文章进行阅读。对文科专业的学生而言,在阅读古代文化典籍时,更是必须经常查检资料。因此具有熟练的查检技能,无论对学习还是对写作都十分重要,切不可忽视或轻视。

通过阅读查检积聚材料,对于理论文体的写作尤为重要,因为这类文体的材料主要来自于各类书籍报刊之中。对于在校大学生来说,在整个大学阶段都离不开阅读。阅读是高校学生写作各种理论文章时最主要的聚材方式,如写读书报告、学年论文、毕业论文时,大家必须认真阅读大量的书籍或文章,借助图书馆、资料室或者网络与数据库等多方面搜集资料,在这个过程中,查检是在所难免的。

2. 阅读的要求

通过阅读聚材,必须掌握阅读的要求。

(1) 有目的性、有针对性。阅读首先要明确"为何读"、"读什么"。一般读者常常不大讲究读书的目的,针对性也不鲜明,大都为了增广见识、娱乐消闲,可以随意阅读;但是作为大学生,读书不单如此,还要借此积聚材料,以写好学习性文章,完成学业,因而不能太随意。我们常有这样的感觉:阅读的东西虽然不少,却大都如过眼烟云,稍纵即逝,到动笔写作时,总觉脑中空空,没有材料可写。其主要原因就在于阅读的盲目和随意,缺乏明确的目的性和针对性。大学新生更是如此。由于摆脱了高考的束缚,面对琳琅满目的书籍和报刊,多数大学生常凭兴趣和好奇心来阅读,贪多图快,甚至猎奇搜异,这不但不利于写作,也不利于求知。因此逐步做到有目的、有针对性地阅读,不仅对积聚材料是非常有效的,而且对整个大学的学习过程也是必需的。

(2)有选择性、有计划性。这是要明确"怎么读"的问题。古今中外的书籍或文章浩如烟海,一个人即使耗尽毕生精力,也只能阅读其中的一小部分,这就要求人们要有选择、有计划地阅读。所谓选择,就是根据不同的阅读目的、阅读要求或写作要求,针对阅读对象作出判断,进行挑选、取舍。这里的选择,不单是指阅读内容的选择,诸如版本、译本的选择,篇目、章节的选择等,也指阅读形式方面的选择,如精读或泛读,全读或选读等。选择要尽量在明确的目的性与针对性指导下进行,同时还要有合理的计划。有计划、按步骤地进行阅读,可以收到事半功倍的效果。通过阅读积聚材料也应如此。必须学会选择有价值、最适合自己所需要的读物,并制订出合理可行的阅读计划。有选择地阅读,还有一个眼界高低的问题,眼力的高低是由一个人的整体思想文化素质决定的。选择一定要有眼力,对于写作而言,选择眼力决定着聚材的有效性。

(3)重准确性、讲求速度。文章是通过文字语言表情达意的,阅读文章实际上就是去解读文字符号的意义。阅读的目的在于透过文字符号的外在形式,准确地把握并理解文章的内容含义。对于文章的内容不理解或理解不透,阅读的目的就没有达到或没有完全达到。文字的含义具有约定俗成性,因此对文章的解读就具有相对稳定性。就各类文体而言,应用文体的语言清晰度高,稳定性强,阅读时不易产生误解或曲解,比较容易准确地把握;但是文学作品的语言允许有模糊性和多义性,阅读时则较难准确把握。

同时,由于读者自身文化背景、知识结构、思想情感、价值观念、兴趣爱好的不同,在阅读同一作品时也容易产生赏析理解的差异性,但这种差异性是相对的、有限的。另外,在准确理解文章内容的基础上,还要讲求速度,要能够尽快地准确理解,从而为写文章迅速积聚大量丰富的材料。

3. 阅读与查检的方法

(1) 阅读的方法。就阅读而言,阅读目的、阅读要求、阅读对象不同,阅读的方法就不同。可以精读,也可以泛读,可以全读,也可以摘读,这样既可以加快阅读进度,还可以高效地积聚材料。英国哲学家培根在《论学问》一文中说过:"有些书可供一尝,有些书可以吞下,有不多的几部书则应当咀嚼消化;这就是说,有些书只要读读它们的一部分就够了,有些书可以全读,但是不必过于细心地读;还有不多的几部书则应当全读,勤读,而且用心地读。有些书也可以请代表去读,并且由别人替我做出摘要来;但是这种办法只适于次要的议论和次要的书籍,否则录要的书就和蒸馏的水一样,都是无味的东西。"这里,培根虽然没对阅读的方法作出科学的具体分类,但是提醒我们读书是应该讲求方法的。

(2) 查检的方法。就查检而言,承载文字信息的介质不同,查检的方法也不同。当代承载文字信息的介质主要有纸张性的、电子性的两种,因此查检也就可分为纸质性查检与电子质性查检两类。纸张性介质主要是指各类书籍、报刊;电子性介质主要是指各类网络、磁盘。从查检活动的性质看,纸质性查检与电子质性查检又可以分别称作人工查检与电子查检。

人工查检,就是指通过人工对印刷在书籍报刊上的文章或文字符号信息进行查检的活动。纸质性查检,实质上是一种手工查检。在电子信息出现之前,这是唯一形式;电子网络出现以后,仍然是一种重要的查检类型。这种传统查检主要是利用图书馆藏书进行的。按照图书馆藏书检索卡片的分类,又有按作者查检、按书名查检、按出版社查检等小类。人工查检常常采用音序法、笔画笔顺法等。

电子查检,就是指利用电子搜索技术对存储在网络或磁盘里的文字符号信息进行查检的活动。这是一种自动查检。这种现代查检方便快捷,准确性高,内容含量大,可以减少因人体机能疲劳等因素造成的差错或遗漏,因而将越来越多地取代传统查检。电子查检又有互联网查检、局域网查检、馆际网查检、磁盘—数据库查检等小类。电子查检一般都使用主题词查检法,即通过输入与所要查找对象有关的一些词语,利用网络或数据库的电子检索功能进行查找。主题词语可以是作者姓名、书籍或文章名称、文本关键或重要词语等等。

(四) 观看与聆听

观看,是特指通过观看视频资料从中获得相应信息的聚材活动。观看不同于观察,这里是针对视频信息而言的,如看电影、电视、摄影、录像等。聆听,是特指通过聆听音频资料从中获得相应信息的聚材活动。聆听也不同于普通的"听",这里是针对音频信息而言的,如听音乐、歌曲、录音等。观看与聆听常常是一体的,观看的同时也在聆听,因此二者可以合称为"视听"。

通过视听积聚材料,主要适用于各种文艺评论类文章的写作,如影评、剧评、乐评、歌评等的写作。当前,声像制品、电影电视、电脑网络上的内容在人们的生活中占有越来越重要的地位,人们通过观看、聆听可以获取越来越多的信息,这为人们的写作活动提供了非常直观、丰富的材料。

网络信息的可视可听特性更是给人们提供了极大的方便。通过电脑网络,人们不仅可以比较自由地查检、阅读书报资料,为学术论文的写作聚材,还可以观看影视节目,赏听音乐曲目,为文艺评论类文章的写作聚材。也就是说,网络上的信息不但可读、可查,而且可视、可听,人们不去图书馆或书店就能读文章,查资料,不去影剧院、歌舞厅就能看电影,听音乐会,足不出户就通晓天下大事。今后,通过网络进行阅读与视听将成为文章写作聚材的一个越来越便捷、越来越重要的途径。

【思考与练习】

1. 怎样区别材料、素材、题材、资料这几个概念?
2. 结合自己的理解谈谈聚材活动需要符合哪些要求。
3. 结合自己的理解谈谈观察活动需要符合哪些要求。
4. 结合自己的理解谈谈阅读对于文章写作的重要意义。
5. 结合自己的理解谈谈阅读活动需要符合哪些要求。
6. 从观察的角度仔细阅读下面的文字,认真体味其观察的特点。

喜欢吃苹果,更爱喝苹果汁。

看着啤酒色的汁液从纸盒里流向杯中,在午后的阳光里,形成一股晶亮的清泉,淡淡的,很纯很净……成抛物线的汁液顶端,凝着一点阳光——耀眼却很和谐。果汁静静地从盒口流到杯里,再在透明的杯中漾起圈圈波纹,没有啤酒般的泡沫。嗯!苹果汁的波纹……果汁积了半杯,整杯,果汁液柱渐细渐缓,终于倒满了,回到那方方正正的纸盒里去了。

杯中的苹果汁沉静得像一小水潭,深深的透明的纯净……可以看见玻璃杯底,再透过杯底看见纹路清晰的木质桌面。

玻璃杯外壁凝了一层细密的水珠,由于苹果汁是冷藏的,因而当它看见艳阳时,便凝成水珠敷满了杯壁;用指尖轻触一下,一滴水珠便滚到杯肚,然后坠落,划出一道水痕,在滚落杯壁的一瞬间,我才看见它原本的颜色:无色透明!是苹果汁赋予了它颜色,等它回归大地、回归本真的时候,又还其原貌……

7. 请以"××大学学生英语学习情况的调查"或"××大学学生体育锻炼情况的调查"为题,设计一份调查问卷。问题要有针对性,要尽可能涉及各方面情况。

第二节 运 思

一、思路与线索

运思与思路、线索是密切相关的。在运思过程中,理清思路与线索是运思的重要工作。

思路,就是写作者进行运思活动时思维运行的线路或轨迹,是作者对客观事物怎样观察、理解、认识以及将要怎样表达的思维反映。在运思过程中,思路既是作者对客观事物观察和分析的线路,又是作者安排文章内容和形式的依据,文章的结构,实际上就是作者思路的外在体现。如鲁迅写《祝福》,通过作品我们可以知道,作者是想借助新年来临之际的回乡见闻来揭示旧时代农村深受封建礼教束缚、国民落后愚昧的思想与生存状况。写作的具体思路是以回乡见闻为中心进行叙事,由回乡探亲写到离乡返城:先写回乡的直接见闻,中间再插入对祥林嫂的悲惨遭遇的回忆,最后接着写离乡返城,思路非常明晰。

线索,是指把文章的全部材料贯穿成一个有机整体的纽带。从这种意义上说,它是结构文章、组织材料的一种艺术手段。它可以把一些彼此相关的人物、事件、场面、环境等联结起来,编织成完整的故事情节,并把情节因素和非情节因素结成一个有机整体。文章的线索通常是指物化线索,即文章中用来串连有关材料的某种具体事物(或人)。这也是叙事或抒情性文章中常用的一种线索。如金庸的长篇小说《笑傲江湖》是以"辟邪剑谱"为叙事线索,袁鹰的散文《井冈翠竹》则是以"毛竹"为抒情线索。

思路和线索是相互联系的,但二者又有区别。思路主要就思维的行进路程而言,是一种内在的逻辑线路;线索则是就材料的联结方式而言,通常表现为一种外在的物化形态,是一种外在的标志。

二、运思的意义

任何人写文章从积聚材料到文字表达,中间必然要经过一个运思环节。这一环节是文章写作的关键。积聚了一定的材料,促使作者产生写作动机、创作冲动,而如何把它"写"出来,却要在头脑中好好构想一番,运思的好坏直接关系到文章表现的优劣。

运思能使行文活动得以顺利进行。这是运思最直接的作用。清代戏剧家李渔说过:"作传奇者不宜卒急拈毫,袖手于前,始能疾书于后。"(《闲情偶寄》)这是告诫人们在动笔写作之前先袖起手来好好地运思一番,想想该如何立意、如何选材、如何布局等,运思好之后才能奋笔疾书。运思既然是一种全面的预想,那么这种构想越精细、越清晰、越成熟,行文就越便当、越顺利。

运思还能使文章写作得到整体优化。这是运思的深层作用。运思活动追求的是使所要写作的文章达到整体的和谐,即尽量使文章的内容与形式、思想性与艺术性达到完美统一。但是在实际写作中,许多文章都达不到这样的要求。最常见的现象有:主题模糊不集中、材料与观点不统一、结构层次混乱等。产生这些弊端的重要原因之一就是运思不认真、不细致、不全面:作者没能认真审视材料的意义以确立明确的主题,没能仔细分析材料与主题表现的关系以选择恰当的材料,没能全面推敲各材料之间的关系以安排合理的结构。因此,运思越深入细致、越认真全面,所写的文章整体就会表现得越和谐完美。

总之,运思在文章写作中具有至关重要的地位,是写作过程的决定性阶段,是它孕育了未来的文章。可以说,没有认真细致的运思,就无法写出优秀的文章。运思能力的高低,从根本上反映了作者写作能力的高下。

三、运思的要求

运思的优劣决定着文章写作的成败,优秀的运思应该符合以下要求:

(一)符合材料实际

运思应该以确立主题为核心,因为主题是文章的灵魂和统帅,主题一旦确立,就会直接影响材料的选择与结构的安排等。一篇文章的主题不是作者随便臆想出来的,而是从具体材料中提炼出来的,高尔基曾说:"主题是从作者的经验中产生、由生活暗示给他的一种思想。"(《和青年作家谈话》)主题必须符合材料本身的事实,这样确立的主题才是可信的,文章也才能具有真实感人的力量。

(二)反映事物本质

文章的内容是客观事物的反映,因而无论是立意,还是选材,或者是布局谋篇,都要遵循客观事物的内部联系和发展规律。一个正确的主题,应该是具体事物的本质的真实体现。一般写作者容易被事物的表象所左右,而不能透过表象挖掘其本质,不能把握本质,在选材时也就难以选择到典型的材料更好地反映生活。优秀文章的内容必须能反映客观事物的本质规律,只有这样,文章的结构安排也才能更具逻辑性,进而达到内容与形式的和谐统一。

(三)体现时代精神

时代性是文章写作的一个重要特性。文章的内容是随着时代的发展而变化的,文章总是会体现出或鲜明或隐约的时代特征。白居易曾说:"文章合为时而著,歌诗合为事而作。"(《与元九书》)文章写作就应该紧扣时代脉搏,把握时代的律动,要力争写出具有强烈时代气息、反映时代生活本质的优秀之作。实用性写作自不用说,就是文学创作,如曹雪芹的《红楼梦》、鲁迅的《祝福》等,也无不如此。

(四)理清思路线索

写文章一定要理清思路与线索,力争做到思路明晰、线索清楚,只有这样,才能使文章层次分明、结构严谨,更好地表情达意。但是在日常写作中,经常会发现不少作者并不能条理清晰地叙事,逻辑严谨地说理,关键就在于作者的运思不到位,没能把思路与线索理清。

四、运思的任务

(一) 拟题

当材料积聚到一定程度时,一些具体材料就会触发聚材者的写作动机,进而产生强烈的写作欲望,此时就已经进入了运思阶段。对绝大多数写作者而言,写作进入运思阶段的首要工作就是为将要动手写作的文章拟定一个标题。尽管拟题和立意往往是相互交错的,但是在通常情况下,拟题总是在先。作者在有了写作动机以后,就会根据自己占有的材料为文章拟定标题。

任何文章都必须有标题,标题是一篇文章与其他文章相区别的首要标志。人们在区别文章时,总是首先看标题,标题不同,当然就是两篇文章,而当标题相同时,才进一步去看作者、文体、内容等方面的区别。

拟题是在审题的基础上进行的。要拟定一个合理的题目,作者必须对所占有的材料进行全面的综合的分析,把握材料的含义,以确保所拟标题能够总领文章。对于考试写作,如话题作文、材料作文等,就更需要对给定话题或材料进行分析,从而根据自己的理解与写作擅长,拟定一个更适合自己把握与发挥的题目。

就写作的总体看,文章的标题通常有三种类型:引题、正题、副题。引题,也称肩题、眉题,主要是介绍背景,烘托气氛,引出正题。正题,也称母题,揭示文章的主要内容或写作对象,也可以表达写作意图。副题,也称辅题,主要是补充正题,点明意义。一般文章写作以单一标题为主,也有正、副双标题的;但是在新闻性写作中多重标题并用的情况比较常见,有的是引题、正题并用,有的是正题、副题并用,有的则三题并用。

两题或多题并用时,拟题常常还要注意虚实结合。实,是指对内容事实的准确概括;虚,则是指对意义的阐发、气氛的渲染等。一般情况下,引题、正题并用时,引题以写虚为主,正题以写实为主;正题、副题并用时,正题以写虚为主,副题则以写实为主。

标题还是文章传递给读者的第一印象,直接影响着读者的阅读及文章的传播。好的标题,一下就能吸引读者,抓住读者,引起读者的阅读兴趣;而差的标题,即使文章有好的信息也会失去大量的读者。因此,拟定一个好的标题,用语应该尽量符合以下要求:一要准确简洁,二要生动别致。这里不妨以新闻写作为例。准确简洁者如《北京:非常时期,平常高考》[1]、《总理为农民追工钱》[2]等。前者记述了在北京市"非典"的非常时期,考生与家长以平常心对待高考的情况,短短10个字的标题,既点出了事件的背景、地点,也点出了事件的情状;后者则记述了国务院总理温家宝为三峡库区农民追要工钱之事,把事件及相关的人物都交代清楚了。生动别致者如《和平回家》[3]、《再见了,大白鸟》[4]等。前者的副标题是"'和平'号坠毁过程均在中国航天监控网监测下",记述了中国航天监控网监测俄罗斯"和平"号空间站坠毁的过程,主标题的"和平"既指"和平"号的名字,也喻指整个坠毁过程的"和平",有平安之意;后者则以"'协和'飞机告别27载蓝天生涯"为副标题,记述了法国航空公司"协和"超音速客机最后一次飞行的事件,主标题把体型巨大的白色"协和"客机比做"大白鸟",非常形象生动。

(二) 立意

运思的核心任务就是立意,即确立文章的写作意图。

"意"或"文意",就是指写作者在文章中通过各种具体材料所表达出来的主要写作意图,现代写作习惯称作主题。人们写文章总会有个意图或主题,任何写作都必须在一定的意图制约下进行,写文章就是为了表达某种主题。文章的主题可以大到如《红楼梦》

---

[1] 丰捷《北京:非常时期,平常高考》,《光明日报》,2003年6月7日。
[2] 孙杰、黄豁《总理为农民追工钱》,《中国新闻奖作品选》(2003年度),新华出版社2004年版,第258页。
[3] 刘冰、樊宏伟《和平回家》,《北京青年报》,2001年3月24日。
[4] 易爱军《再见了,大白鸟》,《北京青年报》,2003年6月2日。

反映一个家族或一个社会的衰落,如《孔乙己》批判封建科举制度的罪恶,也可以小到如朱自清的《荷塘月色》反映当时作者内心的寂寞,如王维的《鹿柴》表现一种幽美的意境。

确立主题既是为文章铸造灵魂,也是为文章写作制订纲领。古人作文讲究"以意为主"与"意在笔先",就是突出强调确立主题在写作中的意义。"以意为主"就是指作文时要以文章主题(意图)的表现为核心。南朝宋人范晔说:"常谓情志所托,故当以意为主,以文传意。以意为主,则其旨必见;以文传意,则其词不流。"(《狱中与诸甥侄书》)清人王夫之也说:"无论诗歌与长行文字,俱以意为主。"(《姜斋诗话》)"意在笔先"是指写文章要先确立主题后再动笔写作。唐人杜牧指出:"苟意不先立,止以文采词句绕前捧后,是言愈多而理愈乱。"(《答庄充书》)清人刘熙载也指出意在笔先的潇洒与意在笔后的尴尬,他说:"古人意在笔先,故得举止闲暇;后人意在笔后,故至手忙脚乱。"(《艺概·文概》)文章主题的确立,既统摄着材料的选择,决定着结构的安排,也制约着文字语言的遣用,因此确立主题也是为文章写作制订纲领。

立意是从炼意开始的。炼意通常是指锤炼主题,事实上还应该包含提炼主题之意。提炼是炼意的初始,锤炼则是炼意的深化。所谓提炼,就是运用分析、综合的方法对具体材料的性质、意义等进行认知与把握;而这种认知不是一下子就能完成的,总有一个由浅入深、由感性认识到理性认识的发展过程,要想使文章的主题能够深入反映事物的本质,就必须在反复分析、反复研究上下工夫——这就是锤炼。作者在确立主题时,总是通过对具体材料的分析研究提炼出相应的主题,并对其进行反复锤炼,然后才能确立下来。因此,主题的确立是以主题的提炼、锤炼为前提的。同时,立意还伴随着选意——选择主题的活动。选择主题与提炼主题、确立主题是密切相关的。主题源于具体材料,而材料往往是丰富的,可提炼出的主题也是多样的,在进行具体写作时作者就必须先从多个主题意蕴中选择其一,然后加以确立。

主题的优劣决定着文章价值的高低,要确立一个好的主题,应尽量做到立意明确、正确、深刻、新颖,这就是立意的四个基本要求。

1. 明确

明确,是指所写文章的主题应该清楚明白,使读者在阅读时能够准确地理解并把握文章的意图,而不至于产生歧义或让人读后不知所云。明确是与集中分不开的,主题集中才能保证其明确。如清人刘熙载所说:"凡作一篇文,其用意俱可以一言蔽之。"(《艺概·经义概》)一般写作者常在一篇文章之中什么都想说,结果什么也没说清楚,这样的主题散乱而不集中,也就不明确。

2. 正确

正确,是指真实地反映客观事物的本质及其发展规律。主题是作者对客观事物的主观认知,这种认知只有符合事物发展的规律才是正确的,不能是对事物本质及规律的错认或歪曲。主题正确,还要求写作者必须站在代表先进生产力的阶级立场上,以正确的人生观、世界观、价值观看待事物,保持先进的认识和高尚的思想情操。

3. 深刻

深刻,是指文章的主题要有一定的思想深度,不能仅仅停留在一般意义的正确上,而应该进一步开掘,力争深入地反映事物的本质及其规律,让读者从中得到启迪,受到教益,从而深化对事物的了解和认识,给读者留下难忘的印象。深刻的主题不是靠作者空洞的说教或人为的拔高实现的,而是通过具体的材料揭示出来的,主题的深刻性应该寓于真实、典型的材料之中。鲁迅作品中深刻的反对封建礼教的主题正是这样体现的。

4. 新颖

新颖,是指文章的观点、见解要有新意,要能"见人所未见,发人所未发",而不是重复人人皆知的道理。但是新颖并不等于标新立异,只要善于抓住客观事物的特征,避免一般化,善于发现新事物、提出新问题并能联系实际进行分析,就能写出主题新颖的文章来。新颖的主题,一是可以通过选择新鲜的现实材料来实现。现实生活中新近发生的事件,本身就是前人所未见的,很容易"发人所未发"。选择现实生活中发生的新鲜感人的材料,不仅可以发掘新颖的主题,还可以加强文章的时代感。二是可以通过变换立意的角度来实现。对为人熟知的材料,变换一个角度去思考问题、分析问题,往往会有新的发现,会得到新的启示。

（三）选材

材料既是提炼主题的基础,也是表现主题的支柱,任何文章的主题都必须依靠具体材料加以支撑。选材的根本目的就是为文章写作挑选可用的、能够有效表达文章主题的材料,从而使运思更加具体明确,写出好的文章。因此,选材的根本原则应该是围绕主题选材。主题是写作的统帅,一篇文章选择任何材料都必须服从、服务于主题表现的需要,有利于主题表现的材料就选取,不利于主题表现的则要舍弃。

没有材料固然无法写文章,但是有了材料,如果缺乏代表性、表现力,也写不好文章。作者在现实生活中所积聚的材料,虽然丰富多样,但是往往杂乱无章,真伪并存,这样的材料不可能直接用到文章写作之中,必须对其进行挑选,选择其中具有代表性的、有利于表意的材料进行加工,然后才能使用。具体材料的好坏直接影响到文章写作的优劣。好的文章材料需要符合以下要求：

1. 真实

这是选材的最基本要求。一般文章要求的材料真实,就是要选取生活中发生、存在的实实在在的事件、现象或确凿可信的理论依据。前者应该和客观事物的本来面貌、实际情况相符合；后者应该科学合理,经得起推敲和论证。写非文学性文章,应该严格按照这一要求选材,实事求是,绝不能弄虚作假。对于文学性作品,材料的真实则是指生活真实与艺术真实的统一,即:"不必是曾有的实事,但必须是会有的实情。"(鲁迅《什么是"讽刺"?》)这是文艺创作的特殊性所在。要选材真实,就必须"去伪存真"。

2. 典型

典型材料就是最具个性特征、最具代表性、最具表现力和说服力的材料。典型材料是既有共性又有鲜明个性的事例或理论,能够深刻地揭示事物的本质及其发展规律,有力地表现主题。典型材料不是轻易就能得到的,需要写作者在大量的素材中精挑细选,

"去粗取精",而这种选择是需要有独到的眼光与见识的。一般写作者往往不知道选取典型材料,而是把相关的材料不加挑选地写进文中,这样就很难写出感人的文章。鲁迅笔下的一个个典型人物,无不是靠典型材料塑造出来的。

3. 新颖

新颖就是新鲜别致。新鲜的材料能够使读者耳目一新,获得全新的体验与感受,也更能引发读者的阅读兴趣。写文章应该力忌材料陈旧,拾人牙慧,而应该"惟陈言之务去"(韩愈《答李翊书》)。要发现新鲜的材料,首先必须时时关注现实生活中发生的新生事物,其次是善于去寻找别人没有用过或不常使用的材料,再次是变换选择的角度,使旧材出新貌。

(四)布局

文章的"局",就是指文章内部各个材料间相互组合的方式与形态,即文章的"结构";布局就是布置或安排文章的结构。文章的结构,是文章内部的组织与构造,是文章的具体表现形式;安排结构就是给将要写作的文章一个具体的形态。文章是内容与形式的统一体,确立了主题,选择了材料,只是解决了文章的思想内容问题,还必须借助一定的形式,根据表现主题的需要把所选择的材料合理而有效地组织起来。结构的安排直接影响文章的表达效果。结构安排得好,就能使文章主题鲜明,层次清晰,衔接自然,线索清楚,前后呼应,自然严谨,和谐统一,增强表现力和感染力,否则就会观点归观点,材料归材料,各自游离而不能统一,所写的文章只是一些抽象的思想、一堆零散的材料,而不能成"形"。因此,安排结构就是给文章构建一个具体而和谐的文本形态。

文章的结构主要由以下要素构成:开头与结尾、段落与层次、过渡与照应等。与此相应,布局的任务则包括设计开头与结尾、划分段落与层次、安排过渡与照应等。

1. 设计开头与结尾

开头与结尾,分别是指文章的开端部分与结束部分。开头和结尾是文章结构的有机组成部分,由于其处于文章结构的显著部位,因而在文章中具有特殊的作用。古人谈作文时就有"凤头"、

"豹尾"之说,元人乔梦符说:"作乐府亦有法,曰凤头、猪肚、豹尾是也。"(引自陶宗仪《南村辍耕录》)所谓"凤头",是指文章要有一个漂亮的开头,而"豹尾"则是指结尾要简短有力。明代谢榛则认为:"起句当如爆竹,骤响易彻;结局当如撞钟,清音有余。"(《四溟诗话》)这是以声响作比来说明开头和结尾的表现效果及其作用,非常生动形象。好的开头是成功的一半,这话用在写作上也是正确的。

设计文章开头一般可以采用多种形式:从表达方式上看,可以叙述事件,直接进入话题,如鲁迅的《记念刘和珍君》、朱自清的《荷塘月色》;可以描写环境,奠定写作基调,如鲁迅的《药》、《故乡》;可以发表议论,促发读者思考,如鲁迅的《拿来主义》;可以直抒胸臆,如茅盾的《白杨礼赞》;也可以说明事物,引出写作对象,如梁衡的《晋祠》:"从山西省太原市西行四十里,有一座悬瓮山。在山下的参天古木中,林立着一百多座殿堂楼阁和亭台桥榭。悠久的历史文物同优美的自然风景浑然融为一体,这就是著名的晋祠。"

从写作技巧上看,可以落笔入题,交代写作缘由,如鲁迅的《为了忘却的记念》:"我早已想写一点文字,来记念几个青年的作家……"可以开宗明义,揭示文章主题,如茅盾的《白杨礼赞》:"白杨树实在是不平凡的,我赞美白杨树!"可以设置悬念,激起读者阅读兴趣,如理由的报告文学《扬眉剑出鞘》:"一辆闪着红十字标记的救护车和两辆小汽车,驶出马德里体育馆,沿着公路向前急驰。"可以引用诗文,增加文章色彩,如马南邨的《事事关心》:"风声、雨声、读书声,声声入耳;家事、国事、天下事,事事关心。"可以以事引论,生发深刻道理,如鲁迅的《灯下漫笔》:"有一时,就是民国二三年时候,北京的几个国家银行的钞票,信用日见其好了,真所谓蒸蒸日上……但可惜后来忽然受了一个不小的打击。"

虽然开头的形式多种多样,但是一定要写得简洁而富有表现力,切忌议论空泛与落笔太远。好的文章开头,一般要有利于表现主题和拓展写作思路,引起读者阅读兴趣并指导阅读。如托尔斯泰《安娜·卡列尼娜》的开头:"幸福的家庭是相似的,不幸的家庭各有各的不幸。/奥布朗斯基家里全乱了。"雨果《巴黎圣母院》的开头:"巴黎人被旧城区、大学区和市民区三重城垣里一片轰鸣的钟声惊醒的那个日子,距离今天已经有三百四十八年六个月零十九天了。"

设计文章结尾也可以采用多种形式。从写作技巧上看,可以事尽文尽,自然收束,如孙犁的《荷花淀》、莫泊桑的《项链》;可以生发议论,卒章显志,如袁鹰的《井冈翠竹》;可以饱含哲理,发人深省,如鲁迅的《故乡》;可以委婉含蓄,言尽意永,如冰心的《小桔灯》、杨朔的《荔枝蜜》;可以留下悬念,引人联想,如金庸的《雪山飞狐》;可以发出祝愿,鼓舞精神,如陶铸的《松树的风格》、理由的《扬眉剑出鞘》;可以补充叙述,深化主题,如鲁迅《风波》的结尾;等等。

清代沈祥龙在《论词随笔》中说,文章的结尾"不外白石《诗说》所云:辞意俱尽;辞尽意不尽;意尽辞不尽三者而已"。这种观点很有见地。文章的结尾最忌讳的是"虎头蛇尾"或"画蛇添足"。这里的"意尽辞不尽"即指画蛇添足;而"辞尽意不尽"却并非虎头蛇尾,而是指文章结束后能够给读者流下悠长的回味,这主要表现在文学作品的创作中。写作的"虎头蛇尾"之病,通常是指文章应该表达的内容没有写完而行文却结束了,属于文章结构不完整。

2. 划分段落与层次

段落,一般是指自然段,标志是起句空两格。段落是写作中内容的转折、间歇或强调等造成的文字停顿,是文章内容中相对独立完整的结构单位。这是狭义的段落。层次,一般是指意义段,或称逻辑段、结构段,是文章内容的总体布局或作者思路演变轨迹的显现,即文章思想内容表现的次序。这是广义的层次。段落与层次是构成文章的主体部分,段落侧重于文字表达的需要,层次则着眼于思想内容的划分。层次要靠段落来表现,但段落并不等于层次。有时一个段落正好反映一个层次,而大多数情况下,层次常常是由多个意义密切相关的段落组成。

分段就是为了表现作者思路的转折、间歇或强调等意图,表示相对完整、单一的意义,使读者在阅读时能形成清晰的结构印象。分段要按照段意的单一性和内容的完整性原则进行,同时还要做到长短适度。所谓单一性,是指一个段落一般只表达一个相对单一的意思,一个意思说完了再说另一意思时就应该分段;所谓完整性,是指一个相对集中的意思没有说完就不能分段,要保持意思的完整性。除此之外,分段还可以根据特殊性原则进行,即为了表达某种特殊意义,可以打破完整性进行分段。这种段落被称作特殊段,是把文章中本来不需要单独成段的文字独立出来,自成一段,以突显其地位。这种段落可以起到强调重点、加深印象、传达某种感情色彩的作用。如鲁迅《一件小事》开头第二自然段的文字就是强调了一件小事对"我"的意义。

层次,实质上就是客观事物发展的阶段性、矛盾的各个侧面通过人们认识和表达问题的思维进程在文章中的反映。安排层次的顺序有:时间顺序,如刘白羽的《长江三日》、《曹刿论战》《左传·庄公十年》;空间顺序,如周定舫的《人民英雄永垂不朽》、碧野的《天山景物记》;认识发展顺序,如杨朔的《荔枝蜜》、马烽的《我的第一个上级》;意识流动顺序,如王蒙的《春之声》、弗吉尼亚·伍尔夫的《墙上的斑点》;逻辑顺序,即提出问题—分析问题—解决问题,这是一般议论文写作的基本结构顺序。一篇文章可以单用一种顺序,也可以多种并用。但是不管怎样,安排层次必须为表现主题服务。

3. 安排过渡与照应

过渡,是指文章的段落之间或层次之间表示连接、承转的衔接手段或方式。它把前后相关的两个段落或两个层次的不同内容紧密地连结在一起,使上下文的内容很自然地连贯起来,这样读者阅读时思路能顺利地由前者转到后者。

一般情况下,文章的内容或表达形式发生转换、变化时都需要适当过渡。

内容转换时需要过渡。如鲁迅的《从百草园到三味书屋》,写完百草园生活将转入三味书屋生活时,便用了"我不知道为什么家里的人要将我送进书塾里去了……Ade,我的蟋蟀们!Ade,我的覆盆子和木莲们!"这一段来过渡。又如鲁迅的《藤野先生》中"到别的地方看看如何呢?"就使文章内容自然而然地由东京转换到了仙台。再如《晋祠》一文的第六段:"然而,最美的还是祖先留给我们的古代文化。这里保存着我国古建筑中的'三绝'。"前半部分写晋祠的自然美——在山、在树、在水,后半部分将写晋祠的文化美——在"三绝"(圣母殿、木雕盘龙、鱼沼飞梁),由自然美转换到文化美便借此段落衔接。

形式变化时需要过渡的情形比较复杂。议论转叙述时需要过渡,如魏巍的《谁是最可爱的人》;叙述转说明时需要过渡,如欧·亨利的《麦琪的礼物》;顺叙转倒叙或插叙,插叙再转顺叙时一般都需要过渡,如鲁迅的《祝福》。

文章过渡的形式主要有以下三种:词语过渡、句子过渡、段落过渡。过渡词语一般放在后一段的开头,过渡句子可以放在前段尾或后段首。

照应,也称伏应,是指文章前后内容之间的关照和呼应。在文章写作中,前面写到的事物,后文要有所交代,后面要写的问题,前文要埋下伏笔,这种照应是作者有意安排的。照应是文章写作的一种重要衔接方式,可以使文脉贯通、结构严谨、主题突出。

照应的形式主要有首尾呼应、前后照应、题文照应三种。首尾呼应,即指文章的开头与结尾相互呼应,是一种特殊的前后照应,如《松树的风格》;前后照应,即除首尾呼应外的文章前后内容之间的相互呼应,如《白杨礼赞》;题文照应,即文章的内容和标题相互呼应,如《井冈翠竹》。

【思考与练习】

1. 结合自己的写作实际,谈谈运思对于文章写作的意义。
2. 结合自己的理解,谈谈运思需要符合哪些要求。
3. 立意与炼意有什么关系?立意需要符合哪些要求?
4. 谈谈你对"以意为主"与"意在笔先"的写作观的理解。
5. 什么是布局?布局的任务有哪些?
6. 认真阅读分析下面两则材料的内容,进行拟题与立意训练。要求为每一材料拟定多个标题,并根据所拟标题确立相应的主题;力争拟出简洁生动的标题,提炼正确而深刻的主题。

(一)

"俭,德之共也;侈,恶之大也。"共,同也。言有德者皆由俭来也。

夫俭则寡欲。君子寡欲,则不役于物①,可以直道而行②;小人寡欲,则能谨身节用,远罪丰家。故曰:"俭,德之共也。"

侈则多欲。君子多欲,则贪慕富贵、枉道速祸③;小人多欲,则多求妄用,败家丧身。是以居官必贿,居乡必盗。故曰:"侈,恶之大也。"(司马光《训俭示康》)

(二)

场景1:倒垃圾的人把垃圾送到垃圾箱跟前,但没有伸手掀开箱盖倒进箱子里去,差了一点儿;箱子旁边堆满了垃圾。

场景2:公共场所有人要吐痰了,走到痰盂跟前,掀开盖子,仿佛也"瞄准"了一下,但头一偏,"噗"的一声,又差一点儿,吐在离痰盂不盈寸的地方。

7. 阅读学生的习作《通心之塞 疏灵之淤》,分析其结构,仔细思量一下作者是怎样布局的。

通心之塞 疏灵之淤

尹 银

自古有人必有道路,路和人的活动息息相关。通畅井然的道路不但便利人的生活,更是城市文明、国家和谐的标志。作为中国向世界敞开的一扇重要窗口,首都北京的道路状况似乎并不尽如人意。但凡领略过首都交通风采的人,似乎都会对高峰期那拥挤的道路、滞塞的车流以及尾气的呛人味道和行人的皱眉抱怨铭记于心、耿耿于怀。

鲁迅先生曾经说过一句不知被多少人奉为经典的话:"其实地

---

① 不役于物:不被"物"所役使。
② 直道而行:遵照原则办事。直道,伸张正道。
③ 枉道:歪曲正道。速祸:招致灾祸。

上本没有路,走的人多了,也便成了路。"如果换一种视角去理解它,可以说,路靠人走,事在人为。道路是人类行为活动的痕迹,更是人类心灵活动的印记。思想是行动的内核,而心灵的淤塞才是交通拥堵的根源。

淤塞者,物多而不通也。

先谈这个"多"。如同庞大的人流车流填满了道路一样,我们的心灵似乎并没有余下太多的空间给他人,略显狭隘的心胸让我们以自己为绝对中心。北京城的设计使封建君主的这种心理发挥到了极致:"我"是心脏,"我"是街道辐散的中心。而这样的结果是城市不合理的布局引起心脏的不堪重负。这是历史遗存的规划问题。而我们这些现代人、平常人却也用不豁朗的心去"锦上添花"。君不见,某些行人熟视红灯而无睹,轻巧地在车流中又钻又绕,征服了一个又一个的十字路口,节约了一点一滴的时间,却打乱了车辆的流动;而我们的汽车,自恃坚硬的外壳,斑马线不减速,校园周围不静音,右转不看人,真可谓"扫净自家车前雪,不管他人路上霜"。记得曾经闻得一位老师在澳洲的见闻,当自己作为行人过马路时,汽车停下来主动让路,让他惊讶不已,慨叹不已。人家的汽车在路上从不抢路,因此车速虽然很快,可仍然相安无事,井井有条。而我们的心胸有时狭隘得只剩下自己,没有忍让,没有秩序。这已经成为了我们的一种习惯。殊不知,社会是许许多多的"我"构成的整体,只有学会适当的"无我",才能和谐平衡地生活。所以我们要通心之塞,扫扫自己的心房,给他人留些空间。

再谈谈这个"不通"。不通就是滞留,是思维的僵化。城市结构的传统并不意味着要永不变化,但我们却在飞速发展的现实和大好机遇面前选择了维持现状、故步自封,结果是错失了时机,影响了发展。商业区、金融区、中央机关、市政府等等大都集中在小小的二环之内,住在外围的居民每天如潮汐般地往返涌动……不是没有人建议调整布局,20世纪50年代的梁思成、奥运会场选址前的赵燕青,都曾倡导迁移行政中心,可是僵化与固执的阻力让它们搁浅。由于思维的定式,某些人无法接受新鲜事物而跟上时代的步伐,后果只能是大脑拥堵、思路僵化、停滞不前。如果我们还不能真正地解放思想,疏灵之淤,那么堵塞的恐怕就不止是我们的交通了。

交通只是一个城市、一个国家发展的剪影,而世界上许许多多有形的和无形的路,都是我们心灵的轨迹。在路被堵塞时,只有花工夫去清清头脑中的淤塞,才能到达我们所期望这些路通向的地方;这才是通往成功之正道通途。

第三节　行　文

一、行文的任务与要求

行文,是指写作者运用具体的文字语言符号把文章撰写出来的文字化活动。实质上就是把运思结果文字化的文章制作过程。行文活动是文章写作得以实现的必要环节,任何形式的文章都必须经过行文阶段把写作者的运思借助文字语言符号表达出来,这是显在的写作环节,也是操作层面的"写作"。有了丰富的材料和缜密的运思还不能产生文章,只有把所选材料和运思结果通过文字符号表达出来,变成一种文字语言产品,才是文章写作的实现。

(一) **行文的任务**

行文活动的主要任务有以下几个方面:选择表达方式、遣用文字语言、设置美化文面等。选用表达方式,不但关系到表达的顺利进行,而且决定着文章的体裁类型;遣用文字语言,是写文章表情达意的重要工作,准确生动的词语和精练优美的语句,既能准确地表情达意,也能增加文章的色彩;设置美化文面,则是为了更好地通过写作交流思想、表达情感,不管是执笔写作还是电脑写作,都必须注意文面的干净整洁、规范美观。

(二) **行文的要求**

要想写出优秀、规范的文章,在行文过程中,必须遵循以下要求:

1. 选择恰当的表达方式

文章的基本表达方式通常分为五种：叙述、描写、议论、说明、抒情。表达方式是区分文章体裁的重要标准，任何写作都离不开表达方式，但不同类型、不同体式的文章各有侧重。如叙事类文章侧重叙述与描写，抒情类文章侧重描写与抒情；小说、戏剧侧重叙述与描写，诗歌、散文侧重描写与抒情；记叙性文章以叙述、描写为主，论说性文章以议论、说明为主。因此，在具体写作时，一定要根据文体特征选择相应的表达方式。

2. 选用准确生动的语言

写作实质上就是运用文字语言表情达意，因此写作对文字语言的基本要求就是表达准确，在准确之上再追求生动。如果词语或语句表意不准确，含糊其辞，文章就难以写好，读者也就很难理解。值得注意的是，近年来有人在写作时喜欢用所谓时髦的表达方法，甚至故意标新立异，把一个本来很简单、很易明了的意思表达得疙里疙瘩，让人读后似懂非懂，甚至不知所云。这实际上是一种不良文风，应该摒弃。

3. 追求规范美观的文面

所谓文面，就是文章的面貌。文面即如人面，漂亮的脸面能够给人以好感。就文章写作而言，整齐美观的文面，不仅能增加文章的美感，而且是对读者的一种尊重，同时也是作者写作态度的一种反映。写作者要尽量按照正确的格式要求进行写作，这样才能写出文面整洁美观、合乎规范的文章来。关于文面的具体格式与要求，我们将在后文具体讲解。

4. 讲究多样的写作技巧

讲究行文技巧，一方面是为了使文章写作更加富有表现力，另一方面则能够给读者以美的享受。不管是叙事还是说理，采用不同的技巧所产生的表达效果是不一样的。叙事时，可以顺叙，可以倒叙，可以插叙；可以采用单线叙述，也可以采用双线叙述；可以双线并行，也可以虚实结合。说理时，可以论证，也可以论述；可用归纳法、演绎法，也可用类比法、对比法等。描写时，可以直接描写，也可以间接描写；可以白描，也可以细描。总之，多样的写作技巧各有各的长处,各有各的美感,作者必须根据自己的写作能力以及文章写作的实际需要加以选用。

二、表达方式的选择

(一) 叙述

1. 叙述的含义与要求

叙述,是指写作中对对象的情况等所作的记载与表述。叙述的对象有事件、现象及心理活动等。叙述是写作最基本的表达方式。叙述一般都应该交代清楚事件的发生、发展、高潮和结局,必要时还可以交代事件的序幕和尾声,这就是叙事的情节结构。但在意识流小说及其后的一些现当代小说创作中,叙事则看不清情节的更迭,而是按照意识的流动进行叙述,这就形成了叙事的心理结构。

就情节结构而言,叙述应该符合以下要求:一要思路明晰,线索清楚;二要主次相生,详略得当;三要讲究技巧,富于变化。就心理结构而言,叙述则要求依据意识(常常是无意识或潜意识)的流动来进行,如弗吉尼亚·伍尔夫的小说《墙上的斑点》、王蒙的小说《春之声》等。

2. 叙述的类别

(1) 按叙述时序分。人们习惯于根据叙述情节的时间关系把叙述区分为顺叙、倒叙、插叙、分叙等类。

顺叙,是指按照事件发展的实际时间顺序进行叙述,先发生的先写,后发生的后写。这种叙述是一种纯粹的自然时序,实际上就是按照情节结构进行叙述。如《郑伯克段于鄢》(《左传·鲁隐公元年》),文章由庄公寤生写起,这是事件的序幕,然后具体叙述了郑伯克段于鄢的发生、发展、高潮和结局,最后写到庄公母子"隧中相见",这是整个事件的尾声。再如,《冯谖客孟尝君》(《战国策·齐策》)则由冯谖"无好无能"写起,接着具体叙写冯谖"弹铗三歌"、"收债于薛"及替孟尝君"复凿二窟"——"游说梁王"、"助孟复相"——使孟尝君稳坐相位数十年的全部过程。两文采用的都是典型的顺叙方法。

一般说来,顺叙的长处在于易于组织、安排材料,文章易于做到层次清楚、有条不紊,也适合普通读者的认知与阅读习惯;但是也容易平铺直叙,缺乏起伏变化。因此采用顺叙方法时,应该精于剪裁,注意做到详略得当,力避平铺直叙。

倒叙,是指把事情的结局或发展过程中的某一突出片段提到前面先写的叙述,即后发生的先写。倒叙通常采用先交代结局的方式进行叙述。如理由的报告文学《扬眉剑出鞘》,先从比赛结束后受伤的栾菊杰被送到医院检查治疗写起,再回头叙述她参加在西班牙马德里举行的第29届世界青年击剑锦标赛的情况。重点叙写她在决赛中受伤还坚持比赛,直到最后获得亚军的过程。再如鲁迅的《一件小事》,先交代"一件小事"对自己的影响——"于我有意义","使我至今忘记不得",然后再具体叙述车夫"碰"倒老太太并主动将她送到警察局的过程。

倒叙的优点是可以制造悬念,吸引读者阅读兴趣,也避免了顺叙的单调。

插叙,是指在中心叙事中暂时中断一下而插入另一相关事件的叙述。插叙常有追叙和补叙之称。一般认为,插入的叙述是对中心叙事发生前的事情(往事)进行追述,就称为追叙,如方纪的散文《挥手之间》中关于延安机场的修建、重庆谈判的背景等事情的插叙,《祝福》中关于祥林嫂苦难遭遇的叙事也属此类。文章的插叙常常是对中心叙事起补充说明作用,因此也称补叙。插叙强调的是所插叙内容与中心叙事的结构关系,追叙强调的是所插叙内容与中心叙事的时间关系,而补叙强调的是所插叙内容对中心叙事的作用。

以上三种叙述方式在实际写作中可以兼用。如鲁迅的小说《祝福》,在中学教学中有人习惯于把它当倒叙的范例,若单就祥林嫂的故事本身而言,确实如此;但整篇作品的叙述实际上并不这样简单。就整个作品的中心叙事而言,它是顺叙,先写"我"旧历年底的回乡见闻,重点写见到临死前的祥林嫂的情形;当得知祥林嫂死讯后,接着插入了有关祥林嫂悲惨遭遇的回忆;最后又回到了中心叙述上写"我"离乡返城前故乡的"祝福"情景。整个叙述实际上是在顺叙大框架中的插叙与倒叙,是三者的结合。

分叙,通常是指对同一事件的不同方面分别展开叙述。如中国古代小说中"花开两朵,各表一枝"、"话分两头"的叙述方法;也有人把分叙解释为对若干人物或事件的平行叙述,因此分叙也常称作平叙。

实际上,我们不妨把分叙与平叙区分开来:把"花开两朵,各表一枝"类的叙述称作分叙。这类被分开叙述的实际上是一个事件的两个或多个方面,而不是两个或多个事件;就整个作品而言,所叙的事并不是两条或多条线索。而把像列夫·托尔斯泰的《安娜·卡列尼娜》之类的双线并行的叙述称作平叙。作品一边叙述安娜·卡列尼娜对理想爱情的追求,一边叙述列文对农村社会出路的探求。需要说明的是,真正的双线并行是无法做到的,平行叙述在实际操作上总是表现为交叉叙述,即两个或多个叙事被分成若干"叙事块"交替着叙述出来。这种叙述在《安娜·卡列尼娜》中表现最为直观。

(2) 按叙述人称分。人们还常常根据叙述的人称——叙述者叙述时所使用的具体称谓或口吻——把叙述分为第一人称叙述与第三人称叙述两种。

第一人称叙述,是指叙事时使用第一人称"我(们)"的称谓或口吻进行的叙述,如鲁迅的《狂人日记》、《孔乙己》,老舍的《月牙儿》等。第一人称叙述是从"我(们)"的角度进行观察,所叙述的内容是"我(们)"的所作所为、所思所想或所见所闻,所以叙述都要受"我(们)"的制约。因此,其长处在于叙述角度固定,便于选材、剪裁,可将散碎的材料结缀成篇;同时缩短了文章内容与读者间的距离,增加了文章的真实感和亲切感。其短处则是不能全方位地展开叙述,即叙述要受到"我(们)"所处的时间和空间的相应限制,凡超出"我(们)"的作为、思想、见闻以外的事情都无法表现,同时这种限制容易造成叙述的主观性。因此,作者在用第一人称叙述的时候,"应该记住,这个'我'的视野被限制了"[①]。

---

① 高尔基《同进入文学界的青年突击队员的谈话》,见《文学论文选》,人民文学出版社1958年版,第136页。

认知第一人称叙述还应该了解叙述者"我（们）"的角色。一般认为，叙述者"我（们）"在叙事中的角色可以区分成三类：①主人公，如鲁迅《狂人日记》、老舍《月牙儿》中的"我"；②参与者，如马烽《我的第一个上级》中的"我"；③目击者（见证者），如鲁迅《孔乙己》中的"我"。比较而言，"我"是主人公或参与者的，可以写"我"的经历、作为、见闻和思想等；而"我"是目击者的，则只能写"我"的见闻、思想，而无法写"我"的经历、作为。

第三人称叙述，是指叙事时使用第三人称"他（们）"的称谓或口吻进行的叙述。这样的叙述在写作中占大多数，可以任意列举，尤为中长篇小说的写作多用，如卡夫卡的《变形记》、福克纳的《喧哗与骚动》、托尔斯泰的《安娜·卡列尼娜》、曹雪芹的《红楼梦》等。第三人称叙述所叙述的全部内容都是"他（们）"的所作所为、所思所感、所见所闻。由于这种叙述是作者在写他人的故事，作者常常可以假定叙述者无所不知、无所不能，因而其长处是能够全方位地展开叙述，即叙述不受或较少受叙述者所处时间和空间的限制，能从多层面、多角度更加真实地反映生活、摹写心理；其不足则是缺乏亲切感，与读者的心理距离较大。有人把第三人称叙述又区分为全知叙述和限制性第三人称叙述，这实际上是谈第三人称叙述的叙述者与所叙故事的位置关系，属于叙述视角问题，前者是全知视角，后者属限定视角，在此不再多论。

从上述分析可知，第一人称叙述与第三人称叙述各有长短，二者是互补的。叙事时选用何种人称，一般应该考虑文章本身表达的需求及作者的叙事能力、叙述习惯等。当然，第一人称叙述与第三人称叙述的区分是相对的，在具体文章中使用的情形各异，有使用单一人称叙述的，也有两种人称交互使用的。如鲁迅的《祝福》与《狂人日记》，前者是先第一人称，后第三人称；后者是先第三人称，后第一人称。

（二）议论

1. 议论的要素

议论，是指写作中对对象的好坏、是非等所作的分析与评论。议论的对象有事件、现象或人物等。议论有三个基本要素：论点、论据、论证。论点就是文章要阐明的主要观点与主张;论据是用来证明论点的材料;论证则是运用论据证明论点的过程。进行议论时,要尽量做到论点正确鲜明,论据确凿有力,论证严谨有序。只有做到以上三个方面,才能写出优秀的议论文。

2. 议论的方式与方法

人们通常把议论分为两种形式:立论(证明)和驳论(反驳)。立论,就是自己提出一个问题,然后进行分析论证;驳论,则是对别人提出的观点进行批驳,指出其谬误,进而阐明自己的观点。有人则认为这种区分是简单而肤浅的,指出立论和驳论实质上是相同的,"立论(证明)与驳论是质同而貌异,它们实属同一类型",只不过立论是证"是",而驳论是证"非"罢了,进而把议论分为论证与论述两种形式,论证包括传统的立论与驳论,而论述则是指阐释与分析。论述是"侧重于对客观事理作实事求是的阐释、分析,即通过阐释、分析事物的内在矛盾及此事物与他事物的某种联系,从而找出本质性与规律性的东西来"。论证是解决"知其然"的问题,论述则是解决"所以然"的问题。① 笔者认为,这种区分更适合议论文写作的实际,在大学期间写作各种论文时,既需要论证,更需要阐释与分析。

不同的议论方式需要采用不同的论证方法。传统的观点认为,立论时可以分别采用对比论证、类比论证、比喻论证、举例论证、引用论证、归纳论证、演绎论证等方法;驳论时则可以采用反驳论点、反驳论据、反驳论证等方法。前者如梁启超的《论毅力》一文,开篇提出"有毅力者成,反是则败"的论点,然后采用了对比论证、类比论证、引用论证、比喻论证等多种方法加以证明。后者如李斯的《谏逐客书》一文,开篇就对"逐客"的观点进行反驳:"臣闻吏议逐客,窃以为过矣。"采用的是反驳论点的方法。但是在具体的反驳过程中,《谏逐客书》同样采用了对比论证、类比论证、归纳论证等方法。从根本上看,立论与驳论二者的论证方法是相同的;

---

① 以上参见谢志礼、李德龙《写作思维训练学(议论性文体)》,语文出版社 1998 年版,第 130—137 页。

反驳也需要借助对比、类比等方法去实现。

另外,《谏逐客书》一文还很典型地证明了立论与驳论的同质性。若从驳斥"逐客"这一错误观点的角度看,《谏逐客书》可以被看做一篇反驳论点的驳论文章,但是若从证明作者提出的"逐客是错误的"这一观点的正确性的角度看,《谏逐客书》则是一篇立论文章。可见,立论与驳论确实是"质同而貌异"的"同一类型"。

(三) 描写

描写,是指写作中对对象的状貌、情态等所作的描绘与摹写。描写的对象有人物、景物、环境等。在进行描写时,既要突出对象特征,又要力求准确生动,做到形神兼备。

根据不同的标准,可以把描写分为不同的种类。

1. 按描写对象分

按描写对象分,有人物描写、景物描写的二分法,有人物描写、环境描写的二分法;有人物描写、景物描写、场面描写的三分法,有人物描写、环境描写、场面描写的三分法;有人物描写、景物描写、场面描写、细节描写的四分法,有人物描写、环境描写、场面描写、细节描写的四分法。

梳理一下上述各种分类不难发现,大家对人物描写的认知是相同的,对细节描写的认知也较统一,但是对景物描写、环境描写、场面描写的认知特别混乱。一般都认为景物描写就是环境描写,但对景物描写的外延的理解却有很大差异,有人认为包括自然环境或景物描写、社会环境描写两个方面,有人则认为包括自然环境或景物描写、社会环境描写、场面描写三个方面。[①] 也就是说,景物描写、环境描写、场面描写这三个概念常常被当做一回事。事实上三者并不完全相同,因此我们主张把三者区分开来,使它们各自相互独立。把景物描写界定在自然景物的描写上,自然环境描写

---

① 以上参见王光祖、杨荫浒主编《写作》,华东师范大学出版社1999年版;徐振宗等编著《汉语写作学》,北京师范大学出版社1995年版;吴伯威等主编《写作》,高等教育出版社1992年版;牛炳文、刘绍本主编《现代写作学新稿》,学苑出版社2002年版。

就是借助描写自然景物实现的,实质上就是景物描写;把环境描写界定在社会环境范畴之内,特指社会环境描写;而场面描写则是人物描写与景物描写、环境描写的综合体现。

（1）人物描写。人物描写是指对人物的外貌、行动、语言、心理活动等进行描绘与摹写。因此,人物描写可以分为外貌描写、行动描写、语言描写、心理描写等具体类别。在以塑造人物形象为重点的叙述性写作中,人物描写尤为重要,准确生动的人物描写不仅能刻画人物的外在状貌,更能揭示人物的性格特征、精神气质及心理本质。因此,人物描写的最根本要求就是要追求"个性化",而不是"任他写一千个人,也只是一样,便只写得两个人,也只是一样"（金圣叹《读第五才子书法》）。

① 外貌描写。外貌描写是指对人物的外部特征,如容貌、体形、服饰、姿态、表情等进行描写。也称肖像描写。描写人物的外貌是刻画人物形象的最基本手段。如鲁迅对孔乙己的描写:"他身材很高大,青白脸色,皱纹间时常夹些伤痕;一部乱蓬蓬的花白的胡子。穿的虽然是长衫,可是又脏又破……"（《孔乙己》）还有后面将要谈到的雨果在《悲惨世界》中对沙威这一形象的描写,等等。

② 行动描写。行动描写是指对人物的行为、动作进行描写。行为是指"做什么",而动作是指"怎么做"。描写人物的动作是刻画人物形象的最有效方式。如鲁迅对康大叔的描写:"黑衣的人便抢过灯笼,一把扯下纸罩,裹了馒头,塞与老栓;一手抓过洋钱,捏一捏,转身走了。"（《药》）这一连串的动作,把刽子手的凶悍、贪财、无知写得活灵活现。

③ 语言描写。语言描写是指对人物的独白、对话等进行描写。言为心声,语言描写不仅能刻画人物的性格,还能深刻地揭示人物的灵魂。鲁迅作品中这样的语言描写随处皆是:孔乙己满口的"之乎者也"自不用说,九斤老太常挂嘴边的口头禅"一代不如一代"（《风波》）就典型地揭示了老一代农民的守旧心理,闰土的一句"老爷！……"（《故乡》）更足以画出他的愚昧及灵魂深处的奴性。

④ 心理描写。心理描写是指对人物的心理活动、状态,如想法、感慨、情绪、意识流动等进行描写。描写心理可以由叙述者直

接摹写,如曹雪芹在《红楼梦》第三十四回对薛宝钗探望贾宝玉伤势时二人心理的描写。先是宝玉听罢宝钗的关切之语,看到宝钗的娇羞之态之时:

> 不觉心中大畅,将疼痛早丢在九霄云外,心中自思:"我不过捱了几下打,他们一个个就有这些怜惜悲感之态露出,令人可玩可观,可怜可敬。假若我一时竟遭殃横死,他们还不知是何等悲感呢!既是他们这样,我便一时死了,得他们如此,一生事业纵然尽付东流,亦无足叹惜,冥冥之中若不怡然自得,亦可谓糊涂鬼祟矣。"

后是宝钗听宝玉用话相拦袭人,为薛蟠开脱之时:

> 因心中暗暗想道:"打的这个形象,疼还顾不过来,还是这样细心,怕得罪了人,可见在我们身上也算是用心了。你既这样用心,何不在外头大事上做工夫,老爷也喜欢了,也不能吃这样亏。但你固然怕我沉心,所以拦袭人的话,难道我就不知我的哥哥素日恣心纵欲,毫无防范的那种心性。当日为一个秦钟,还闹的天翻地覆,自然如今比先又更利害了。"

这两段文字通过对人物心理活动的直接摹写,我们可以清晰地看出人物各自的思想、性情及为人。

不难看出,在传统小说中,由叙述者直接摹写人物心理往往需要借助"自思"、"想道"、"寻思道"、"暗想道"之类的提示语来加以说明;但是在现代小说中,以意识流手法叙事的心理描写,则不需要借助任何提示语,而是通过内心独白、自由联想等方式直接摹写。如《墙上的斑点》,作品整体上是内心独白,而每部分具体叙述则是自由联想,作品的内容就是由墙上的"斑点"引发的一系列内心活动,从而把人物的心理呈现在作品中,读者可以直接面对人物的内心,直接与人物对话而不再受叙述者或作者支配。

描写心理也可以通过摹写人物的行动、语言、肖像等间接体现。如宝钗探望贾宝玉伤势时,先写她"托着一丸药",接着写她对袭人说话,再写她对宝玉说话,接着又写她欲说还休、含羞低头的神态。这些内容极为鲜活地摹写了宝钗当时的心理活动:关心宝玉而又怕别人说闲话,疼爱宝玉而又略带埋怨,说出心声而又顿感羞涩。一个深受封建礼教束缚而又情窦初开、渴望爱情的少女形象跃然纸上。

(2) 景物描写。景物描写是指对景物的状貌、形态、颜色等进行描绘与摹写。提到景物,人们自然会想到自然界的花草树木、山水鱼虫、云雾星月等,实际上除了这些自然景物外,现实世界中已经客观存在着不少人造景物,这类景物在文章写作中也时有出现,因此景物描写是对包括自然景物与人造景物在内的所有客观景物的描写,但自然景物的描写占主导地位。景物描写出现在抒情性散文中,主要是借景抒情,如朱自清的《荷塘月色》、郁达夫的《故都的秋》、老舍的《济南的冬天》等;景物描写出现在叙事性文章(如小说)中,则是为了营造环境氛围,烘托人物形象,如鲁迅《故乡》开头处对深冬景象的描写。

(3) 环境描写。环境描写是指对特定的社会时代背景及社会生活关系等进行描写。这里特指对社会环境的描写。社会环境包括政治、经济、文化、风俗等,它们影响着人物的生存与活动,同时也影响着人物性格的形成。环境描写常常是为人物的活动创造时代背景,为人物的命运发展奠定基调。如老舍的短篇小说《断魂枪》开头的一段文字,就揭示了当时西方列强用洋枪洋炮敲开中国大门时的社会环境。在这种急剧变化的时代背景之下,去叙写武师"神枪沙子龙"的遭遇与作为,既表明了主人公命运的必然性,也增加了其命运的悲剧色彩。有时社会环境描写和景物描写是相互融合的,如鲁迅的《祝福》开头对迎接新年气氛的描写。这也正是人们习惯把二者当做"一回事"的原因所在。

(4) 场面描写。场面描写是指对特定的时间和空间场合里以人物活动为中心的生活画面进行描写。场面描写实际上是多种描写的集中体现,其核心是人物描写,同时还可以有自然景物描写或社会环境描写。如屈原的诗《国殇》第一章就是对楚军将士奋勇杀敌、捐躯沙场的壮烈场面的描写,既有全景的鸟瞰,也有局部的特写,层次鲜明地刻画了楚军将士刚强勇武、宁死不屈的英雄气概和爱国精神;同样是残酷激烈的战斗场面,王昌龄则用一句"黄沙百战穿金甲"(《从军行·其四》)概括出来。场面描写在战争题材的小说或武侠小说中是十分常见的,如金庸的小说中就有许多比武斗法的场面。生活题材的小说中同样会有场面描写,如后文将要提到的《红楼梦》第四十回"史太君两宴大观园"的宴会场面。

(5)细节描写。细节描写是指对事物的细小环节或枝节进行描写。生活中的一些细节常会被写作者忽略,但是细节虽小意义却重大,高超的描写往往能够借助一个细节写活人物或抓住事件的本质。细节描写常常是为塑造人物形象服务的,与人物描写密切相关,细节可以表现在外貌、动作、语言等方面。如《风波》中写赵七爷"读《三国》"、"盘辫子"、"穿长衫"、"放辫子"等,既有动作细节,也有外貌细节;九斤老太的口头禅"一代不如一代"则属语言细节。不光叙事性作品需要细节描写,抒情性作品也同样需要。如李白的诗《行路难·其一》中的"停杯投箸不能食,拔剑四顾心茫然"两句,就通过"停杯投箸"、"拔剑四顾"的细节,准确地表达了诗人被迫离开长安后的内心苦闷与压抑;柳永的词《八声甘州·对潇潇暮雨洒江天》中的"想佳人,妆楼颙望,误几回,天际识归舟"几句,则通过"妆楼颙望"、"误识归舟"的细节,生动地体现了思妇对游子的思念之切、之深,进而反衬出游子思乡思亲的无奈与痛苦。

2. 按描写手法分

按描写手法分,一般有白描和细描(工笔细描)两类;但也有人把白描与文饰相对,把工笔细描与疏笔勾勒相对,认为前者是描写的风格,后者是描写的笔触。[①] 这里,我们还是主张把白描与细描并列,因为"白描"这个术语为人熟知,并且有许多教材这样并列。有人认为,白描与细描既可以写人写景,也可以写事,但写事实质上就是叙述,所以白描与细描主要还是针对写人写景而言的,在写人方面尤为常见,因此后面也将以写人的例文进行分析。

(1)白描。白描是指用极其简洁、精当的词句对对象的突出特征进行描写。白描旨在以简练的文笔把对象勾勒出来,既求形

[①] 徐振宗等编著《汉语写作学》,北京师范大学出版社1995年版,第159—160页。

似,更重神似。如阿累的《一面》中对鲁迅形象的描写:"头发约一英寸长,原是瓦片头,显然好久没剪了,却一根一根精神抖擞地直竖着。胡须很打眼,好像浓墨写的隶体'一'字。"仅用"一寸发"、"一字须"的简单勾勒就把鲁迅先生精神饱满、正直热情的形象写活了。

(2)细描。细描是指用极其周到、详细的词句对对象的多样特征进行描写。细描旨在以细腻的文笔把对象雕刻出来,力求形似,以形写神。19世纪批判现实主义作家如巴尔扎克、雨果等大多喜欢采用这种手法描写人物。下面是雨果对《悲惨世界》中沙威形象的描写:

> 沙威的脸上有一个塌鼻子、两个深鼻孔,两大片络腮胡子一直生到鼻孔边,初次看见那两片森林和那两个深窟的人都会感到不愉快。沙威不常笑,但笑时的形状是狰狞可怕的,两片薄嘴唇张开,不但露出他的牙,还露出他的牙床肉,在他鼻子四周也会起一种像猛兽的嘴一样的扁圆粗野的皱纹。……此外他的头盖骨小,牙床大,头发遮着前额,垂到眉边,两眼间有一条固定的中央皱痕,好像一颗怒星,目光深沉,嘴唇紧合,令人生畏,一副凶恶的凌人气概。

细描手法相当于国画的"工笔",因此人们也习惯称之为工笔细描或工笔。细描常常需要浓墨重彩,如使用比喻、拟人等修辞手法,所以它又与文饰相关;但细描本质上不是文饰,白描可以是文饰,如前面关于鲁迅的描写。人们习惯引用鲁迅的观点否定白描与文饰的关系,鲁迅曾说,白描就是要"有真意,去粉饰,少做作,勿卖弄而已"[①]。这话除了要"去粉饰"以外,更重要的是"少做作,勿卖弄",只要不是做作、卖弄,适当的修饰也是必要的。

3. 按描写角度分

按描写角度分,有正面描写和侧面描写之分。

(1)正面描写。正面描写是指直接对对象的特征进行描写,

---

① 鲁迅《作文秘诀》,《鲁迅全集》第4卷,人民文学出版社1957年版,第474页。

也称直接描写。不管是写人还是写景,描写中的绝大多数都是正面描写。直接对人物的外貌、动作、语言,对景物的形状、色彩等进行描写,可以让读者更为直观地认知事物。以上所举各例都是正面描写。另外,如《木兰诗》写木兰出征前的准备:"东市买骏马,西市买鞍鞯,南市买辔头,北市买长鞭。"《陌上桑》写罗敷的衣着:"罗敷喜蚕桑,采桑城南隅。青丝为笼系,桂枝为笼钩。头上倭堕髻,耳中明月珠。湘绮为下裙,紫绮为上襦。"这两例也都是正面描写。前者写出了花木兰替父从军的快乐与豪气;后者不仅写出了罗敷衣着的华贵光鲜,也为接下来侧面描写罗敷的美貌做了铺垫。

(2)侧面描写。侧面描写是指间接对对象的特征进行描写,也称间接描写。当对象的特征无法直接描写,或为了营造艺术效果而故意不直接描写时,作者都会借助侧面描写。侧面描写主要是从此对象对彼对象的作用、影响或彼对象对此对象的认知、反映的角度进行描写。如《陌上桑》写罗敷的美貌:"行者见罗敷,下担捋髭须。少年见罗敷,脱帽著帩头。耕者忘其犁,锄者忘其锄。来归相怨怒,但坐观罗敷。"这就是从对旁观者的影响与旁观者的反映的角度,写出了秦罗敷的超凡美貌。人们对美貌的看法各不相同,从文学欣赏的角度看,作者无法也不必对人物美貌都作细致的描写,描写再细致的美貌也只能满足一部分读者的欣赏标准,所以采用侧面描写给读者留下想象的审美空间,让读者去任意描画自己心目中的美貌,往往更受欢迎。

此外,描写的种类还可以按描写对象的活动性分为动态描写和静态描写。

动态描写,就是指对对象的活动状态进行描写,如对人物的动作、语言等的描写。静态描写,则是指对对象的静止状态进行描写,如对人物的外貌及景物的色彩等的描写。描写事物往往需要从动态与静态两个角度进行,两种描写也常是交互使用的。如王维的《山居秋暝》:"空山新雨后,天气晚来秋。明月松间照,清泉石上流。竹喧归浣女,莲动下渔舟。随意春芳歇,王孙自可留。"首联总写雨后傍晚空寂的山中充满秋意的整体环境,是静态描写;颔联具体写明月、清泉,明亮的月光在松树间照射着,清清的泉水在山石上流淌着,上句是静态描写,下句则是动态描写;颈联具体写浣女、渔舟,回家的洗衣女搅得竹林里阵阵喧闹,下水的渔船摇动着莲叶,都是动态描写。

不难看出,动态描写、静态描写与人物描写、景物描写、环境描写等是相互交叉的。实际上,上面各种按照不同标准区分的类别间都是互相交叉的。

(四) 说明

说明,是指写作中对对象的构成、功用等所作的介绍与解说。说明的对象有人物、景物或事理等。说明是和议论相关的一种表达方式,论述时的阐释实质上就是解说,对抽象事理的说明,实际上就是对议论的阐释,所使用的具体方法,如下定义、作比较、打比方、举例子等与论证方法是相同的。但是通常意义上的说明,则是指对具体人物、景物或环境等进行介绍、解释。说明事物除了以上的方法,还有分类别、列图表、列数字等方法。说明事物时要力争做到客观、有序、合理、正确,只有这样才能把事物解释清楚。

(五) 抒情

抒情,是指写作中对人的爱憎、好恶等情感的抒写与表露。所抒发的情感可以是作者的,也可以是文中人物的。"情动于中而形于言"(《毛诗·序》),因此文章写作必然会表达出相应的情感。

通行的观点认为,抒情可以是直接地抒写与表露,一般称作直接抒情,或称直抒胸臆。如茅盾的散文《白杨礼赞》的开头:"白杨树实在是不平凡的,我赞美白杨树!"艾青的诗歌《大堰河——我的保姆》的结尾:"大堰河,/我是吃了你的奶而长大了的/你的儿子,/我敬你/爱你!"抒情也可以是间接地抒写与表露,一般称作间接抒情,有寓情于景、寓情于事、寓情于理之别。如杜牧的诗歌《泊秦淮》:"烟笼寒水月笼沙,夜泊秦淮近酒家。商女不知亡国恨,隔江犹唱后庭花。"第一句是描写,是寓情于景;第二、四句是叙述,是寓情于事;第三句是议论,是寓情于理。整个作品就是通过描写、叙述、议论来抒发作者对醉生梦死的统治者的讽刺与对晚唐社会现实的忧虑之情的。

事实上,写作中的直接抒情是比较少的,而间接抒情更为普遍，随处可见。即便是抒情性文学作品如诗歌、散文也是以间接抒情居多。间接抒情是借助描写、叙述、议论来抒情，实质上是在描写、叙述、议论当中抒情。

情感的抒发是文章写作中不可回避的事实，因此在文章中抒发情感时，一要真挚自然，力忌空泛造作，即必须是内心真实情感的自然流露，而不是为文造情或故作多情；二要健康独特，力忌低俗老套，即必须是能够催人奋进又具有个性特点，而不是低级粗俗或拾人牙慧。

三、文字语言的选用

（一）文字语言的作用

没有文字语言就没有写作，因为文章是一种文字语言产品，写作实质上就是运用文字语言符号表情达意，没有文字语言就产生不了文章，当然也就没有写作。在文章的基本构成要素中，文字语言被形象地比做文章的"细胞"，如果没有文字语言，就算有再深刻的主题思想，再丰富的材料内容，再精妙的结构安排，也都不能形成文章，文章就是由一个个文字语言"细胞"组成的。高尔基曾指出："文学的第一个要素是语言。"（《和青年作家谈话》）同样，文字语言也是文章的第一要素，也是写作的第一要素。

对文字语言在文章写作中的作用，不同时代有不同的观点。传统意义上，影响较大的是"载体论"或"工具论"的语言观。早在唐宋时代中国的韩愈、柳宗元、周敦颐等人就提出了"文以明道"、"文以载道"的观点。他们所说的"文"表面上是指文章，实质上是指文字语言，因为文章就是用文字符号写成的；同时，人们把文字语言看做一种表意工具。人们已习惯于用"载体"或"工具"来界定文字语言的作用，就是说写作的表情达意是借助文字符号这一载体或工具实现的，很明显这种语言观特别强调了文字语言的形式意义。

但是，现代文论家则认为文字语言不只是一种载体或工具，文字语言还有其自身的意义。不同的意义内容需要不同的文字语言形式。文字语言既属于文章的形式要素,也属于内容要素。当代文艺理论家朱光潜在《咬文嚼字》一文中指出:"更动了文字,就同时更动了思想情感,内容和形式是相随而变的。""在文字上推敲,骨子里实在是在思想情感上推敲。"他的这种观点体现了文字语言本身应有的价值。不光理论家如此,作家们也认识到了这一点。汪曾祺也说:"语言不仅是形式,也是内容。语言和内容(思想)是同时存在,不可剥离的。"[1]这种观点还原了文字语言的本体地位。这种语言观在当代西方形式主义学派及叙事学派的理论中表现较为突出,它们主张通过分析文本(text)本身的文字语言运用来解读文学作品,而不需要看作家的主观创作意图及作品写作的社会时代背景。当然,这样解读未免过于绝对化,走向了又一个极端。

(二) 语言选用的要求

文字语言作为文章的第一要素,它的好坏直接影响着文意表达的优劣,因此选用富有表现力的文字语言就成了文章写作的重要工作。好的文章语言应该符合以下基本要求:

1. 准确通顺

语言准确是指运用文字语言表意要合乎事实,合乎情理;通顺则指合乎语法,合乎逻辑。写文章必须首先做到准确运用词语,这是对文章语言的最基本的要求。大家熟知的"推敲"的典故,实际上就是在谈文字语言表意的准确性问题。同时,写作者还要根据所使用的语言的语法规范及所要表达的意思的逻辑关系组合语句。

2. 简洁凝练

简洁凝练,是指文章表意要尽量用最少的语言表达最丰富的意思,而不是啰里啰嗦、出语含糊或重复拖沓。孔子早就有"辞达而已"的见解。老舍则认为:"世界上最好的文字,也是最精练的文字。"(《关于文学的语言问题》)那么怎样才能使文字语言简洁呢?

---

[1] 汪曾祺《思想·语言·结构》,见《汪曾祺全集》第6卷,北京师范大学出版社1998年版,第74页。

清代文人刘大櫆说:"凡文笔老则简,意真则简,辞切则简,理当则简,味淡则简,气蕴则简,品贵则简,神远而含藏不尽则简,故简为文章尽境。"(《论文偶记》)这是说,写文章要使语言简洁,应在内容和形式两方面下工夫,内容上要做到"意真"、"理当"、"品贵"等,形式上则要"笔老"、"辞切"。在日常写作中,我们可以通过以下做法使语言简洁凝练:一是避免堆砌,二是长句短化,三是巧用古语。

3. 生动形象

生动形象,是指文章的语言要能够绘形传神,生动地叙述事件,鲜活地刻画人物,形象地描绘景物,给读者以美感。高尔基在评价契诃夫时曾赞美他能"用一个词儿就足够创造一个形象"①,这话既指出了文字语言简洁凝练的特点,也指出了文字语言生动形象的特点。鲁迅的《孔乙己》、《社戏》,朱自清的《荷塘月色》、《绿》等,都是很好的例子。

写作者可以通过巧用修辞、精选字词等方法使文章语言做到生动形象。但是普通作者常常比较注重修辞的选用,却很容易忽视字词的精选,而后者却更见写作功力。如《孔乙己》中的"排"、"摸"二字,就不单写出了主人公付酒账时的动作情态,更活化出了人物的心理,既准确简练,又生动传神。

4. 朴素自然

朴素自然,是指不作描绘性的修饰或渲染,而是实实在在地写出来。这本来是文字语言的最基本要求,但是对于经过当代学校教育的写作者来说,要做到语言朴素绝不是一件容易的事。一般写作者要文字华美容易,可要朴素就非常难。这也是很值得当代语文教育思考的问题之一。这里所说的朴素自然不是指语言的"原生态"照搬,而是指对文字语言进行提炼后的一种返璞归真。因此,写文章要做到语言朴素自然,是需要有很深的语言功力的。鲁迅、郁达夫、丰子恺、老舍等人都是榜样。

实际上,文字语言的各种要求在具体文章中常是相互融合的,

---

① 高尔基1899年1月给契诃夫的信,见《文学书简》上卷,人民文学出版社1962年版,第26页。

而不是孤立体现的。我们结合《红楼梦》中的一些经典文字进行分析，看看这些要求在作品中是如何综合体现的。如第四十回"史太君两宴大观园"中刘姥姥搞笑的描写：

只见一个媳妇端了一个盒子站在当地，一个丫鬟上来揭去盒盖，里面盛着两碗菜。李纨端了一碗放在贾母桌上。凤姐儿偏拣了一碗鸽子蛋放在刘姥姥桌上。贾母这边说声"请"，刘姥姥便站起身来，高声说道："老刘，老刘，食量大似牛，吃一个老母猪不抬头。"自己却鼓着腮不语。众人先是发怔，后来一听，上上下下都哈哈的大笑起来。史湘云撑不住，一口饭都喷了出来，林黛玉笑岔了气，伏着桌子哎哟，宝玉早滚到贾母怀里，贾母笑的搂着宝玉叫"心肝"，王夫人笑的用手指着凤姐儿，只说不出话来，薛姨妈也撑不住，口里茶喷了探春一裙子，探春手里的饭碗都合在迎春身上，惜春离了坐位，拉着他奶母叫揉一揉肠子。地下的无一个不弯腰屈背，也有躲出去蹲着笑去的，也有忍着笑上来替他姊妹换衣裳的，独有凤姐鸳鸯二人撑着，还只管让刘姥姥。

这段鲜活的文字对在场的所有人物都作了描写，有概括性的总写，有具体性的特写，可以说是用一个动词就写活了湘云、黛玉、宝玉等形象，语言既准确简练，又生动形象，而刘姥姥的语言则是再朴素自然不过了。

除了以上几种要求外，由于不同文体的需求、不同作者的风格的差异，选用文字语言，还可以追求风趣幽默。如钱中书《围城》第一章中的："方鸿渐……便找到一家门面还像样的西菜馆。谁知道从冷盘到咖啡，没有一样东西可口：上来的汤是凉的，冰淇淋倒是热的；鱼像海军陆战队，已经登陆了好几天；肉像潜水艇士兵，会长时期伏在水里；除醋以外，面包、牛油、红酒无一不酸。"这段文字是典型的钱氏风格。

选用文字语言，也可以追求尖新奇异。如王蒙《春之声》的开头："咣的一声，黑夜就到来了。一个昏黄的、方方的大月亮出现在对面塔上。"池莉《烦恼人生》的开头："早晨是从半夜开始的。"但是选用文字语言不能一味追求新奇,正如清人李渔在《窥词管见》所说:"琢句炼字虽贵新奇,亦须新而妥,奇而确。妥与确总不越一'理'字。"

四、文面的设置规范

文面,是文章的外在面貌,即文章写作出来后所呈现的具体格式样态。其主要内容包括文字书写、数字书写、标点使用、版面格式、注释规范等等。设置文面要求尽量做到合乎规范、整洁美观。对整洁美观,大家都比较熟悉,且知道该怎么做;但对合乎规范,很多人仍然不知道写作的具体格式要求,这里,结合相关的"国家标准"对文面的一些具体格式规范作简要介绍。

(一) 文字书写

写文章就是用文字语言制作文字产品,汉语写作主要使用汉字来实现。为了更好地达到交流沟通的目的,除非特殊需要(如进行古代文化研究),汉字的书写必须按照相关的国家标准执行。

(二) 数字书写

写文章必定离不开数字符号,不管是汉语数字,还是阿拉伯数字,都不能随意使用,更不能胡乱混用。数字书写的具体规范请参见1995年12月13日国家技术监督局发布1996年6月1日施行的《出版物上数字用法的规定》(见附录一)。

(三) 标点符号书写

写文章主要使用文字语言,但现代写作中标点符号的表意作用越来越重要,写文章离不开标点符号是显而易见的。因此总体上看,标点符号的使用要正确、规范,易于辨认。标点书写的具体规范请参见1995年12月13日国家技术监督局发布1996年6月1日施行的《标点符号用法》(见附录二)。大家要特别留心各种标点符号标注的正确位置。

(四) 版面格式设置*

1. 标题

文章标题总体上要醒目、简明,格式上一般有以下几个方面的具体要求:

(1) 位置要居中书写。文章的标题应放在首行正中间,如果文字较多需要转行,转行后仍要居中。如果有正、副两个标题,则分两行书写,副标题以破折号领起,一般都要居中。如果是两字标题,则两字之间最好至少空一格。

(2) 字号、字体一般用三号黑体。文章打印时,主标题一般用黑体三号字,这既能使标题区别于其他内容的文字,变得十分醒目,也能增加文面的美感,给人以视觉与阅读的方便。副标题一般可用加粗的楷体或宋体,字号一般要小于主标题,大于署名与正文,可以选用小三号、四号或小四号。

(3) 字数一般不超过 20 个汉字。这是在国家标准《科学技术报告、学位论文和学术论文的编写格式》中明确规定的。不光论文写作如此,任何文章写作都应该尽量使用准确而又简洁的文字拟定标题,避免重复冗长,表意含混。如果不是特别需要,都应该尽量减少字数。

(4) 标题尾部一般不需加标点。标题中除了必需的标号外,尽量不要使用点号。有的作者习惯于使用感叹号或问号之类的标点,以表明自己的态度,这样做一般是不必要的。如果一个标题由两个分句组成,中间可以用逗号,也可以用空格来标示。

另外,为了文面的美观,可以根据实际文面来确定标题的具体行位,标题可以顶行书写,也可以不顶行(空出一行或多行)书写。

2. 署名

(1) 位置一般在标题下方居中或偏右书写。根据版面美化的需要,署名与上方的标题和下方的正文之间可以各空出一行。如果作者的姓名只有两个字,两个字之间可以隔开一个汉字的距离

---

* 以下文字参见王光祖、杨荫浒主编的《写作》、徐振宗等编著的《汉语写作学》及吴伯威等主编的《写作》等教材的相关内容。

（或称空一格）。

（2）署名内容通常包括作者的单位与姓名。学习性写作（如作业或论文）的署名，则需要标明作者的系别、班级、学号和姓名，学年论文、毕业论文还可以标明指导教师姓名。

（3）字体一般用楷体，字号一般为小四号或五号。具体字号可随正文的字号而定。改变字体是为了便于和标题、正文进行区分。署名可以和前面的标题、后面的正文或文章摘要（论文写作中常见）之间各空出一行。

3. 提行

提行是指正文书写中另起一行的写法。提行后首行要空两格书写，书信的祝语等特殊情况除外。以下情况一般都需要提行：自然段、排序、对话、大段引文等，为了突出或强调某一内容也可提行。

4. 引文

在文章写作过程中，常常要用引文。一般比较短小的引文，可以直接随文书写，用引号标出；如是大段引用，则需要提行书写，并在行前行后各空两格，首行前面需空四格。通常大段引文还需要改变字体，一般改用楷体。大段提行引文前后都不需要再加引号。

5. 排序

（1）序码的层级。写文章尤其是写大文章要注意章节、层次的排序，要做到层次清晰。除了章、节以外的常用分层序码格式一般如下：

第一层级：一、二、三、四……

第二层级：（一）（二）（三）（四）……

第三层级：1. 2. 3. 4……

第四层级：（1）（2）（3）（4）……

第五层级：① ② ③ ④……

此外，更小的层次还可以用大写的拉丁字母 A、B、C、D……和小写的 a、b、c、d……表示，或用"○"、"△"、"●"等表示并列的各项内容。

（2）序码的使用要求

① 除了国家法定行政公文写作之外,如文章写作中涉及的层级不多,有时可以跳级使用,如第一层级下直接接第三层级。

② 序码未加括号或圆圈者,其后一般用顿号或小圆点;序码加了括号或圆圈以后,不需再用顿号或小圆点。

③ 汉字数字序码后常用顿号,阿拉伯数字和拉丁字母序号后常用小圆点。

④ 还可以在序码后面空一格,不加顿号或小圆点。

不管怎样使用排序层级,关键是不能层级混乱,层级序码要前后统一。

(五) 注释与参考文献标注

在文章写作中,尤其是在学术论文的写作中,除了需要注意以上四方面的文面设置规范,还必须学会注释与参考文献的标注。论文写作中引用他人的文字、参考他人的观点一般都需要作出说明。这样做,一方面是表示对他人成果的尊重,同时也体现出文章引用有据,而不是信口胡说,从而使论证更加严谨。

注释与参考文献的标注格式与要求,请参见后文"学术论文"的写作部分。

对于以上所述的文面设置规范,大家一定要熟练掌握,正确使用,养成一种良好的写作习惯。

需要进一步说明的是,关于文面设置,目前还没有一个完整统一的国家标准,以上各项文面的设置规范,主要是针对一般性写作而言的。有些类型的写作会有专门的格式规范,如各个大学对学生毕业论文写作格式的要求就不尽相同;各种刊物发表的学术论文的注释及参考文献格式也不相同。但是,就国家法定行政公务文书的写作而言,文面的设置规范必须按照国家发布的标准执行,具体请参见1999年12月27日国家技术监督局发布,2000年1月1日起施行的国家标准《国家行政机关公文格式》,2000年8月24日国务院发布,2001年1月1日起施行的国家标准《国家行政机关公文处理办法》等相关文件,这些文件在相关的公文写作教材中都有说明。

【思考与练习】

1. 结合自己的写作实际,认真把握行文的任务与要求。
2. 结合作品,辨析第一人称叙述与第三人称叙述各自的优、缺点。
3. 认真辨析各种描写类型,以身边的人物作为原型进行人物描写训练。
4. 认真体会文字语言选用的要求,结合具体作品进行具体分析。
5. 熟练掌握文面的设置规范,结合自己的写作实践进行文面设置训练。

第四节 改 稿

一、修改的意义

改稿,是指写作者对文章初稿进行修改并使之定型的活动。修改文稿是文章写作必需的工作。一方面,文章的运思与实际的行文往往不是统一的,写出的文字往往不能准确地表达构思的原意;另一方面,任何构思活动都不会是绝对完美的,即使写出了初稿仍需进一步斟酌立意、选材、布局等工作;同时,文章的行款格式等文面设置工作也会有不规范、不美观的地方。因此要想写出规范、优秀的文章,必须认真修改,长篇巨著的创作更是离不开修改。

修改是文章写作的最后环节,文章最后以什么面目、样态呈现取决于修改。修改的过程实际也是对文章本身的认识不断深化的过程,因此,修改文稿是提高文章质量的必要步骤,也是提高写作水平的有效途径。从这种意义上说,好文章不是写出来的而是"改"出来的。契诃夫说:"写得好的本领,就是删掉写得不好的地方的本领。"① 俗话说,文章不厌百回改。伟大的作家都是非常重视文章修改的。曹雪芹写《红楼梦》是"披阅十载,增删五次",海明威写《永别了武器》仅最后一页就修改了30多遍。

二、修改的任务

文章需要修改的方面很多,修改的内容主要有以下几个方面:

(一) 修改主题

一篇文章写完之后,有时会发现文章的主题存在问题,这时就需要修改主题。可以是变更主题,也可以是订正观点。主题方面常见的问题有:表意模糊、不集中、不明确,观点错误、不正确,认识粗浅、不深刻,见解陈旧、不新颖等。因此,必须通过认真的修改,使所要表达的主题变得明确、集中、正确,乃至深刻、新颖。

(二) 改动材料

文章写完后发现所用的材料不足以表现主题是常有的事。这种不足主要表现为材料不够或多余,信息错误或不真实,材料不典型,缺乏表现力或使用不当等,因此在修改时就需要根据具体情况进行改动:增加材料、删除材料、订正材料、置换材料、调整详略等。所有这些修改都需要围绕表现主题进行,改动材料是为表达主题服务的。

(三) 调整结构

初学写作者常会出现结构不完整、段落层次混乱、过渡照应不周严等问题,因此修改时要梳理结构,使其完整。可以调整段落、层次,看看分段是否正确,层次是否清晰;也可以审视过渡与照应,看衔接是否自然,照应是否周严;还可以考究开头与结尾,看其是否合乎文章表意的要求。

(四) 锤炼语言

锤炼语言是对文章语言的进一步加工,遣词造句是为了表情

---

① 转引自路德庆主编《写作教程》(修订本),华东师范大学出版社1984年10月第2版,第113页。

达意。文章写作中常见用词随意、堆砌或苟简,造句拖沓或有语病等问题,因此要根据表意的需要及文章语言使用的实际进行修改,改换词语、变更句式、讲究修辞等都可以锤炼语言,使语言表意能够准确通顺、简洁凝练、生动形象。

(五) 改换标题

改换标题既可以是改换主标题,也可以是改换副标题或小标题。当发现题文不符时,要么重写内容,要么改换题目,这要看具体情况而定:命题写作必须重写内容,其他写作则可以改换题目。

(六) 修改文面

文章写作过程中,文面错误是在所难免的,如标点的错标误用、文字的错写别用、格式的紊乱失范等,出现这些情况都需要修改。文面的修改是最普通、相对容易的修改,但也是最容易被忽略的修改,尤其是格式方面的问题更容易被忽视。

三、修改的方法

文章修改可以采用不同的方法,标准不同,类别也各异。

(一) 自改与他改

从修改的主体看,可有自改法与他改法之分。自改法就是作者自己亲自修改;他改法就是请别人修改,因此也称请改法。

(二) 冷改与热改

从修改的时间看,可有冷改法与热改法之分。冷改法就是写完文章后隔一段时间再改;热改法则是写完初稿立即修改,或边写边改。

(三) 默改与诵改

从修改的阅读方式看,可有默改法与诵改法之别。前者是在默读中修改,后者是在朗读中修改。

四、修改的范例

文章修改的任务是多方面的,在具体文本的修改中,这些任务往往又是相互交织,同时出现的,所以单就某一任务进行解析难免琐碎,这里将用几个文段作综合性的修改。

(一) 报刊文章《有一名党员叫方工》

《有一名党员叫方工——记中国十大杰出检察官、北京市优秀共产党员方工》,这篇人物通讯篇幅很长,这里只截取文章第四部分中问题比较明显的几段文字。原文如下(文中句前的序号是笔者所标):

  方工语录:我们都是国家供养的,拿着国家的俸禄,是党和人民给予我们衣食不愁的小康生活,在生活待遇和工作条件上,相比许多群众,我们已然很优越,没有理由再作非分之想,甚至有不当之举。

  方工在单位是出了名的人,他只许自己为公家多付出,不许个人占公家的一点便宜。①方工在单位承担的业务量很大,加班加点是他的家常便饭。他从小身体就不太好,②有一次连续发烧好几天还在坚持工作,直到昏倒在上班路上,被路人救起。③在办理李昌等法轮功人员的案件时,为了保证起诉时间,他发着高烧连续工作一个星期,保质保量地完成了任务。为了工作方工可以命都不要,但是他的这种付出却不要组织的一点特殊待遇。在一次参加市人事局安排的体检中,有一项检查癌症的费用属于自费,收费要几百元。方工如果在体检中让医生把这笔费用开在正常的费用里,回机关就可以全部报销,谁也看不出什么。但是方工二话没说,自己老老实实地交了费才作了这项检查。

  ④方工能够熟练地使用电脑,又喜欢读书和写作,有时在用电脑写完稿子后要在单位把稿子打印出来。为了不占公家几张打印纸的便宜,他用发表文章的稿费,不断往单位买打印纸,供自己和大家用。

  ⑤方工当官不像官。他一年四季穿的是检察官的普通制服,却把挺高级的一身毛料西服捐给了灾区;单位为了搜集方工的事迹,把方工的爱人请到一分院座谈。爱人一进方工的办公室就发现旧电视机罩是家里的,窗帘、沙发巾也都眼熟,

想想也是家里的东西,不知何时让方工"充了公"。⑥爱人开玩笑说:人家都把单位的东西往家里拿,你倒好,胳膊肘向外拐。你怎么不让单位配发呢?方工说:这不挺好吗?旧的一样用,还给单位省了钱。

这一部分文字写的是方工检察官"生活俭朴、廉洁奉公"的先进事迹。除了"方工语录"外,第一、二两段是写方工不占公家便宜,第三段则是写方工把家里东西拿去公用。仔细分析不难发现行文中存在不少问题,有的属于材料问题,有的属于使用角度问题,有的属于语言表达问题,有的则属于标点符号问题,都需要修改。

第一自然段的问题较多:①处的句子写方工经常"加班加点",却没有具体写出与他"不占公家便宜"的关系,这句孤单地放在此段中明显是多余的,应该删除。②处的句子是想表达方工经常带病坚持工作,但是作者没有选择好使用的角度,和③处句子表意相同,而这两个句子都是为写方工不要组织的特殊待遇做铺垫的,旨在引导出"为了工作可以命都不要"的前提,进而转入不要"特殊待遇",所以这两处有一个即可,考虑到③处句子所表现的事件更具体,可以留下,而删除前句,并作一下简要交代。

第二自然段④处是写方工喜欢用电脑写文章投稿,因有时要在单位打印而经常用自己的稿费买打印纸作为自己用纸的补偿。作者的本意是想表扬方工"不占公家便宜",但是作者只注意了用公家的纸张是占便宜,而忽略了使用公家的打印机也是占便宜。这在表意上明显不周延,存在逻辑漏洞,因为只要所写的稿子不是公务所需,就算不用纸,使用打印机也是占便宜。

第三自然段⑤处写"方工当官不像官"。这句话应是对这个自然段的总述,但是下文的内容并没有说明他"为什么不像官",而是写了他捐献高级西服和把家里的物品拿到单位来"充公"的两件事。作者写的具体事例与作者归纳出的观点完全不搭界,是典型的观点与材料不符。而且段中的分号使用不正确,应该改为句号。

还需说明的是,有的网络在转载此文时把⑥处的句子单独分作一段,而⑥句明显是紧承上段而言,和上段表达的是同一件事,因而不需要另起一段;如果分段,就破坏了行文的完整性,违反了分段的"完整性"原则。另外,⑥处文字是直接对话,应该加引号。

鉴于以上分析,对原文的几个自然段可以作如下修改,仅供大家参考。

> 方工在单位是出了名的人,他只许自己为公家多付出,不许个人占公家的一点便宜。他从小身体就不太好,但是经常带病工作。在办理李昌等法轮功人员的案件时,为了保证起诉时间,他发着高烧连续工作一个星期,保质保量地完成了任务。为了工作方工命都可以不要,更何况是组织的一点点特殊待遇。在一次参加市人事局安排的体检中,有一项检查癌症的费用属于自费,收费要几百元。方工如果在体检中让医生把这笔费用开在正常的费用里,回机关就可以全部报销,谁也看不出什么。但是方工二话没说,自己老老实实地交了费才作了这项检查。
>
> 方工在办案之余喜欢使用电脑写作,有时在单位写完稿子后要把稿子打印出来。为了不占公家的便宜,他用发表文章的稿费,不断往单位买打印纸,供自己和大家用。
>
> 方工一年四季穿的是检察官的普通制服,自己有一身挺高级的毛料西服不但不穿,反而把它捐给了灾区。单位为了搜集方工的事迹,把方工的爱人请到一分院座谈。爱人一进方工的办公室就发现旧电视机罩是家里的,窗帘、沙发巾也都眼熟,想想也是家里的,不知何时让方工"充了公"。爱人开玩笑说:"人家都把单位的东西往家里拿,你倒好,胳膊肘向外拐。你怎么不让单位配发呢?"方工说:"这不挺好吗?旧的一样用,还给单位省了钱。"

(二) 高考作文《北京的符号——老舍与北京》

高考作文《北京的符号——老舍与北京》,是 2006 年北京市普通高考的"满分作文"。这里只分析文章中的两段文字。原文如下：

> **我看见**祥子手里拨弄着现洋,心中盘算着买车,嘴里念叨着自己的小九九,身旁老北京洋车黑漆漆的车身、亮晶晶的瓦圈,闪着光;**我看见**王利发忙着擦桌子码茶碗招呼客人,手里拎着老北京的大茶壶,壶嘴徐徐吐着水雾;**我看见**祁家正房的清水脊子旁石榴正红,天井的八仙桌上老北京的兔儿爷昂首挺胸,老太爷微笑点头;**我看见**沙子龙直视众徒一言不发,心中暗道:"不传！不传！"堂前老北京那支镖局长枪,静静倚立墙角,**与主人遥相呼应**……
>
> 读老舍先生的书,仿佛被书中人物引领着,游览北京的**街巷**,呼吸北京的**气息**,欣赏北京的**色彩**,聆听北京的**节奏**,感受北京的**心情**……老舍先生的作品,就是老北京的符号啊！

这两个自然段的文字看上去很有文采,连续使用排比句式,阅读起来较有韵味;也可以看出作者对老舍先生的作品比较熟悉,有小说、有剧本,有人物、有情节。但是仔细一分析就不难发现文中在表意上存在多处问题(笔者认为引文中有问题的地方用黑体文字标出)。

第一自然段整体采用第一人称进行叙述,四个分句都由"我看见"领起,是从"我"的角度进行观照,这样的角度能够给读者以亲切感、真实感,仿佛读者自己在叙述,但是也受到相应的制约,"我"不能看见、不能听见的都不能写。显然,段中第一分句、第四分句分别写到的"心中盘算"、"心中暗道"之类的心理活动是"我"所不能看见的,因此,这两个分句存在明显的逻辑错误。如果把段中的"我看见"全部删除,由第一人称叙述变成第三人称全知叙述,就没有问题了。另外,第四分句写长枪"与主人遥相呼应"也有问题。读过小说《断魂枪》的人都知道,大枪既然是立在墙角的,主人沙子龙可以随时看见、拿起,又怎能说是"遥相呼应"呢？这属于用词不当，显得多余。第一分句"瓦圈"后的逗号也可以删除。

第二自然段排比句中的五个中心词语，有的属于具象的，如"街巷"、"色彩"，有的属于抽象的，如"心情"，有的则介于二者之间，如"节奏"、"气息"，行文时应该把性质相同的放在一起表达，因此，把"气息"一句改在"心情"一句之前。

按照以上分析，修改后的文字如下：

  祥子手里拨弄着现洋，心中盘算着买车，嘴里念叨着自己的小九九，身旁老北京洋车黑漆漆的车身、亮晶晶的瓦圈闪着光；王利发忙着擦桌子码茶碗招呼客人，手里拎着老北京的大茶壶，壶嘴徐徐吐着水雾；祁家正房的清水脊子旁石榴正红，天井的八仙桌上老北京的兔儿爷昂首挺胸，老太爷微笑点头；沙子龙直视众徒一言不发，心中暗道："不传！不传！"堂前老北京那支镖局长枪，静静地倚立墙角……

  读老舍先生的书，仿佛被书中人物引领着，游览北京的街巷，欣赏北京的色彩，聆听北京的节奏，呼吸北京的气息，感受北京的心情……老舍先生的作品，就是老北京的符号啊！

(三) 大学生习作

下面是一篇大学生习作的片段。原文如下：

  喜欢吃芒果，却爱喝苹果汁，看着啤酒色的汁液从纸盒里流向杯中，在午后的阳光里，形成一股清泉……没有 Beer 的泡沫，只是那颜色，很纯很净，静静地从盒口流到杯里，再在同样透明的杯中漾起圈圈波纹，嗯，苹果汁的波纹……成抛物线的果汁，淡淡的纯净的颜色，在抛物线的顶点，凝着一点阳光——耀眼却很和谐。果汁积了半杯，整杯……终于**到**(倒)满了，倾入的果汁液**挂**(注)渐细渐缓，回到那方方正正的纸盒里去了。

  杯中的**萍**(苹)果汁沉静得像一小水潭，深深的透明的纯净……可以看见玻璃杯底，**在**(再)透过杯底看见木质的纹路清晰的桌面。

玻璃杯外壁凝了一层细密的水珠,由于苹果汁是冷藏的,所以当**他**(它)看见艳阳时,落下了细密的泪珠,凝满了杯壁,用指尖轻触一下,一滴水珠便滚落到杯肚,然后坠落,划出一道水痕,在滚落杯壁的一瞬间,我才看见**他**(它)原本的颜色,无色透明!是苹果汁赋予**他**(它)颜色,等**他**(它)回归大地,回归本真时候,又还原其原貌……

以上文字观察得较为细致,行文中带着淡淡的思索,富有较浓的文学韵味。文章从倾倒苹果汁写起,然后写到满杯的情形,再写到杯外水滴凝聚、滚落的情形与作者的感想,总体顺序较清晰,但是总感到行文中有些不足。第一段文字行文层次较乱,一会写苹果汁的颜色,一会写它的形态,二者交叉无序,应该梳理一下使其顺畅;后两段文字的表意不够明晰,最后一段用拟人的手法写苹果汁"落泪"与作者"回归本真"的思考似乎不相吻合。另外,文中还有一些错别字(用黑体标出)和个别生涩的句子,也需要修改。

本篇习作的修改文字请参见本章第一节"聚材"部分的第六个思考题。

【思考与练习】

1. 结合自己的写作实际,理解修改文稿的意义。
2. 熟悉修改的任务与方法。
3. 仔细阅读下面的一篇学生习作,注意文章题目与内容的关系以及文中语句的表意,找出文章存在的问题,然后进行修改。

梅花香自苦寒来

古人常用"梅花香自苦寒来"这句话来督促子孙学习,目的是让他们牢记,只有像梅花那样经历了无限的严寒,才能够开放出美丽的花朵。但其实梅花是蔷薇科梅属落叶乔木。它可在冬季或早春开放。亦就是说在冬天开放的梅花没有经过寒冻的考验而也在冬季绽放了美丽的花朵。一个人要想取得成功,不光是要像梅花那样与各种艰难困苦顽强地抗争,付出比常人更多的艰辛与才能,而且还需要正确的学习方法来辅助才能成功。

孙继胜出生在安徽省和县的一个农村,因为家境贫寒,幼小的年纪就感受到了生活的艰辛,也促使他比同龄的孩子更加懂事,具有更坚强的意志。1988年考入河海大学,1991年毕业于河海大学常州校区电测专业。孙继胜大学毕业后,成绩优秀且工作能力极强的他受到了学校的热切关注,他可以留在河海大学宣传部工作,还可以选择去大亚湾核电站等待遇优厚的企事业单位。但他选择了一条自己想走的路——到企业去,干点实实在在的事,凭着自己这些年知识的积累,并多次与技术部门探讨搞活技术的方法,反复将理论与实践相结合,从而得出最适合企业的技术来辅助产品的投入与生产,最终取得了显著成效,很快的孙继胜又创出新的一系列的产品设计的程序和企业的管理模式,不仅将单位从即将倒闭的状态救了出来,更得到了厂里领导的一致认同,并被提升为副科长。拥有吃苦的精神固然是必不可少的,但如何将一份才能体现到一个集体中去就要看你的方法了,不然光有吃苦的能力没有事半功倍的办法你将无法发挥出你的才能,也体现不出你的能力,更不可能取得成功。

目前许多白领独自创业,由于没有正确掌握如何更好创业的方法从而把自己辛苦工作积攒的资金全部扔向了血本无归的大海,招致失败。可见,成功与失败不再是能吃苦就能成功的问题了,更重要的是能不能在这一问题上把握努力的正确路线。

我们这些莘莘学子每年都在苦读就是为了可以考上一个理想的学校,但为什么总会有人欢喜有人愁?原因并不出在个人生理问题上,而是出于个人学习方法的问题上。许多梦想考上知名大学的学生一次次的坚持,一次次的努力,一次次的不放弃想要考上自己梦想的大学,但由于学习方法掌握得不好导致事倍功半,每年在伤心中度过。相反的,那些能够在我们梦寐以求的知名学府学习的人来说,之所以他们能够成功,除了具备优秀的头脑,也同时具备了完美的学习能力及优秀的学习方法,所以说,除了锲而不舍的吃苦精神及积极的行动力以外,还要有事半功倍的学习方法,才能达成心中所想、心中所愿。因此我们应该学习并掌握最优方法来帮助我们取得成功。

第四章 文学创作

第一节 诗 歌

一、诗歌概述

诗歌,是有节奏、有韵律并富有感情色彩的一种语言艺术形式,也是世界上最古老、最基本的文学样式。诗歌起源于上古的社会生活,如劳动生产、两性相恋、原始宗教等。

《礼记·乐记》载:"诗,言其志也;歌,咏其声也;舞,动其容也;三者本于心,然后乐器从之。"早期,诗、歌与乐、舞是合为一体的。诗即歌词,在实际表演中总是配合音乐、舞蹈而歌唱,后来诗、歌、乐、舞各自发展,独立成体,诗与歌统称为诗歌。中国诗歌源远流长。《诗经》是最早的一部诗歌总集,开现实主义文学之先河。战国后期产生的《楚辞》,是诗体的一次大变革,并成为浪漫主义文学之滥觞。东汉文人开始创作五言诗。魏晋南北朝,诗歌有了进一步的发展,五言古诗趋于成熟,七言古诗得以确立,讲求声律的格律诗开始出现。唐代诗歌达于极盛,形成前所未有的繁荣局面。宋元时代,冲破传统诗体而出现的词和曲,在文坛上也蔚为大观。中国诗歌作为一个整体,数千年来它几乎和外域世界的诗歌潮流不发生联系,这种彻底的封闭状态对文明来说是坏事,但对诗歌来说却有值得庆幸的一面:在相对较长的一段时间内,极度的封闭性意味着极高的独立性。中国诗歌因此成为世界诗坛中一枝最奇特、最难模仿的奇葩。中国诗歌在发展过程中,对其他文学体裁的形成产生过一定的影响。

在中国古代，诗歌与散文始终处在文学的中心地位。诗歌写作是古代文人的必备修养。诗人，常常同时又是政治家、哲学家或学者。在儒家诗教的影响下，中国古代诗歌追求含蓄，讲究意境，看重技巧。"五四"以来主要用白话创作的新体诗歌叫新诗。它冲破旧诗格律的束缚，在古典诗歌和民歌的基础上发展而成。与古典诗歌相比，新诗形式自由，韵律灵活，追求自然旋律与节奏，强调潜在的音乐感。新诗的写作，要求精练，诗句大体整齐，用普通话押韵。

二、诗歌的分类

（一）格律诗与自由诗

1. 格律诗

格律诗是依据固定的格式和严密的韵脚进行创作的诗体。这种诗体在每首诗的行数、每行诗的字数、某一个诗句的节奏和某一个词的声韵等方面都有不能任意违反的格式和要求。在诗歌诞生的初期，人们为了便于朗诵和吟唱，就通过某些特定的格律来构成诗歌语言的音乐性。在诗歌文体漫长的发展历史中又区分出古代格律诗和现代格律诗。古代的律诗、绝句以及词、曲是古代格律诗的具体样式。律诗只有 8 句，绝句只有 4 句，它们都限定于固定的平仄韵律中，律诗的中间 4 句两联还要严格对仗。词和曲更有固定的词牌和曲调，虽然词句长短不一，但它们的平仄格律比律诗和绝句有更严格的要求。这些严密的格式形成了诗歌一唱三叹、节奏和谐的音乐性。现代格律诗的形式规范正在探索中，闻一多在 30 年代、何其芳在 50 年代都曾提出过现代格律诗的形式规范并且还身体力行地付诸创作实践。现在的作者们也试验了"同字体"（如九言诗）、"同顿体"（如三行韵式）、"对称体"及"素体"（每行 5 音步，不押韵）等现代格律诗的形式。但是中国目前还没有产生真正意义上的有影响的现代格律诗。现代格律诗在借鉴外国格律诗的成功经验和继承中国古代格律诗的优秀传统方面，有着值得写作者们探讨的广阔天地。

2. 自由诗

自由诗是与格律诗相对而言的。它特指在诗歌语言形式上不受格律限制的较为自由的诗体。每一行诗的字数,每一节诗的划分,每一篇诗的节奏和韵律都没有固定的格式。它一般是根据作者内在情感的起伏变化安排诗歌意象和诗歌语言的节奏旋律。这种无诗歌形式束缚的自由使得它成为当代最流行的一种诗体,也成为诗歌爱好者们比较乐于接受的一种诗体。郭沫若的《天狗》、艾青的《光的赞歌》、舒婷的《致橡树》,都是自由诗的优秀代表作。

(二) 抒情诗与叙事诗

1. 抒情诗

抒情诗是以作者的口吻抒发主观情绪、情感的诗体。作者把社会生活做了"主观化"和"自我化"的处理,所有的诗歌意象都经过作者心灵的改造而出现个性化的变形,没有完整的人物形象和事件过程,即使出现了少数人物形象和事件形象也是作者寄寓强烈主观感情的形象片断。抒情诗一般篇幅短小,常常借助主观抒情的艺术手法创造情感强烈的自我形象。抒情诗在历史上形成的基本体式有山水诗、咏物诗、爱情诗、哲理诗等。曹操的《观沧海》、李商隐的《无题》、冰心的《春水》等,都是上述抒情诗体式的典范。

2. 叙事诗

叙事诗是以叙述者的口吻来刻画人物、叙述事件的诗体。与抒情诗相比,叙事诗有较完整的事件情节,能采用各种手法来描写人物。与小说、戏剧、影视相比,它的情节比较单纯并且跳跃性较大,人物性格比较单一、细节较少,叙述语言比较概括并充满激情。叙事诗人"不是在讲说一个故事,而是在歌唱一个故事"[①]。历史上已有定型的叙事诗,其基本体式有史诗、诗剧、一般叙事诗等。古希腊时代的《伊利亚特》,中国古代的《孔雀东南飞》、现代的《王贵与李香香》,都是这种诗体的代表作。

---

① 何其芳《谈写诗》,见《作家谈创作》,花城出版社 1981 年版,第 174 页。

(三) 民歌与散文诗

1. 民歌

民歌是人民群众集体创作并能口碑相传的诗歌。民歌的形式生动活泼,它和自由诗一样不受固定样式和格律的拘束。诗歌语言具有浓厚的生活气息,经常使用比兴和夸张来创造诗歌意象,体现出想象丰富、简洁明快、易记易唱的诗歌风格。

2. 散文诗

散文诗是近、现代才发展起来的兼有抒情诗和抒情散文特点的一种诗体。它是诗的某些表现性元素与散文的某些再现性元素巧妙融合的产物。它采用散文的自由灵活的形式来传达蕴含丰富的诗歌意象,它虽然不像诗歌那样分行排列和押韵,但它的语言仍然具有内在的节奏感和音乐美。在艺术手法上它多采用暗喻和象征,在几百字的短小篇幅中,把诗情、画意、哲理融为情景交融的诗境。泰戈尔的《新月诗》、鲁迅的《野草》、郭风的《叶笛》都是优秀的散文诗作。

三、诗歌的特征

(一) 熔铸挚情

"感人心者,莫先乎情。"这是白居易《与元稹书》中的名言,它道出了诗歌的本质特征。诗歌是感情的产物,感情是诗歌的生命。请看杜运燮的《雷》:

雷

随着陆陆续续的闪电警告:他们来了!
阵阵风都传播着到来的确讯:他们来了!
每一叶片每一枝条都遥指着:他们来了!
每双眼睛在渴望,每张嘴在颤动:他们来了!

越过一张又一张被撕掉的树叶标语,他们来了!
越过一个又一个监狱的铁窗,他们来了!

越过一条又一条报纸上捏造的消息,他们来了!
越过一堆又一堆难忘的血泊,他们来了!

为着撕人心肺的被窒息的呻吟声,他们来了!
为着惨绝人寰的最底层的挣扎声,他们来了!
为着回响在无数街道和炕头的怒吼声,他们来了!
那就是冲破冰冻严寒的春雷欢呼声:他们来了![①]

　　抒情诗是最纯正的诗,是本来意义的诗,因其最能体现诗歌的本质特征。如果感情不充沛,矫揉造作,无病呻吟,写出来的诗则是苍白无力的。

　　诗人臧克家说:"诗歌在文艺领域上独树一帜。旗帜上高标着两个字:抒情。"[②]这显然抓住了诗的本质特征。郭沫若也这样强调过:"诗的本职在抒情。"[③]中国诗歌乃至全世界的诗歌创作实践,无不证明了"情"是诗的灵魂。诗歌文体发展的历史证明诗歌是人类表达、宣泄情感的载体。诗歌作者在具体的写作过程中,以能否表达出主观情感为目的来选择和提炼诗歌意象,创立和设置诗歌意境,诗歌语言的种种使用技法也是为了更准确、更细致、更贴切地抒情达意。离开了人类抒情的动机,诗歌就没有产生和发展的动力。

　　诗歌形象抒发的情感从表现形态上看是具体的、个性化的,它直接源于诗歌作者个人的审美体验。但优秀诗歌的审美品质却是在这种个性化的情感里集中概括了人类深层的情感状态和人性深层的情绪体验。如艾青的《我爱这土地》:

我爱这土地

假如我是一只鸟,
　　我也应该用嘶哑的喉咙歌唱:

---

① 转引自严家炎、孙玉石主编《中国现代文学作品精选》,第 97 页。
② 臧克家《关于叙事诗》,见《学诗断想》,四川人民出版社 1979 年版,第 107 页。
③ 郭沫若《论诗三札》,见《文艺论集》,人民文学出版社 1979 年版,第 251 页。

这被暴风雨所打击着的土地,
这永远汹涌着我们的悲愤的河流,
这无止息地吹刮着的激怒的风,
和那来自林间的无比温柔的黎明……
——然后我死了,
连羽毛也腐烂在土地里面。

为什么我的眼里常含泪水?
因为我对这土地爱得深沉……①

人们喜欢吟咏艾青的《我爱这土地》,是因为"——然后我死了,连羽毛也腐烂在土地里面","为什么我的眼里常含泪水?因为我对这土地爱得深沉……"的诗歌意境概括了人类一种刻骨铭心的、生死不渝的、忠贞爱国的情感体验。

(二) 境象丰满

诗歌形象传达的情感虽然是概括的、典型的,但它在艺术表现上必定是具体的、形象的。诗要用形象思维。形象是一种饱含着某种思想感情的极富感染力的具象和境界,能够使读者沉浸其中,不由自主地喜爱它、欣赏它,从而获得情感上的熏陶,精神上的滋养以及美的享受。如朱湘的《采莲曲》:

采莲曲

小船呀轻飘,
杨柳呀风里颠摇;
荷叶呀翠盖,
荷花呀人样娇娆。
日落,
微波,
金丝闪动过小河。

---

① 转引自严家炎、孙玉石主编《中国现代文学作品精选》,第80—81页。

左行
　　右撑，
莲舟上扬起歌声。

　菡萏呀半开，
蜂蝶呀不许轻来，
　绿水呀相伴，
清净呀不染尘埃，
　　溪间
　　采莲，
水珠滑走过荷钱。
　　拍紧
　　拍轻，
桨声应答着歌声。

　藕心呀丝长，
羞涩呀水底深藏；
　不见呀蚕茧，
丝多呀蛹裹在中央？
　　溪头
　　采藕，
女郎要采又夷犹。
　　波沉，
　　波升，
波上抑扬着歌声。

　莲蓬呀子多：
两岸呀榴树婆娑，
　喜鹊呀喧噪，
榴花呀落上新罗。
　　溪中
　　采蓬，
耳鬓边晕着微红。

> 风定
> 风生,
> 风飐荡漾着歌声。
>
> 升了呀月钩,
> 明了呀织女牵牛;
> 薄雾呀拂水,
> 凉风呀飘去莲舟。
> 花芳
> 衣香
> 消溶入一片苍茫;
> 时静,
> 时闻,
> 虚空里袅着歌音。①

诗中写到"船"、"柳"、"日"、"波"、"莲"、"藕"、"风"、"荷"、"月"、"女"、"花"、"歌",作者正是将情感形象化——化为境象(意境、意象)。诗歌艺术的关键正在于此。诗歌意境的最小艺术单位就是一个诗歌意象。意象建构成意境。诗歌意象是作者的意中之象,是客观外界的人、事、景、物、理经过作者情感的孕育而重新创造出来的独特形象,是一种带上了强烈的主观色彩但又与生活物象截然不同,能在人们头脑中用想象感知的具象。一首诗可以是以一个意象为主来构建,也可以把多个意象并置。意象又可以分为描述性意象和拟喻性意象。描述性意象是作者的情感与客观物象相融合时,客观物象大于主观情感的具象,它是饱蘸着作者的情感来对生活的形象作实景描摹,在意象形态上基本不变形。拟喻性意象是作者主观的抽象的情感具象化时产生的意象,它不是感官式的而是心理式的印象,它是超越生活的本相的重塑和熔铸。在大胆的、神奇的想象的作用下,诗歌意象是一种突出作者情感的飞宕式组合。它没有时间线索来串连,也没有空间位置来依附,完

---

① 转引自严家炎、孙玉石主编《中国现代文学作品精选》,第37—39页。

全根据抒情表意的需要来排列、组合。意象与意象之间有巨大的跌幅、快速的转换。最终丰满的境象，造就了诗歌的瑰美。

（三）行韵鲜明

北京大学辜正坤教授赞同朱光潜教授的诗是"有音律的纯文学"的观点，他认为，判断一首诗是否是诗的第一要素是其外部的形式特征，即分行和押韵。在这个基础上再用"言志说"、"缘情说"、"感觉说"等类的定义来丰富它，全面判断这诗是什么样的诗，是好诗，是坏诗，还是无所谓好坏的诗，等等。不要把"诗体"和"诗意"混在一起，诗体是指诗的体裁，诗意指诗在读者心中的效果。诗体是一种客观的、可以把握到的外部形式，诗意却是审美主体与诗歌形式、内容及一切相关的社会、文化、地理环境等因素相作用后在审美主体身上产生的反应。当然，必须强调的是，押韵或分行只能确定一篇文字是否是诗，却不是确定好诗或劣诗的依据。

诗歌在形体上的变化，主要体现在外在的分行上。古代诗歌的分行非常鲜明，这已是常识。下面仅标列当代诗歌理论总结的新诗的语言的行列方式。

以闻一多的《死水》为代表的9字4顿的"整饬的行列"：

死　水

这是一沟绝望的死水，
清风吹不起半点漪沦。
不如多扔些破铜烂铁，
爽性泼你的剩菜残羹。

也许铜的要绿成翡翠，
铁罐上锈出几瓣桃花；
再让油腻织一层罗绮，
霉菌给他蒸出些云霞。

让死水酵成一沟绿酒，
飘满了珍珠似的白沫；

小珠笑一声变成大珠,
又被偷酒的花蚊咬破。

那么一沟绝望的死水,
也就夸得上几分鲜明。
如果青蛙耐不住寂寞,
又算死水叫出了歌声。

这是一沟绝望的死水,
这里断不是美的所在,
不如让给丑恶来开垦,
看他造出个什么世界。①

以郭沫若的《天上的街市》为代表的或长或短的"参差的行列":

天上的街市

远远的街灯明了,
好像闪着无数的明星。
天上的明星现了,
好像点着无数的街灯。

我想那缥缈的空中,
定然有美丽的街市。
街市上陈列的一些物品,
定然是世上没有的珍奇。

你看,那浅浅的天河,
定然是不甚宽广。

---

① 转引自严家炎、孙玉石主编《中国现代文学作品精选》,第33—34页。

那隔河的牛郎织女,
定能够骑着牛儿来往。

我想他们此刻,
定然在天街闲游。
不信,请看那朵流星。
那怕是他们提着灯笼在走。①

以贺敬之《放声歌唱》、《雷锋之歌》为代表的"阶梯式的行列":

放声歌唱(节选)

无边的大海波涛汹涌……
啊,无边的
　　　　大海
　　　　　　波涛
　　　　　　　　汹涌——
生活的浪花在滚滚沸腾……
啊,生活的
　　　　浪花
　　　　　　在滚滚
　　　　　　　　沸腾!
啊啊!是何等壮丽的景象——
我们祖国的
　　　　万花盛开的
　　　　　　大地,
　　　光华灿烂的
　　　　天空!
你,在每一天,
　　在每一秒钟,

---

① 转引自严家炎、孙玉石主编《中国现代文学作品精选》,第8页。

都展现在
　　　　我的眼前
　　　　　　和我的
　　　　　　　　心中。
我的心
　　和着
　　　　马达的轰响，
　　　　和青年突击队的
　　　　　　脚步声，
　　是这样
　　　　剧烈地
　　　　　　跳动！
我
　被那
　　　钢铁的火焰，
　　　和少先队的领巾，
　照耀得
　　　满身通红！
汽笛
　　和牧笛
　　　　合奏着，
　　伴送我
　　　　和列车一起
　　　　　　穿过深山、隧洞；
螺旋桨
　　和白云
　　　　环舞着，
　　伴送我
　　　　和飞机一起

飞上高空。
............①

雷锋之歌(节选)

五

就是这样,
雷锋,
你出发了……
——在黎明前的
一阵黑暗中……
你带着
满身
燃烧的血泪,
　　好像在梦中一样,
　　扑向
　　党啊——
　　温暖的
　　温暖的
　　母亲怀中……
……就是这样,
雷锋,
你站起来!
　　接受
　　"共产主义新战士"
　　——党给你的
　　命名。

....

---

① 贺敬之《贺敬之诗选》,山东文艺出版社 1984 年版,第 224—226 页。

雷锋,
我看见
在你的驾驶室里,
那一尘不染的
车镜……
　　我看见
　　在你车窗前
　　那直上云天的
　　高峰……
啊,你阶级战士的
姿态,
是何等的
勇敢,坚定!
　　你共产党员的
　　红心啊,
　　是何等的
　　纯净、透明!……

雷锋,
你是多么欢乐啊!
在我们灿烂的阳光里,
怎么能不
到处飞起
你朗朗的笑声?
　　你稚气的脸上,
　　哪能找到
　　一星半点
　　忧愁的阴影?……
但是,雷锋,
在心灵的深处,
你有多么强烈的

爱啊，
　　又有多么深刻的
　　憎！
爱和恨，
不可分割，
像阴电、阳电一样
相反相成——
　　在你生命的线路上，
　　闪出
　　永不熄灭的火花，
　　发出
　　亿万千卡热能！……

……从家乡望城
彭乡长
那慈爱的面孔，
　　到团山湖农场
　　庄稼梢头
　　那飘动的微风……
……从鞍钢工地
推土机的
卷动的履带，
　　到烈属张大娘
　　搂抱着你的
　　热泪打湿的
　　袖筒……
啊，祖国亲人的
每一下脉搏，
阶级体肤的
每一个毛孔——
　　都寄托了

　　　　你火一样的热爱,
　　　　都倾注了
　　　　你海一样的深情……

　　………………

　　啊! 这就是
　　这就是
　　一个叫做
　　"雷锋"的
　　中国革命战士的
　　英雄姿态!
　　　　这就是
　　　　我们的大地
　　　　我们的母亲
　　　　以雷锋的名义
　　　　给历史的
　　　　回应——
　　人啊,
　　应该
　　这样生!
　　　　路啊,
　　　　应该
　　　　这样行!……①

　　这种"阶梯式"的诗行排列,将50年代的《放声歌唱》作为起点,至60年代的《雷锋之歌》,这种形式已达成熟的境地。诗人在利用和改造"马雅可夫斯基体"方面作出了公认的成就。具体表现为在简短错落的诗行中间广泛应用对偶、排比的修辞手法,并在散

---

① 贺敬之《贺敬之诗选》,第392—408页。

句和自然节奏的基础上,将相同或相近的句式作有规律的反复。

以戴望舒的《雨巷》为代表的"回环的行列":

雨 巷

撑着油纸伞,独自
彷徨在悠长、悠长
又寂寥的雨巷,
我希望逢着
一个丁香一样地
结着愁怨的姑娘。

她是有
丁香一样的颜色,
丁香一样的芬芳,
丁香一样的忧愁,
在雨中哀怨,
哀怨又彷徨;

她彷徨在这寂寥的雨巷,
撑着油纸伞
像我一样,
像我一样地
默默彳亍着
冷漠、凄清,又惆怅。

她默默地走近,
走近,又投出
太息一般的眼光,
她飘过
像梦一般地,
像梦一般地凄婉迷茫。

像梦中飘过
一枝丁香地,
我身旁飘过这个女郎;
她默默地远了,远了,
到了颓圮的篱墙,
走尽这雨巷。

在雨的哀曲里,
消了她的颜色,
散了她的芬芳,
消散了,甚至她的
太息般的眼光,
丁香般的惆怅。

撑着油纸伞,独自
彷徨在悠长、悠长
又寂寥的雨巷,
我希望飘过
一个丁香一样地
结着愁怨的姑娘。①

以组诗(歌)的形式出现的诗歌,往往以其特有的行列形式,造成强烈的"境象"感染和排山倒海的气势,如《长征组歌》等。请看笔者为"欢乐天地方舞俱乐部"写的组诗《方舞之歌》:

方舞之歌

(引歌)是谁舞动了春天的柔绸/是谁牵绿了世间的杨柳/是我们/兄弟姐妹的心跳/是我们/欢乐天地的节奏//

---

① 转引自严家炎、孙玉石主编《中国现代文学作品精选》,第41—42页。

（正歌）欢乐天地/方舞跌宕/体魄劲健/友谊陈酿/幸福环绕/青春跳荡/健康潇洒/美雅倜傥/和平飞翔/永驻春光/跳吧跳吧跳吧/天圆地方//

（副歌一）踏上乡间小路/感受鸟语花香/聆听石上清泉/沐浴林间霞光/手掌轻抚/挽紧臂膀/静女若燕/牛仔倜傥/裙沿飞旋/马靴铿锵//

（副歌二）旋转/旋转/把生命的钻石擦亮/跳荡/跳荡/让岁月的节拍快畅/捷足/捷足/把忧郁的羁绊扫光/牵手/牵手/让真情的美酒飘香/亭亭玉立/我们是河边的白杨/足尖踢踏/我们像鹿跃林莽/天池闪我们深邃的目光/椰林携我们温暖的手掌/和刘翔一齐足舞/与申雪并肩徜徉/前进/钱塘潮涨/后撤/回浪荡漾/舞吧/舞吧/舞成满月的笑颜/舞出沸腾的广场/舞成金色的麦浪/舞出火红的高粱/舞成长街的车流/舞出钢水欢淌/舞成逐浪的沙鸥/舞出吻海的夕阳/舞成翩飞的彩蝶/舞出北归的雁行/舞吧/舞吧/舞走世界的贫困/舞来和平的曙光//

（副歌三）向前/飞虎翔鹰/向后/沉鱼落雁/向左/袅袅祥云/向右/归航徐帆/黄土坡的腰鼓/长白山的飞辫/阿诗玛的长裙/嘎达梅林的和弦/戈壁绿洲的驼铃/跃马扬鞭的草原/献上洁白的哈达/捧起泼水的银碗/还有那/赤道桑巴的激越/乡间牛仔的狂欢//

（副歌四）方方正正/团团圆圆/抑扬张弛/收放聚散/手相牵/臂相环/足相弹/大珠小珠落玉盘/永远永远/同一个心声/永远永远/同一个步点//

（副歌五）来吧来吧来吧/我们是舞动的长城/我们是温暖的太阳/来吧来吧来吧/我们是和煦的春风/我们是蔚蓝的海江/舞吧舞吧舞吧/青春律动/天圆地方/舞吧舞吧舞吧/情深意厚/地久天长//

其他还有"回环诗"、"图形诗"等。

行列的形式与押韵巧妙结合，产生了诗歌语言特有的节奏感和韵律美。北京大学温儒敏教授认为："汉语的特点是轻重音不分明,做起诗来音节容易散,必须借韵的回声来点明、呼应和串连,这就决定了中国诗的节奏有赖于韵。"① 押韵,就是相同的语音在诗句的一定位置上,有规律地反复出现。中国汉字的音节包括声母和韵母两部分。如"窗(chuang)",声母是 ch,韵母是 uang;而韵母又分为韵头 u、韵腹 a 和韵尾 ng 三部分。押韵是押声调和韵母都相同的字。由于这个字往往是诗行中最末尾的一个,因此就叫韵脚。押韵,要注意选择韵辙。利用韵辙音色上的特点可以表现不同的感情色彩。如"江阳、中东"等韵辙收音比较响亮,适用于抒发豪情壮志;"怀来、灰堆"等韵辙发音柔和,适用于描写细腻的感情。押韵的方式很多,比如下面几种:(1)偶韵,也叫"隔句韵",即诗歌中偶句的最后一个音节相押韵。如杜甫《旅夜书怀》:"细草微风岸,危樯独夜舟。星垂平野阔,月涌大江流。名岂文章著,官应老病休。飘飘何所似?天地一沙鸥。"(2)随韵,指每节诗中上下两句押韵。如贺敬之《回延安》:"心口呀莫要这么厉害的跳,灰尘呀莫要把我眼睛挡住了……手抓黄土我不放,紧紧儿贴在心窝上……几回梦里回延安,双手搂定宝塔山。"(3)排韵,也叫"打铁韵",即每节诗中行行押韵,一韵到底,全诗落音一致。如王来信《想起周总理纺线线》:"四三年,三月天,红格丹丹太阳照枣园。周总理盘腿坐车前,手摇纺车吱溜溜转,带头纺线线。"(4)交韵,指奇句与偶句的尾字交互押韵。如陈毅《重过三峡》:"山川壮丽欣重睹,旧梦依稀认血痕。千万险滩皆稳渡,水头如剑破夔门。"(5)阴韵,指韵脚不显露在句尾,而显露在句中,其后常带虚词。如陕西民歌:"老镢生锈了,大山饿瘦了;老镢闪亮了,大山歌唱了;镢板磨短了,山腰伸展了;镢板磨扁了,山变平原了。"(6)双声配叠韵,双声是两个音节的声母相同,叠韵是两个音节的韵母相同,双声配叠韵,使音调更加和谐优美,悦耳动听。如杜甫《春日江村五首》:"种竹交加翠,栽桃烂漫红。""交加"为双声,"烂漫"为叠韵,前后相对,婉转悠扬。(7)换韵,指在一首诗歌里有规律地改变韵辙,极富变化和错落美。如张若虚的《春江花月夜》,全诗 36 句,分为 9 组,4

---

① 温儒敏《中国现代文学批评史》,北京大学出版社 1993 年版,第 267 页。

句1组,每组换一次韵。1组为"生"、"明",2组为"霰"、"见",3组为"轮"、"人",4组为"似"、"水",5组为"愁"、"楼",6组为"台"、"来",7组为"君"、"文",8组为"家"、"斜",9组为"路"、"树"。

(四) 跳跃优美

诗歌具有跳跃性。小说、散文的语言因为侧重再现意象,其语言形态比较平实细密,讲究句与句之间清晰的纹路。诗歌语言侧重于表现主观心灵,再加上它的篇幅限制,因此必须借助跳跃和省略,跨越一些过程性的叙述,省约一些小说、散文语言中必不可少的连接语和转折语,创造一种"语不接而意接"的语言,以此来引发读者丰富的联想。诗歌要精练,不能拖泥带水,不能有繁琐的叙述、无谓的铺陈。跳跃可以省去许多不必要的描述。如卞之琳的《断章》:

断 章

你站在桥上看风景,
看风景人在楼上看你。

明月装饰了你的窗子,
你装饰了别人的梦。①

诗写到了"你"、"风景"、"人"、"明月"、"梦",在读者眼前组合成一幅图画。事实上,还有许多内容要描写、铺垫、过渡,但诗句成功地运用了跳跃,把可有可无的内容省去了,使诗句更集中,更含蓄。

优美,即指诗歌语言精练优美。在语言的内涵上,诗歌语言在物化意象时特别讲究精练的内蕴,它要通过大力度炼字、炼句,以较小的篇幅完美地容纳高度概括的内容。诗歌语言以这样的外观与内涵形成了区别于小说、散文的新奇优美的审美特征。像曹植的诗句"凝霜依玉除,清风飘飞阁"(《赠丁仪》),"白

---

① 转引自严家炎、孙玉石主编《中国现代文学作品精选》,第63页。

日曜青春,时雨静飞尘"(《侍太子坐》),"秋兰被长坂,朱华冒渌池"(《公宴》),其中的动词都经过精心锤炼,以求得到警醒的效果。

诗贵含蓄,含蓄是中国古代诗人孜孜以求的写作境界。含蓄就是含而不露,耐人寻味,用极少的具体可感的艺术形象,来表现极丰富的生活内容和思想情感;以瞬间表现永恒,以有限传达无限,给读者以想象的广阔空间。如郭沫若的《炉中煤》:

炉中煤
——眷念祖国的情绪

啊,我年青的女郎!
我不辜负你的殷勤,
你也不要辜负了我的思量。
我为我心爱的人儿
燃到了这般模样!

啊,我年青的女郎!
你该知道了我的前身?
你该不嫌我黑奴卤莽?
要我这黑奴的胸中,
才有火一样的心肠。

啊,我年青的女郎!
我想我的前身
原本是有用的栋梁,
我活埋在地底多年,
到今朝才得重见天光。

啊,我年青的女郎!
我自从重见天光,
我常常思念我的故乡,

>我为我心爱的人儿
>燃到了这般模样!①

诗歌运用比喻、比拟和象征手法,借吟咏燃烧着的"炉中煤",来抒发"眷念祖国的情绪",表现出诗人对新生祖国的无比热爱和赤诚无私的奉献精神。诗中最主要两个意象是"年青的女郎"和"炉中煤"。郭沫若先生将"五四"以后新生的祖国比做"年青的女郎",视为自己热烈爱恋和追求的对象,象征着经过五四运动洗礼后祖国青春焕发,生机勃勃,表现出他真挚的爱国热情。尤其是诗的第三小节写"原本是有用的栋梁","到今朝才得重见天光",这里有双重象征寓意:一是象征诗人的爱国感情长期埋藏在心底,只有到了"五四"以后,这股激情才得以喷发;二是象征被封建主义束缚了几千年的中华民族,直到五四革命运动以后,才焕发出真正的青春活力。在这里,祖国的新生、诗人的新生和民族的新生,已完全融为一体。可见,象征、比喻,乃至"炉中煤"向"年青女郎"倾诉爱情的拟人化手法的运用,使诗歌的含蕴十分丰富、深厚。

四、诗歌写作技巧

(一) 熟读千诗,积累词句

要想写好诗起码要熟读上千首的诗,其中最好有百多首能吟咏成诵,从诗中,从生活中,从更广泛的阅读中,积累大量的词汇、诗句。诗人寻诗的方式是多种多样的,唐代李贺寻诗的方式就很特别。号称"诗鬼"的李贺喜欢外出漫游,游中寻觅诗句。他经常背个锦囊,骑一头毛驴,带上小书童,无目标地到处闲游。他得一诗句,便马上记在准备好的纸条上,丢到锦囊里。晚上回家,李贺在烛光下检视当天所记的纸条,把那些满意的诗句拣出来,重加提炼构思,凝成瑰丽新作。与李贺有异曲同工之妙的还有梅尧臣的"诗袋"、陶宗仪的"树叶累句"等事例。我们也应这样,将积累的词

---

① 转引自徐中玉主编《大学语文》,第 178—179 页。

汇、诗句牢记心中,以资应用。可以揣摩前人名作中词汇的组合、搭配,然后再将这些词汇加以新的组合,活用到自己的诗句中。诗句用字有法,一句诗乃至一个字,里面蕴藏着深厚的旨趣,所以以一字称工,刻意锻炼,以求其精练。要多借鉴前人诗句,用心体悟,又要"古为今用",努力创作,才能学好诗艺。

(二)先得佳句,乘兴而作

写诗先要得句,先觅得佳句,然后联缀成篇,一气呵成。近体诗受韵脚和对仗的牵制,只能在一韵中觅字成句。对仗两联,常是先得下句,后思上句,配成一联,再得一联,加上首尾,就成全篇。诗歌不可以穿凿附会勉强而作,一定要等到时机成熟,方可与境随出,应运而生。诗歌写作有自己的规律,有了诗兴,然后构思,就容易得到好句。如果兴致索然,勉强去做,即使苦思终日,也难得佳句。

(三)巧用修辞,避讳禁忌

1. 巧用修辞

(1)比兴。刘勰《文心雕龙·比兴》:"比者,附也。兴者,起也。附理者,切类以指事;起情者,依微以拟议。起情,故兴体以立,附理,故比例以生。"[1]如《诗经》的《硕鼠》、《关雎》。比兴手法多用于感怀、咏物之类的诗,妙在寄兴深微,含而不露,耐人寻味。

(2)事类。《文心雕龙·事类》:"事类者,盖文章之外据事以类义,援古以证今者也。"[2]所谓事类,就是引用成语典故来表达自己的思想感情,借古昔的事来比譬现今的事。多用于表达幽隐难言之情。

(3)形容。诗歌中常用形容词来表达情意,摹拟事物,达到生动、自然、逼真的效果。

(4)夸饰。即用夸张的手段,把客观的事物夸大若干倍,以增强作品的感染力。如李白的名句:"飞流直下三千尺,疑是银河落九天。"

---

[1] 转引自黄叔琳《文心雕龙辑注》,中华书局1957年版,第323页。
[2] 同上书,第333页。

(5) 渲染。又称铺张。为增强诗的艺术感染力,作者反复咏叹,不厌重复,以加深读者的印象。

2. 避讳禁忌

(1) 落韵。又称出韵、犯韵。近体诗一首只用一韵,不能出现一个以上的韵。

(2) 趁韵。又称凑韵。凡是韵字,都要和全诗用意相关联。如果说用上不关联的字,就算是趁韵。

(3) 失对。近体诗一联中,上、下两句必然要平仄对称。若上句是"仄仄平平仄",下句就应是"平平仄仄平"。如果不对称,就叫做"失对"。若在某种不得已的情况下,不得不更动其中一句平仄位置,成了拗句,那就必须要有救句。或在本句救,或在上、下句救,如果不救,就算失对。

(4) 失粘。近体诗上、下两联要互相粘连。即下联出句的第二字要和上联对句的第二字平仄一致,平粘平,仄粘仄。如果说不相粘连,就叫做失粘。

(5) 合掌。在律诗一联之中,上、下句用意重复,两句只是一个意思,犹如两只手掌合拢在一起那样,所以称为合掌。如"马上逢寒食,途中属暮春",其中,"途中"、"马上","暮春"、"寒食"即为合掌。

(6) 难字。诗中不宜用难字,因为字义艰深,就会使词意晦涩,使读者不能得到明确的概念,产生消极效果。有的人故意在诗中用几个难字以示深奥,是极不可取的。

(7) 险韵。用生僻字做韵脚,押起来十分艰险,这种韵,诗家称为险韵。险韵诗不过是文人逞才之作,实无任何意义。

(8) 重字。作近体诗,一首诗里面不能有相同的字。再有,一韵之中的同义字,也算重字。如麻韵的"花"、"葩",阳韵的"芳"、"香",尤韵的"忧"、"愁"之类,同押于一诗,便重复可厌。

(9) 上尾。邻近的两联出句句脚声韵相同就是上尾。如果是四个相同或首句入韵,而其余三个出句句脚声韵都相同,就是严重的上尾。

(10) 倒语。语词有上、下顺序,不可颠倒使用,用来迁就韵脚。古人常论,大凡山河、廊庙之类,可以颠倒通用。但是如果是天、地,便绝不可以颠倒使用。

【思考与练习】

1. 简述中国诗歌的发展,收集、评价各时期的重要代表作(可分小组进行)。
2. 分析比较《诗经》中的弃妇诗《氓》和现代诗人李季的《王贵与李香香》。
3. 简述诗歌创作应把握的要点。
4. 以"春"为题,创作一首小诗,并将其与附诗比较。

春

张大成
山羊嚼你成
片片新绿
耕牛踏你出
涓涓清溪
鸽哨和鸣你
风筝招贴你
巧手绣你作
异彩缤纷
时代把你联网给
未来世纪①

第二节 散 文

一、散文的源流及概念沿革

在中国散文的历史发展过程中,关于什么是散文的问题,并不

---

① 张大成《春》,《北京晚报》1996年4月18日。

是从来就有的,观念上也不是从来一致的,散文的范畴在不同的时代有不同的理解。五四新文化运动以来,经过理论家的自觉倡导与作家的创作实践,散文才逐渐地由宽泛的"文类"演变为一种文学"文体"。

(一) 古代散文的渊源及概念:散体文章

在古代文学史家的研究视野中,散文的产生仅稍晚于诗歌,被视为语言与逻辑发展的结果,亦即我们今天指称的文章,而不是一种抒情性的文学体裁。这一看法有其客观性,也与中国古代将诗与文相对举的散文观念一致。中国古代往往将有韵的文字称之为诗,无韵的文字,即所谓的散体,统称为散文,认为散文是诗、词、曲、赋之外一切非韵文章。从文章的发展历史看,上古的时候,人们的文体意识比较模糊,并不辨明文体,散体文章的出现首先是为了应用,有着很实用的目的,而不是抒情写意。殷商时期的甲骨卜辞以及后来的吉金铭文虽有记事,但其存在都相当于文字档案。中国古代最早的一部散文总集《尚书》的主体是应用文。先秦散文包含了诸子散文与历史散文,儒、道、法、墨等诸子散文各执特色,但是,它们都不是作为自觉的散文文体生成的,而是作为学术著作而存在的。至于《左传》《国语》《战国策》,其本意在于记史。先秦时期,除诗经、楚辞之外,几乎所有的典籍都被称作散文,那时的"散文",是一种范畴宽泛的文类,并不具有独立的文体风格与审美特质。不过,在先秦散文的叙事、说理中已经孕育了审美的因子:文辞简约、自然,句式上散韵相杂,具有一定的形象性及思想性。

到两汉,人们对文体的认识较之前代有所进步。由于散文和辞赋的发展,汉人使用"文"、"文章"指称有文采的书面语言,这时的"文学",指的是"文"的学问,即文章的学问。贾谊、司马迁、司马相如等散文家与辞赋家被视为文章家。当时,人们将有文采的文章与学术著作和经学区分开来。司马迁的《史记》集史传散文与诸子散文之大成,使散文发展到一个新高度。《史记》中有大量的具体叙述与生动的描写,人物形象栩栩如生,场景描绘壮丽如画,在题材处理、语言运用上,都富于艺术特色。之后的班固,也在写史的过程中,对散文的发展作出了贡献。汉代最主要的文体是"汉赋",如贾谊的《吊屈原赋》、枚乘的《七发》,极力铺陈夸张,讲究句式与词藻。汉赋发展到南北朝时,演变为骈体文,并在文坛上形成了一种唯美的绮丽文风。不过,从写作技巧的角度看,汉赋及后来的骈体文在描写与抒情等表现手法的丰富性上,都对后代的散文有过不可忽视的影响。

魏晋时期,文章写作理论进入"自觉的时代",有文采的文章与学术进一步分离。陆机的《文赋》将文体分为10类,并逐一阐释它们各自的特点。刘勰在《文心雕龙》中细致、具体地剖析、区分了文体,仅作为篇名标出的文体就达33种。他依当时流行的观念辨析了"文"与"笔":"文"指韵文,包含一切具有节奏韵律的诗、骚、赋和乐府;"笔"指非韵文,即韵文以外的记叙、议论、抒情性的文章,其中既包括诸子散文、史传散文在内的文学性文章,也包括奏启、书记、章表、议对等实用文章。在刘勰看来,"文"、"笔"都属于"文"的大范畴,只不过较之"笔","文"更富于文采与情感色彩。

古代散文从东汉渐趋整饬对偶,魏晋时形成了骈体文,到南北朝时,骈词俪句成为文章的主要形式。骈体文对偶工整,词藻华丽,崇尚用典,音韵优美,但其刻意求工的倾向逐渐引致形式主义的弊端。除少数有内容价值的作品外,大多内容空虚、艳靡,为形式美所累。正是在这一背景下,才有了唐宋的"古文运动",即"散文运动"。

唐宋的"古文运动"是中国古代散文发展继先秦之后的又一个高潮,也是散文的一个初步自觉的时代。中唐以后,韩愈、柳宗元提倡"古文",主张向先秦散体文章学习,反对形式主义的骈体文。这里的古文,是指汉以前的散体文,语言长短不拘,以现实生活为表现内容,即散文。在概念上,当时尚未出现"散文"之称,不过,骈体文的出现为散文概念增加了"散"的内涵。宋代的欧阳修、苏轼继承韩、柳传统,把古文运动推向了高潮,并影响到明清。此后,一直到晚清,散体文章与骈文在文坛上并驾齐驱。唐宋时期,伴随着大规模的文体改革运动,出现了以唐宋八大家为代表的大批的优秀散文作家。韩愈、柳宗元提出"文以载道",主张恢复儒家思想的正统地位,重视文章的思想内容,要求不受束缚地表达自己的思想。他们分别创作了大量题材广泛、明白晓畅、富有思想性或审美情趣的典范的散文篇章,如韩愈的《师说》、《进学解》、《祭十二郎文》,柳宗元的《捕蛇者说》、《段太尉逸事状》及"永州八记"等等。柳宗元的"永州八记"寓情于景,托物寄兴,文笔清新秀丽,开山水小品之先河。古文运动由唐到宋渐次呈现出繁荣的景象,从王禹偁、范仲淹,到欧阳修、苏轼父子、曾巩、王安石等等,一时间名家纷出,创作上各有千秋,不仅题材得到了拓展,在散文的叙事、议论、抒情的发展上也有很高的成就,唐宋散文蔚为壮观,如王若虚所言:"散文至宋始是真文字。"(《滹南遗老集·文辨》)

古文运动延伸到明清,创作题材与表现内容有了突破性的发展,直接启迪了现代散文。明代李贽的"童心说"、袁宏道的"独抒性灵说",其实质都是要将散文写作从儒家道统的束缚下解放出来,成为自由抒发真情的工具,在古代文论史上有着卓越的贡献。在这一背景下,以归有光以及公安派为代表的明代小品文创作在题材上、内涵上、审美意向上、表达方式上都较之前代有新变,创作更趋自由。值得一提的是题材的开拓,在归有光、袁宏道三兄弟等人的作品里,举凡山水风光、世俗民情、个人细故均可入文,且能够以审美的眼光去观察、描绘,不吝于抒写表现富于人情味的真挚情感,任情随性,声态并作。归有光的《项脊轩志》、《寒花葬志》堪为经典,包括后来袁氏兄弟的抒情小品,对五四时期现代散文的萌生都有深刻影响。至于篇章严谨、简练典雅的清代桐城派古文、阳湖派古文也不容忽视。

总体而言,通过考察中国古代散文,我们可以看到一条大致的轨迹:中国古代的文体意识从无到有,但始终都没有"散文"这一文体概念,散文属于学术著作以外的普通文章,是一切非韵非骈的散行文章,是容纳了多种文体的杂体文章,是一个包含了各种文学与非文学文体在内的庞杂的文章系统,而不是文学观念上的文学体裁。今天我们所总结的中国古代散文传统乃是以现代散文观念为参照,对古代散体文章所表现的认同与总结。在中国古代,散文的观念有二:一是在与韵文相对称时的散体文章;一是与骈体文相对举时的散句单行、不事雕琢的散体文章。不过,不管在哪一种观念下,在唐以前,都没有出现过"散文"这一名称。据考证,"散文"一词最早出现在南宋罗大经的《鹤林玉露》里。书中引杨东山论文说："山谷(黄庭坚)诗骚妙天下,而散文颇觉琐碎局促。"此处的散文显然是相对于诗歌而言的散体文章。书中又引周益公(周必大封益国公)之语："四六(指骈体文)特拘对耳,其立意措词贵浑融有味,与散文同。"这里所言的"散文"乃是与骈文相对的散体文章。

整个中国古代,散文都是从写作的形式上加以区分的一个杂陈的文类观念,包含了一切文学与非文学的文章样式,是一个具有某些文学因素的非文学范畴。"五四"以后的现代作家及理论家,在回顾古代书面语言的历史时,从现代的文学观念出发去总结梳理历史,从古代散体文章中离析出具备文学性质与特征的篇章,在对这些篇章的再认识中,兼以借鉴西方的"散文"写作,由此促成了中国现代散文的诞生。

(二)散文的现代演进及概念:文学体裁

五四新文化运动以来,受西方文艺理论的影响,文学与非文学发生了剥离,与此同时,散文的文学性质也得到众多作家的强调。1917年5月,刘半农《我之文学改良观》首次提出"文学散文"的概念,以区别于"文字的散文"。此后,傅斯年、周作人、王统照、胡梦华等纷纷把散文分为文学的与非文学的两类。1921年6月周作人发表《美文》,倡导"记述的"、"艺术的"叙事、抒情散文,即"美文"。周作人还指出:"小品文则在个人的文学之尖端,是言志的散文,它集合叙事说理抒情的分子,都浸在自己的性情里,用了适宜的手法调理起来,所以是近代文学的一个潮头。"(《近代散文抄·序》)胡梦华则认为:"絮语散文是一种不同凡响的美的文学。它是散文中的散文,就同济慈是诗人中的诗人。"(《絮语散文》)在赋予散文以"美"、"文学"、"艺术"的同时,"五四"文学家在对西方文学的"三分法"进行消化和改造时,将散文与诗歌、小说、戏剧并列视为文学样式。对中国现代文学有过重大影响的《中国新文学大系》更是以创作范式与理论批评话语将文学的"四分法"总结规范下来。

与此同时,以小品散文为热点的创作勃兴成熟起来,创作名家纷纷涌出:周作人、鲁迅、朱自清、俞平伯、冰心、林语堂、郭沫若、郁达夫、郑振铎、许地山、沈从文、王统照、叶绍钧、徐志摩、川岛、钟敬文、梁遇春、茅盾等等,创作了大量的白话散文小品,形成了各自的风格。散文小品的创作成绩,提高了散文的地位,一时间小品文成为引人注目的文体,正如鲁迅所言:"散文小品的成功,几乎在小说戏曲和诗歌之上。"①

由于古典散文特质的模糊性,五四时期,尽管有了自觉的理论倡导,对散文的性质进行了深入的探讨,但是,在创作上,人们的认识还有着明显的差异性,散文的文体界限仍不明晰,杂文、随笔、小品、速写、游记、特写、通讯、报告文学、人物传记等等,仍然被收编在散文这一概念之下。直到20世纪30年代小品文的论争中,小品散文的特质才在散文家族的进一步分化中渐渐清晰。经过这一场论争以及众多作家尤其是鲁迅的创作实践,由当年《新青年》杂志开辟的"随感录"发展而来的小品文家族中的"杂文",成为特征明显的独立文体品类,这为日后文学散文,或言艺术散文的独立打下了基础。尽管散文还指涉除诗歌、小说、戏剧以外几乎一切带有一定文学色彩的文体,但"美文"、"纯散文"、"絮语散文"、"抒情小品"、"散文小品"、"抒情散文"等概念已标示出散文的审美功能,即其艺术性得到了充分强调,此时的散文已被视为旨在表现个人情韵与性灵的载体,从具有广泛意义的散文文类家族中逐步获得独立的艺术性文体品格。

现代散文成就的主脉是艺术散文,倡导者们为现代散文的创建提供了明清小品文的文体范式,同时还主张吸纳英国随笔("Essay",通常译作随笔,也有译作美文、小品文、絮语散文)的精华,如周作人所言:"中国新散文的源流我看是公安派与英国的小品文两者所合成。"②经过几年的创作实践,郁达夫在《中国新文学大系·散文二集·导言》中为现代散文的特征作了总结,以区别于

---

① 鲁迅《小品文的危机》,见《鲁迅全集》第4卷,人民文学出版社1981年版,第576页。

② 周作人《燕知草·跋》,见《中国新文学大系·散文二集》,上海文艺出版社2003年版,第218页。

"文以载道"的古典散文:"现代散文之最大特征,是每一个作家的每一篇散文里所表现的个性,比以前的任何散文都来得强。古人说,小说都带些自叙传的色彩的,因为小说的作品里人物可以见到作者自己的写照;但现代的散文,却更是带着自叙传的色彩了,我们只消把现代作家的散文集一翻,则这作家的世系、性格、嗜好、思想、信仰以及生活习惯等,无不活泼地显现在我们的眼前。这一种自叙传的色彩是什么呢?就是文学里最可宝贵的个性的表现。""个性的表现"、"抒情"、"自由"等特点逐步成为现代以来的散文文体特性,散文的文学特性越来越得到彰显。20世纪三四十年代,由于"左联"的大力倡导,及时反映社会事变的报告文学也逐步壮大起来,散文家族分蘖裂变的趋势日益显明。

(三)散文的当代文体定位与概念:文学体裁

当代散文在观念上继承并发展了现代散文观,建国初期的散文观沿用的是"五四"以后较宽泛的散文观。杂文、报告文学、通讯、传记文学等原有散文家族的成员进入当代更为壮大,作为独立文体的特征更加鲜明,这再次引起了人们对于散文的思考。20世纪60年代初,《人民日报》专门开辟了"笔谈散文"专栏,巴金、秦牧、柯灵、徐迟等作家、评论家围绕散文的题材范围、特点、表达技巧各抒己见。笔谈继承了现代散文观念:其一,进一步确认散文是与诗歌、小说、戏剧并列的一种文学样式或体裁。秦牧把散文看做是"文学树"上的一枝花。其二,认为散文有广义、狭义之分,广义包含报告文学、杂文、游记、随笔、速写、特写、抒情散文等,狭义则仅指抒情散文。巴金在《谈我的散文》中指出:"有特写、有随笔、有游记、有书信、有感想、有回忆、有通讯报道……总之,只要不是诗歌,又没有完整的故事,也不曾写出什么人物,更不是专门发议论讲道理,却又不太枯燥,而且还有一点点感情,像这样的文章我都叫做'散文'。"这段话对广义散文的特征作了概括。不过,自现代以来,在报告文学、杂文、通讯、传记文学等文体成熟壮大的过程中,它们逐步获得了独有的文体特征与概念,在特征上与狭义散文渐渐分崩离析,自立门户,广义的散文概念逐渐被空置,失去其具体的内涵所指。较之现代,当代散文的发展体现为散文家族的各成员逐步壮大成熟并分别独立成体,这是文体发展的自然趋势。

自"五四"以来,尽管散文的观念在文体分化中趋于窄化,但是散文的概念始终是含混与错杂的,见解难以统一,对散文特质的解说也因为历史的原因而呈现出模糊性、复杂性和不确定性,命名存在着品种外延交叉、称谓混乱等现象,而散文概念的多层次性、多含义性又影响到散文特质的定位。俞元桂曾感慨地说:"自'五四'迄今,文学散文这个概念始终未加统一规范和界定。"①及至20世纪八九十年代,以"抒情散文"为主导的艺术散文得到了空前的发展,而以理性说理见长的"随笔"也得到了长足的发展,两种文体呈鲜明的离析倾向,在艺术性散文的特质日益彰显的过程中,散文作为文学体裁的概念界定在新时期以来的散文研究界得到了进一步的强调。

八九十年代以来,由于创作的极大繁盛,散文的文学艺术性越来越鲜明,人们无法忽视近一个世纪以来这一文体所拥有的越来越成熟的内在规定性,在强调散文文学特质的情况下,刘锡庆在不同的文章中对散文概念作了总结并给以独到的表述。他认为:"创作主体以第一人称的'独白'写法,真实、自由的'个性'笔墨,用来抒发感情、裸露心灵、表现生命体验的艺术性散体篇章,即谓之散文。"②本书就采用这一狭义的艺术散文定义,或言文学散文定义。

在分类上,散文大致有两大类别。

1. 记叙性散文

记叙性散文是以叙述人物或事件为主要内容,也称叙事性散文。它大多以第一人称的口吻,围绕"我"的所见所闻叙述人、事,表达情感感受,行文中也可以描绘景物,如鲁迅的《从百草园到三味书屋》、许地山的《落花生》。

2. 抒情性散文

抒情性散文是以抒发作者的主观感情为主要内容。与叙事性

---

① 俞元桂《现代散文理论·前言》,广西人民出版社1984年版,第3页。
② 刘锡庆《艺术散文:当代散文的审美规范》,见贾平凹主编《散文研究》,河北大学出版社2001年版,第277页。

散文相比,抒情散文的感情更为强烈,想象丰富,语言富有诗意。这类散文主要是通过写景状物来抒发主观感情,或写景抒情、情景交融,或托物言志,景与物往往是作者情感的寄托物。抒情性散文也可以写人,但其目的不在于记叙,写人只是艺术手段,其目的是捕捉人物最有特征的地方,借助人物的某一点抒发作者具体而深切的情感。这一类散文有何其芳的《独语》、茅盾的《黄昏》、丽尼的《鹰之歌》、臧克家的《老哥哥》等等。

除以上两类散文外,还有一类随笔性散文,即兴而生,有感而发,其特征上以说理为主,有时又辅以记叙、抒情,但记叙、抒情不拘泥于自我。较之杂文而言,其说理性又较为平和、亲切,如巴金《随想录》中的大部分篇章。在散文的归类上,随笔性散文较为边缘化。20世纪八九十年代以来,随着随笔性散文的发展与成熟,它已逐步成为一种独立的文体。

二、散文的文体特性

(一) 素材的真实性

散文是各种文学体裁中最接近生活真实的文体,描绘真人真事,抒写真情实感是散文的重要特征。散文作家所写的主要是自己的所见所闻、亲身经历及真切的感受,散文的素材或者是作家的亲身经历,或者是通过读书、调查积累的材料,"描述真人真事是散文的首要特性"。"(作家)要把时间的经过、人物的真容、场地的实景审查清楚了,然后才提笔伸纸:散文特写决不能仰仗虚构。它和小说、戏剧的主要区别就在这里。"[1]新时期作家王安忆也指出:"我以为小说和诗都是虚构的产物,前者是情节的虚构,后者是语言的虚构。而散文在情节上和语言上都是真实的。它在情节上和语言上都无文章可做,凭的倒都是实力。"[2]散文中的艺术形象,不

---

[1] 周立波《散文特写选·序言》,人民文学出版社1963年版,第10—11页。
[2] 王安忆《情感的生命——我看散文》,见《重建象牙塔》,上海远东出版社1997年版,第8页。

像小说那样靠"典型化"过程塑造，而是来自生活现实，凭借对现实生活原料精心的选择、剪裁和精巧的构思来完成。

散文并不排斥想象与联想，丰富的想象与联想是一切艺术作品所不可缺少的，有些散文作品完全靠想象，尤其是联想缀文，只是散文中想象与联想的生发，要以可靠的现实生活为内容。如鲁迅的《阿长与山海经》、《从百草园到三味书屋》叙述的都是早年真实的生活片断，抒发了作者的怀念之情，颇为感人；冰心的《一只木屐》则几乎全凭联想编制成文，而晚年所作的《我梦中的小翠鸟》则是对于梦境的真实描述。

散文强调真实性，意味着要说真话、写真事，还要有感而发，写出对生活与现实的深挚的情感、情怀。散文的真实性，并不就是科学意义上的客观真实，在作者所写的事件上、人物上、情景之上，往往因为融合了作者的主观感受因素，可能会使作者笔下的艺术形象与客观事物所呈现出来的面貌之间有所出入，这一矛盾说明，散文的真实性指示的首先是杜绝无中生有的凭空编造。此外，散文更追求心灵的真实，作者的感受应该是真性情的自然流露，"虚假是散文的大敌！雕琢和造作会使散文受到致命的损伤！"[①]无论是表现方法上的雕琢，还是写作态度上的造作，都是一种情感表达的不真实。老一代的文艺理论家杨晦曾指出："我以为文章应该完全是内心真实的表现，所以，随处都是个人的自传与自白。夸张自然无聊，掩饰也有失本色。"[②]所谓摒弃夸张与掩饰，就是要求写作者坦诚、坦白地面对读者，而不是自欺欺人。巴金在《随想录》中多次提到，要"把心交给读者"，他自己在散文创作中总是以一颗火热的心，鲜明地表达自己的是非观，坦率而真诚地表达自己的情感，毫不掩饰。

（二）形式、题材的自由性

通常而言，散文的篇幅相对短小，形式却灵活自由，不讲套路。

---

① 林非《散文研究的特点》，见《林非论散文》，江西高校出版社2000年版，第32页。

② 转引自刘锡庆《论散文创作》，见《散文新思维》，河北教育出版社1998年版，第128页。

从写法上,有侧重写人记事的,如鲁迅的《为了忘却的纪念》、巴金的《怀念萧珊》、孙犁的《亡人轶事》、黄秋耘的《丁香花下》、张洁的《拣麦穗》;有叙事抒情的,如丁玲的《牛棚小品》、杨朔的《海市》、魏巍的《依依惜别的深情》;有抒情写景的,如刘白羽的《日出》、李广田的《花潮》等;有咏物抒情的,如茅盾的《白杨礼赞》、周涛的《稀世之鸟》、冯骥才的《珍珠鸟》等;有游记、日记,如沈从文的《湘行散记》、郁达夫的《方岩记静》、钟敬文的《碧云寺秋色》;有裸现个人精神历程及感悟、体验的,如史铁生的《我与地坛》、张承志的《静夜功课》、张炜的《融入野地》、唐敏的《女孩子的花》等等。总体上说,自现代以来,散文的写法不断地在拓宽,以满足自由表达的需要。从表现风格看,散文创作,有长于工笔细描手法的,如朱自清的《温州的踪迹·绿》、《荷塘月色》;也有采用白描手法的,如朱自清的《儿女》、《给亡妇》。独立成体的散文还可以以各种体裁形式出现,如小品、随感、书信、日记、游记、速写等等。总之,散文在写法形式上不拘一格,以恰当地表现自我为目的,没有严格的限制与固定的模式。

  同诗歌、小说、戏剧比较,散文不求结构的圆融,不需要完整的故事情节,不需要塑造人物形象,也不需要设计戏剧冲突。朱自清在《〈背影〉序》中说:"抒情的散文和纯文学的诗、小说、戏剧相比,便可以见出这种分别,我们可以说,前者是自由些,后者是谨严些……"散文以外的文学体裁都强调结构的完整性与严密性,而散文则可以随意,恰如李广田所形象描绘的:"诗必须圆,小说必须严",诗如"浑然无迹的明珠",小说则是"静心结构的建筑",而散文"很像一条河流,它顺了壑谷,避了丘陵,凡可以流出它都流到,而流来流去却还是归入大海,就像一个人随意散步一样,散步完了,于是回到家里去"①。至于其表达方式,更是可以自由调度。季羡林这样认为:"我觉得它兼有抒情与叙事之长。你可以用一般散文手法来写,你也可以用散文诗手法来写,或如行云,舒卷自如;或如

---

① 李广田《谈散文》,转引自《中国现代散文理论》,广西人民出版社1983年版,第148页。

流水,潺溪通畅;或加淡妆,朴素无华;或是浓抹,五色相宜。长达数千字,不厌其长;短至几百字,甚至几十字,不觉其短。灵活方便,得心应手,是表达思想、抒发感情、描绘风景、记述见闻的最好的工具。"①

在语言表达上,散文同诗有较大的区别,散文与诗虽然都是以抒情为主的文学体裁,但比较起来,散文的语言不像诗那样讲究音韵声律,故意打破语言的常态以求表达的独特,散文的运笔较为自由灵便。余光中在将诗与散文作了比较之后说:"散文乃走路,诗乃跳舞;散文乃喝水,诗乃饮酒;散文乃说话,诗乃唱歌;散文乃对话,诗乃独白;散文乃门,诗乃窗。"②

散文的自由性还体现在取材的自由与广泛上。它可以写人、叙事、写景、咏物,也可以怀旧、访友,也可以描写风土人情;可以细摹花鸟虫鱼,也可以纵览国际国内风云;可以直抒胸臆,也可以描摹写真。60年代初周立波在《散文特写选·序言》中指出:"内容真正广阔到极点,举凡国家大事、社会家庭的细故,掀天之浪,一物之微,自己的一段经历、一丝感触、一撮悲欢、一星冥想,往日的凄惶,今朝的欢乐,都可以移于纸上,贡献读者。"与对材料要求相对较高的叙事文学相比,散文对题材的要求并不严格,一般来说,它不需要追求完整的故事情节(甚至往往没有一个贯穿全篇的事件),不需要以塑造性格丰满、突出的人物形象为主要任务,不需要强化矛盾冲突,它往往是靠对某些生活片段、生活画面的描绘抒发感情,表现作者对现实生活的感受体验。而小说要求有完整的故事情节,要求刻画出人物的性格特征和人物性格成长的历史,还要求有人物性格形成的典型环境;戏剧以人物对话推动剧情发展,要求有人物对话、活动构成的集中的矛盾冲突,最终完成人物形象的塑造,表现主题;诗歌的题材要求有浓郁的情韵与诗意内涵。不管是鲁迅、周作人的散文,还是杨朔、秦牧的散文,亦或是史铁生、余秋

---

① 季羡林《朗润集·自序》,上海文艺出版社1981年版,第2页。
② 余光中《缪斯的左右手》,见《余光中集》第七卷,百花文艺出版社2004年版,第322页。

雨、周涛的散文,在题材取向上都显然有别于其他文体,同时又有它们内在的共通性。

(三)审美意蕴的抒情性

在西方,亚里士多德最早将文学体裁划分为叙述类、抒情类、戏剧类三种。在"五四"以来的四种文学体裁中,如果将散文同小说、戏剧、诗歌相比较,显然,散文更接近于诗,这是因为,散文与诗都是抒情性的文学,具有表现个人内心情感的性质。"散文创作是一种侧重于表达内心体验和抒发内心感情的文学样式,它对于客观的社会生活或自然图景的再现,也往往反射或融合于对主观感情的表现中间,它主要是以内心深处迸发出来的真情实感打动读者。"① 散文也有写人记事的,但它的任务不在于塑造典型环境下的典型人物,不在于展开有头有尾的故事情节,它记写人物的生活片断,截取事件的片断与细节,旨在抒发感情,表现作者丰富的情感世界。散文的写景、状物,更是有感而发,抒怀写意。在散文中,一般没有完整的故事情节,少量的情节、细节片段的存在也是作者情感表现的凭借物。

散文的抒情不是表达方式、表现手法意义上的抒情,它是文体内在气质的呈现。散文与诗都以抒情见长,但两者的区别是明显的。散文注重写实,较多使用联想,诗歌较为空灵,更注重想象;散文形式与题材灵便自由,语言较少束缚,而诗歌注重形式美,讲究音乐性、节奏感。如果我们将苏轼的《念奴娇·赤壁怀古》与他的散文《赤壁赋》,将徐志摩的《再别康桥》与他的散文《我所知道的康桥》相比较,我们就可以看到诗歌与散文的抒情性的差异。不过,在文体的美学意蕴上,散文与诗都是人们内心蓄积的情感宣泄的产物。在散文中,无论是叙事、写景、状物,并不侧重于再现外在客观世界的不同或偏重于用话语的意义去讲述故事或事物的不同,而是侧重于表现个人的内在主观世界。我们在读鲁迅的《阿长与山海经》、萧红的《回忆鲁迅先生》、巴金的《小狗包弟》、魏巍《我的老师》时,我们为作品中的形象所打动,但这些形象乃是作家心目

---

① 林非《散文创作的昨天与明日》,见《林非论散文》,第47页。

中的形象,融会了作家的感情,也就是说,我们总是为作家在作品中注入的情感因素所打动。正是生活中的人、事、物使我们悲痛,使我们欢乐,使我们忧愁,使我们深思,使我们感动,才有了创作散文的需要。不管是人们在对散文进行分类时提到的叙事散文,还是抒情散文,抒情性都是蕴藉在散文中的基本因素,它或显或隐地附着在作者所叙述、描写的对象上,或由作者直接倾诉出来。

(四) 叙述视角的自我性

散文是用自由之笔抒发作者"我"的个性,显示"我"的人格的文学,"我"是散文的中心。自五四新文化运动以来,作为"个人文学之尖端",优秀的散文大都自如而充分地表现了作者的个性、人品、性格、情感、思想及精神,而不是代言集体的观念与感情。

一般而言,散文是以第一人称的写法叙述的,在叙述人称上有时也有变化。不过,"作者不论是抒情、叙事、说理,亦不论使用的是第一人称,还是第二、第三人称,其实质,无不是在抒我之情,表我之意,言我之志,'处处皆有我在'"[①]。叶圣陶也曾指出:散文作品中不仅意见、主张要是个人的,"便是细到像游丝的一缕情怀,低到像落叶的一声叹息,也要让我认得出是你们的,而不是旁人的"[②]。在散文中,创作主体"我",即是真实的"作者"本人,"我"是散文审美的重心。与散文的抒情性相联系,散文的自我性,就是指以第一人称的视点,表现自我内心世界的活动,表现自我对于客观外在的主观感受,表现我的经历与体验、欢乐与悲伤、性情、情趣、嗜好、意志,以"我手写我心"(朱自清)。散文多用第一人称,不仅是像小说一样为了叙述的亲切、自然,更是为了更好地表现作者鲜明的个性。作家刘庆邦指出:"按照自己对散文的理解,我把在小说舞台上的操练比做演戏,那么,到了散文舞台上,我就卸去所有的戏装,什么也不表演,只在台上亮一亮相,以此告诉人们:这是

---

① 佘树森《散文创作艺术》,北京大学出版社 1986 年版,第二章。
② 转引自刘锡庆《论散文创作》,第 117—118 页。

我。这种亮相可能会彻底暴露自己,会搭上'血本'……"①作为个人文学的散文是以写作者的个性魅力取胜的,是作者的"自叙传"或"内心独白",它为写作者提供了一块心灵的栖息地,在这块栖息地上,写作者可以放下面具自由言说人生的欢乐与痛苦。当然,要想艺术地袒露自我真实的内心世界,需要作者非凡的勇气与智慧。倘若我们一味地忽视自我,或者遮掩自我,在散文的写作中,不能直抵生命的本真状态,我们就难以写出富有感染力的佳作。

三、散文的写作

(一)因情而动的立意

立意在写作活动中占有重要的地位,在散文的写作中同样重要。这就是郁达夫指出的:"我以为一篇散文的最重要的内容,第一要寻这'散文的心';照中国旧式的说法,就是一篇的作意,在外国修辞学里,或称作主题或叫它要旨的,大约就是这'散文的心'了。有了这'散文的心',然后方能求散文的体,就是如何能把这心尽情地表现出来的最适当的排列与方法。"②"散文的心"就是散文所要表现、抒写的核心内容,也就是散文的立意。散文的立意,在其形成过程上,与其他文章有相似之处,但也有其独特之处,这首先在于散文的立意总是缘于抒发真情的需要。我们所读的李密的《陈情表》、韩愈的《祭十二郎文》、巴金的《怀念萧珊》、孙犁的《亡人逸事》,都有着浓郁的抒情因素。

作为主情的文学样式,散文无论写人记事、写景状物,都要在真切感受的基础上有感而发,倾吐自我真诚、独特、深厚、有个性的感情。这使散文的立意不是建立在理性表达思想的需要上,而是建立在抒情表达的意图上。不仅如此,散文的"意"不是虚幻无据的,也不是学术研究的结果,而是立足于深厚的生活土壤之中,要

---

① 刘庆邦《姑妄言之》,见贾平凹主编《散文研究》,河北大学出版社2001年版,第65页。

② 郁达夫《中国新文学大系·散文二集导言》,第4页。

获得它,必须依靠对生活深入的发现、感受、体验,离开了生活将难以产生打动人心的散文的"立意"。因此要确立散文的"意",就要从现实生活感受出发,凭借敏锐的感受能力、细腻独到的观察能力、深厚的情感因素、深沉的思考力与自由的想象能力,去捕捉那些触动过我们心灵的生活感悟,打动过我们情感的或让我们的灵魂得到过升华的人与事。散文是自我的文学,它必然要建立在自我对于生活的发现与体验之上。

散文的立意方法、过程与其他文体有相似之处,也有其独特之处。一般来说,狭义的"文章"的立意,是完全理性的、逻辑思考的结果,有的完全是建立在对资料的研究上,是思想的结晶。小说与戏剧内容容量大,结构复杂,其主题凝聚了作者对社会人生的广泛的思考,对生活的概括力强,所能容纳的主题意蕴也更为丰富、复杂。散文则不同,散文主题的形成与诗歌相似,它或者来自于灵感,或者来自于生活中的情感对应物,即"动情的事"或"寓意物"与作者经年积累的感情发生碰撞,形成"动情点",作者的感情受到外在事物的触动,爆发成创作的需求与欲望,并由此提炼凝结而成作品的主题。提炼散文的主题,就是要以作者一瞬间的灵感萌动或者以作者情感受到触发的"动情点"为出发点,积极地把握生活,调动联想及触类旁通的能力,将对生活的体验集中、提纯、深化,形成情感判断,并在反复求索、印证中强化情感的辐射力,在去粗取精、反复锤炼中,进一步升华立意的品位。

散文的立意较为强调以新取胜。要实现其新颖性的追求,写作者要培育敏感的触角,善于感受生活,善于发现,对生活作深入的体验,要独具慧眼,能够从不同的角度观照人、事、物,能够观察到别人未曾注意的东西,能够在平凡中发现不平凡,并拓展思路,以丰富的阅历与知识面将思考深化。同样是写北京,郁达夫的《故都的秋》、钟敬文的《碧云寺秋色》、杨朔的《香山红叶》、秦牧的《社稷坛抒情》、史铁生的《我与地坛》,在表现内容上、作品蕴含上截然不同,主题意蕴的开掘各有特色,这种差异来自于不同时代的差异,更来自于作家个体内在的差异。

在散文立意的过程中,一刻也离不开作者心灵对生活的灼照,在某种意义上,散文立意的格调高低、品格优劣以及境界的深浅与创作主体密切相关。立意的主体是作者,作者要以丰富的、积极向上的、健康的情感陶冶人们的心灵,作者自身首先要培养丰富、敏感的内心世界,成熟、健康的人格品位,博闻多识的内在蕴藉以及对于生活的热爱,很难想象一个不热爱生活的人、一个内心贫乏的人能够创作出具有境界的优秀散文作品。

(二)灵巧随心的文本建构

散文创作发自于灵感或者是外物对作者情感的触发。触发作者情感的对应物可能是让作者动情的人和事,也可能是富含寓意的景、物。不管是来自灵感,还是情与物发生碰撞并产生感应,形成主题,其契机首先源于主体情感的积累,往往是作者经由对某种生活的独特的感受与体验渐次积累起某种情感,不断地提纯、深化,一旦遭遇到客观生活的某个包孕丰富的感应点,即情感对应物,就有可能产生创作的欲求,找到构思的窗口。所谓"动情的事"或"寓意物",往往是那种对于作者来说内涵丰富、深邃的景、物,也可以是事情的一个角度,或是人物的某种情怀、个性、遭际,比如落花生之于许地山、背影之于朱自清、北京的秋天之于郁达夫、荔枝蜜之于杨朔、地坛之于史铁生等等。萌发构思之后,就要筹划如何将主题展开,也就是如何将作者心中零散的片断组合成艺术整体。这涉及艺术画面的拼接,行文的连贯、匀称,前后的组合、呼应等等,一方面要使情感表达自由随心,似浑然天成,另一方面又要做到思维缜密、精严,匠心独运。

散文的构思首先要确立体裁样式,散文的体裁样式可灵活处理,可以按一般的散体形式写作,也可以写成书信体、日记体、随感体等样式,不一而足,总之,要选择最能够恰当地表现自我的形式。

散文的构思离不开线索,对于写作者来说,将被激发的感情完整地表达首先要寻找线索,围绕线索连缀材料,结构篇章。刘熙载在《艺概》中说:"惟能线索在手,则错综变化,惟吾所施。"散文的材料往往并不像小说素材那样完整,而是一些错综复杂的生活片断与思绪片断,要将这些片断缀连为艺术整体,就要寻找一根红线,即线索。写作中,可以以感情发展为线索(如宗璞的《紫藤萝瀑布》、杨朔的《荔枝蜜》),可以以物为线索(如曹靖华的《小米的回忆》、孙犁的《黄鹂——病期琐记》),可以以人物为线索(如巴金的《愿化泥土》、冰心的《我的三个弟弟》),可以以思绪为线索(如秦牧的《土地》、张承志的《静夜功课》),可以以景物为线索(如碧野的《天山景物记》),可以以时间为线索(如刘白羽的《长江三日》),也可以以空间的转换为线索(如沈从文的《春游颐和园》)。

  总体来说,散文的结构类型较为灵活多变。其中,一部分结构类型最见匠心,也是最能体现中国现当代散文对于中国古典散文继承关系的结构类型。它精心考虑布局,讲究剪裁,借鉴了园林布局艺术技巧,正如叶圣陶在《苏州园林》里指出的:设计师们"讲究亭台轩榭的布局,讲究假山池沼的配合,讲究花草树木的映衬,讲究近景远景的层次。总之,一切都要为构成完美的图画而存在,决不允许有欠美伤美的败笔。"不少散文作品就像园林建筑一样讲究结构布局、层次、配合、映衬所造成的审美效果,精心设计文章的开、合、抑、扬等形式技巧,追求整体与局部关系的艺术性,力求在短小有限的篇幅内写出曲折。也有一部分散文结构则看似无拘无束,自由随心。这一类散文最能体现出散文的自由性特点,落墨之间随情感或意识、情绪自然流转的驱动而自然成文,求自然而不求精巧,这一结构方式在中国当代散文中得到了长足的发展,成为散文的重要结构形式。

  具体来说,散文的结构形式大致有以下几类:

1. 过程连贯式

  一般来说,这种结构方式内部或显明或隐藏地贯穿着一个时间过程,多个生活情景或意象、景物画面等依时间序列前后连贯地组接在一起,似断实连,脉络清晰,或是叙述人、物、事件的纵向演变过程,或是表现自己情感发展或心路历程的发展,或是以背景时间的转换为需要安排材料。如荷兰作家赫·布洛魁仁的作品《海的坟墓》就是以事件过程为线索记写的一则爱情故事;黄秋耘的《丁香花下》回忆的是早年参加学生运动时的一次美丽的邂逅经历。叙事性散文往往是以事件经过结构作品,不过,一般来说,它不像小说那样侧重情节的精细描摹,注重客观记录因果链,而往往只选取最动人的细节展现主题和作者的情感,事件的因果关系很少特别交代,且其中常常穿插着抒情与插叙。以情感或心路历程的发展线索组织材料的散文也比较多见,如杨朔的《荔枝蜜》等等。一些景物描写散文,写作者往往以游览的进程为序组织材料,如钟敬文的《太湖游记》、朱自清的《荷塘月色》。

2. 分列组合式

这种结构方式下生活的情景、意象、景物画面的展现不受时间进度的影响,在材料的安排上不显示为过程性的线性序列,而更近似板块似的组合拼接。各生活片断或画面之间并不一定互相关联,但往往包含了共同的性质、意义,或共同为某种情绪气氛所笼罩,正是在这种意义上,将它们拼接剪辑组合为一个艺术整体。如冰心的《笑》、孙犁的《黄鹂——病期琐记》、《亡人轶事》、史铁生的《我与地坛》、王英琦的《有一个小镇》等等。这种结构方式下,生活的片断、场景、镜头、意象、景物画面之间有时会形成并列、对比等多种结构关系。

3. 辐射式

这种结构方式是以非逻辑的、发散性思维方式营构文本,又称作蛛网式结构。一般都以一个点为核心,这个点可实可虚,围绕这一核心,文思向四面伸展,任情思自由游走,向各个方向连缀意象,纵横交织,但又都离不开作者的创作意旨,全文最终形成一种平铺状的网格结构。如巴金的《爱尔克的灯光》以灯光为中心,从一盏故居"昏暗的灯"跳跃到欧洲古老传说中姐姐的"爱尔克的灯光",再写到自己心灵中的"灯"。"灯光"是全文写作的中心,以灯光为中心连缀了各种"灯"的意象,在暗淡飘摇的"灯光"里,作者表达了执著地守望亲情但背弃故居的题旨意向。这种结构方式往往在思绪的跳跃中连缀相关意象,形成集中而丰满的散文情境,其丰满度来自思绪铺展的广度。

4. 意识流动式

这种写法将小说的意识流的表现法引入散文,以情感的意识流动为线索结构全文,展开对于主观意识与客观事物间互为交融的描写。如余光中的《鬼雨》就是此类结构的成功作品。《鬼雨》系悼念亡子之作,作品营造了一种如梦似幻的凄冷氛围,主要得益于意识流的结构。文中第一部分直接叙述由医院传来婴儿无救的消息;第二部分则写作者在课堂讲课的同时,脑海中浮现着小儿殁时悲痛情景的幻觉;第三部分回归纪实,写雨中葬子;第四部分通过给友人写信抒写感受,意识的流动由眼前的秋雨到古今的生死、历史的沉浮,在其中,丧子之痛得到了深化。这种结构方式较适合发掘作者内心世界的复杂变动,不受时间与空间有序流转的约束,时序、空间关系常常多线交错,相互渗透,经常采用内心独白、自由联想、象征暗示、通感、幻觉、拼贴画等手法,常呈现出意识的随意性、跳跃性等特点,方便主体情感情绪的宣示。

（三）散文的意象、意境与情趣

在文艺创作中,意象,又称作"审美意象",是作者寄托情思的表意物,是主观情意即作者的审美意识和人格情趣、情感体验与客观事物的有机融合。它是作者经由想象对经历过的现实生活进行加工生发,在头脑中形成的形象显现,即是记忆表象与直觉形象的再造。意象是从中国诗歌借鉴来的重要创作手段。诗与散文都是主情的文学样式,但作者的情感活动并不是抽象进行的或者是直白道出的,而往往要依附于表意之象,并在此基础上组合意象以表情达意,从而形成一种诗学的境界,散文的意象同样可以融入作者所体验到的人性内涵或人类生活的共同本质。

形象性是文学的基本特点,散文即使有明理的成分,也是以形象思维的方式隐喻表现,而不是以抽象的逻辑思维方式论证,所以,散文呈现主体的情感体验多是由主体加工改造后的感性形象即意象实现的。意象的形态有各种各样,总的来说,文学意象分为以下三种:

1. 再现性意象:忠实地描述客观事物的本原面貌,具有写实性,主体不对知觉形象作过多改造,而是生动地再现客观事物,它表现的是作者对生活的最直接的反应与选择。

2. 表现性意象:将内心的某种意识与情感表现在一种具有相关性的外在事物形象上,意象成为间接表现作家心灵世界的客观对应物。

3. 象征性意象：通过对某一事物形象特征的突出描绘，产生由此及彼的联想，来代表或暗示某种精神内容，形象本体与象征意义之间没有必然的联系。

散文往往是人们日常生活最直接的艺术化表达，是对生活的艺术再现，因此，与诗歌偏重于表现性意象、象征性意象等主观意象不同，散文意象大多呈现主观与客观并重、再现与表现并用的审美特征。其中，写实性的再现意象的使用更为常见，因为散文常常具有某种写真纪实的倾向，写作更多地表现为对生活的发现与筛选，更多的作品是在选材、过滤、加工提纯中显示作者的情感体验、情感判断的。不仅如此，诗歌意象常有单纯性及意旨单向性、单角度等特点，而散文则乐于组合、铺排繁复的意象以营造具有密度与厚度的生活意味。此外，在写作中，对于不同的原象，可以用再现性意象表现，也可以用表现性意象表现，或者并用两种意象。在许多抒情写意、咏物言志的散文中，也常会用到表现性意象或象征性意象。

散文意境也是从诗歌中借鉴而来。唐代诗人王昌龄提出诗有三境：物境、情境和意境。物境是客观的景象之境，情境是主观的感情之境，意境则是客观物境与主观情境的融合。作为中国诗歌理论的重要范畴与诗歌创作的重要技法，意境所指是作者的主观情意与客观物境相交融而形成的能够打动读者心灵的艺术境界，也称"境界"。散文尤其是写景状物类的散文像诗歌一样追求情与景、意与象的艺术融合。主观情意是作者对生活的独特感受、认识、理解和发现，客观物境是事物的形象及其内在精神与本质。两者的融合，则或指主观情意熔铸于客观物境，或指客观物境中渗透了主观情意。王国维在《人间词话》中指出："词以境界为上。"在意与境两者的关系上，意是主导，境是基础；意高则境高，意浅则境平。因此，作者要不断提高自己的思想感情境界，才能提高作品的艺术境界，正如宗白华在《中国艺术意境之诞生》中阐述意境的特征时所说的："艺术家以心灵映射万象，代山川立言，他所表现的是主观的生命情调与客观的自然景象交融互渗，成就一个鸢飞鱼跃，活泼玲珑，渊然而深的灵境，这灵境就是构成艺术之所以为艺术的意境。"是作家的生命情调点染了自然物境的艺术灵魂,从而动人心弦。

意境承袭意象而来,但较之意象,具有更深厚、更宽广的审美蕴涵。意象是具象的情意化,或者说是情意的具象化,意象是个别的、具体的。意境则是物境的情意化,或者说情意的物境化。散文的物境是整体的、系统的,是由多个形象个体组合成的画面、图景,这就像一幅山水画,其中会包含山水、草木、花鸟、人物等各类物象,经过主观情意的浸润就会成为一个充溢着主体生命热情的具有整体性的系统的艺术世界。

意境中的"境",作为情感化的景物群,表现为外在的艺术画面;意境中的"意",乃是物象化的思想情感。在意境理论中,"意"与"境"交融的方式一般有三种:一是触景生情,情随境迁,达到意与境交融;二是移情入境,借景抒情,意与境相融合;三是视物的特有形态与色调为有情,物情与我情相融合构成意境。一般来说,写景状物的抒情散文多具有意境,在情景交融中造成迷人的境界。一些记叙性的散文也能写出意境。散文是日常生活的艺术化,这意味主体对于生活积极的主观介入,如果在记叙与描绘中能够融会情与理,展示景、物与人、事的和谐,含蓄地揭示人生的意蕴、况味,也会形成情、境交融的生动逼真的画面,形成作用于读者感情的境界。但是倘若作者只直接记录见闻或回忆,缺少情感的融入,或未曾有景、物的点染,则难有境界。如杨朔的《雪浪花》,虽非写景状物,但以浪花隐喻劳动者在改变历史命运中的作用;严阵的《牡丹园记》,虽以人物的经历为线索,但以花事的兴衰映衬社会的变化,这些都可谓写出了境界。

散文意境与诗歌意境的不同在于散文作品更多倾向于写实境,着力描绘具体、真实的客观景、境,其意境创造发端于实境又往往回归于实境,最终落实于现实生活。散文常常从现实生活中生发情意,经由融情于境,将生活实境化为有我之境,而诗歌意境则追求水中月、镜中花的无穷之境,总是化实境为虚境,落脚于理想之境,有某种虚构性。诗歌意境受篇幅短小、诗句分行、节奏韵律等形式因素的制约,所摄入的景、境的角度单一,焦点集中,表现生活的广度、厚度有限。相比较来说,散文没有篇幅限制,也不受时空转换的限制,可以多角度、多焦点地开拓表现空间,展现更为丰厚、深远的艺术氛围。

偏重于抒情的散文常常要写出意境,偏重于写人记事的散文,则应该富有生活的"情趣"。有生活情趣指的是作品要反映现实生活的真实面目,即要反映现实生活中有情调趣味的内容,并发掘真善美的因素。作者在写作时要对生活怀着极大的热忱,才能从生活中发掘富于感染力的情节、细节、言谈、事理,并将其诉诸文字,给人以艺术的享受或思想的启迪,使作品富有生活情趣。在写人记事的散文中,生活情趣是感染读者的重要因素,它直接表现了作者对于生活的热爱,又直接反映作者能否生动、细腻、逼真地把握生活、再现生活。

比如,孙犁的《报纸的故事》,记写了自己失业居家时出于爱好想订一份报纸的经过,所写不过是订报、送报、看报、贴报(糊墙)等生活琐事,但细腻、生动、幽默,内容丰满,旧时的家庭生活意味表现得自然而妥帖,虽然趣味淡泊,却颇值得回味。他另一篇作品《亡人逸事》虽为悼亡之作,但与《报纸的故事》有异曲同工之妙,所写多是夫妻生活小事,情感节制内敛但细腻真切。作品最后才浅浅地提到夫妻恩爱的记忆,写道:

> 我们结婚四十年,我有许多事情,对不起她,可以说她没有一件事情是对不起我的。在夫妻的情分上,我做得很差。正因为如此,她对我们之间的恩爱,记忆很深。我在北平当小职员时,曾经买过两丈花布,直接寄至她家。临终之前,她还向我提起这一件小事,问道:
>
> "你那时为什么把布寄到我娘家呀?"
>
> 我说:
>
> "为的是你做衣服方便呀!"
>
> 她闭上眼睛,久病的脸上,展现了一丝幸福的笑容。

全文使用白描的手法,质朴、自然,恰恰合乎所记叙的人物的形象特征,直白、准确地传达了作者古稀之年的感受,将一个旧式的、单纯的、感恩知足的女性形象生动地描绘出来,其中有作为一个丈夫的温暖的记忆与浅浅的遗憾。

鲁迅的《阿长与山海经》、朱自清的《背影》、张中行的《胡博士》、金克木的《少年徐迟》、艾青的《忆白石老人》等等,都是富有生活情趣的叙事散文作品。

【思考与练习】

1. 选择生活中与自己关系密切的、被他打动过的一个人,围绕他(她)的某些或某种个性品质,写一篇以记人为主的记叙性散文;或以自己的经历为素材,选择一件印象深刻的往事,写一篇以记事为主的记叙性散文。

2. 阅读下面两组题材相同的散文,找出其中两篇不同的"动情点",比较两篇散文在写作方法上的不同。

(1) 茅盾的《白杨礼赞》和袁鹰的《白杨》;

(2) 杨朔的《荔枝蜜》和秦牧的《花蜜与蜂刺》。

3. 阅读欣赏下面这篇台湾当代散文家张晓风的散文名篇《也是水湄》,理解散文的特点,分析它的立意及表现特点。

也是水湄

那条长几就摆在廊上。

廊在卧室之外,负责数点着有一阵没一阵的夜风。

那是四月初次燥热起来的一个晚上,我不安地坐在廊上,十分不甘心那热,仿佛想生气,只觉得春天越来越不负责,就那么风风雨雨闹了一阵,东渲西染地抹了几许颜色,就打算草草了事收场了。

这种闷气,我不知道找谁去发作。

丈夫和孩子都睡了,碗筷睡了,家具睡了,满墙的书睡了,好像大家都认了命,只有我醒着,我不认,我还是不同意。春天不该收场的。可是我又为我的既不能同意又不能不同意而懊丧。

我坐在深褐色的条几上,几在廊上,廊在公寓的顶楼,楼在新生南路的巷子里。似乎每一件事都被什么阴谋规规矩矩地安排好了,可是我清楚知道,我并不在那条几上,正如我规规矩矩背好的身份证上长达十几个字的统一编号,背自己的邻里地址和电话,在从小到大的无数表格上填自己的身高、体重、履历、年龄、籍贯和家庭。可是,我一直知道,我不在那里头,我是寄身在浪头中的一片白,在一霎眼中消失,但我不是那浪,我是那白,我是纵身在浪中而不属于浪的白。

也许所有的女人全是这样的,像故事里的七仙女或者田螺精,守住一个男人,生儿育女,执一柄扫把日复一日地扫那四十二坪地(算来一年竟可以扫五甲地),像吴刚或薛西佛那样擦抹永远擦不完的灰尘,煮那像"宗教"也像"道统"不得绝祀的三餐。可是,所有的女人仍然有一件羽衣,锁在箱底。她并不要羽化而去,她只要在启箱检点之际,相信自己曾是有羽的,那就够了。

如此,那夜,我就坐在几上而又不在几上,兀自怔怔地发呆。

报纸和茶绕着我的膝成半圆形,那报纸因为刚分了类,看来竟像一垛垛的砌砖,我恍惚成了俯身城墙凭高而望的人,柬埔寨在下,越南在下,孟加拉在下,乌干达在下,"暮春三月,江南草长,杂花生树,群莺乱飞"的故土在下……

夜忽然凉了,我起身去寻披肩把自己裹住。

一钵青藤在廊角执意地绿着,我大部分的时间都不肯好好看它,我一直搞不清楚,它到底是委屈的还是悲壮的。

我决定还要坐下去。

是为了跟夜僵持?跟风僵持?抑是跟不明不白就要消失了的暮春僵持?我不知道。我只知道我不要去睡,而且,既不举杯,也不邀月,不跟山对弈,不跟水把臂,只想那样半认真半不认真地坐着,只想感觉到山在,水在,鸟在,林在,就好了,只想让冥漠大化万里江山知道有个我在就好了。

我就那样坐着,把长椅坐成了小舟。而四层高的公寓下是连云公园,园中有你纠我缠的榕树,榕树正在涨潮,我被举在绿色的柔浪上,听绿波绿涛拍舷的声音。

于是,渐渐地,我坚持自己听到了"流水绕孤村"的潺湲的声音,真的,你不必告诉我那是巷子外面新生南路上的隆隆车声,车子何尝不可以"车如流水"呢?一切的音乐岂不是在一侧耳之间温柔,一顾首之间庄严的吗?于无弦处听古琴,于无水处赏清音,难道是不可能的吗?

何况,新生南路的前身原是两条美丽的夹堤,柳枝曾在这里垂烟,杜鹃花曾把它开成一条"丝路",五彩的丝,而我们房子的地基便掘在当年的稻香里。

我固执地相信,那古老的水声仍在,而我,是泊船水湄的舟子。

新生南路,车或南,车或北,轮辙不管是回家,或是出发,深夜行车不论是为名是为利,那也算得是一种足音了。其中某个车子里的某一把青蔬,明天会在某家的餐桌上出现,某个车子里的鸡蛋又会在某个孩子的便当里躺着,某个车中的夜归人明天会写一首诗,让我们流泪,人间的扯牵是如此庸俗而又如此深情,我要好好地听听这种水声。

如果照古文字学者的意思,"湄"字就是"水草交"的意思,是水跟岸之间的亦水亦岸亦草的地方,是那一注横如眼波的水上浅浅青青温温柔柔如一带眉毛的地方。这个字太秀丽,我有时简直不敢轻易出口。

今夜,新生南路仍是圳水,今夜,我是泊舟水湄的舟子。

忽然,我安下心平下气来。春仍在,虽然这已是阴历三月的最后一夜了。正如题诗在壁,壁坏诗消,但其实诗仍在,壁仍在,因为泥仍在,曾经存在过的便不会消失。春天不曾匿迹,它只是更强烈地投身入夏,原来夏竟是更朴实更浑茂的春。正如雨是更细心更舍己的液态的云。

今夜,系舟水湄,我发现,只要有一点情意,我是可以把车声宠成水响,把公寓爱成山色的。

就如此,今夜,我将系舟在也是水湄的地方。

第三节　小　说

一、小说文体的产生

要探究"什么是小说",有必要从小说文体的产生谈起。因为对小说文体产生的时间的看法,实际上包含着对"什么是小说"的认识,要判断一个作品是不是小说,就要用一定的小说观去规范之,这取决于对小说概念的认知。那么,小说究竟产生于何时呢?关于这一问题,中西论者的观点有着很大的差异。

在中国,熟悉中国文学史或小说史的人大都知道,中国的"小说"作为一种文体产生得很早。尽管人们通常都会追溯到更早的魏晋时期的志人志怪作品,但是现当代研究者的最基本观点是:真正的小说文体产生在唐代,是由于唐传奇的出现而形成的。研究者指出:"在中国小说史上,唐传奇的出现,标志着小说文体的独立"[1];唐传奇"是我国最早的近代意义的小说作品"[2]。这类观点虽然是他们对中国古代小说尤其是唐传奇创作的深入研究得出的认知,但是也可以明显地看出是受到鲁迅对唐传奇的评价的影响。鲁迅曾经指出,中国小说"至唐代而一变,虽尚不离于搜奇记逸,然叙述婉转,文辞华艳,与六朝之粗陈梗概者较,演进之迹甚明,而尤显者乃在是时则始有意为小说。"[3]"有意为小说"是唐传奇区别于唐前故事的本质特征,这使作品的创作具有鲜明的自觉虚构性质,比较鲜明地体现近现代小说的虚构性特征,所以"唐传奇的产生是小说发展的一大飞跃"[4]。客观地看,和唐前志人志怪的所谓小说相比,唐传奇的内容更加贴近现实生活,题材更加广泛,艺术技巧(如构思布局、人物描写、语言艺术等)也达到了新的水平。[5]

---

[1] 韩进廉《中国小说美学史》,河北大学出版社2004年版,第1页。
[2] 马振方《小说艺术论》,北京大学出版社1999年版,第5页。
[3] 鲁迅《中国小说史略》,东方出版社1996年版,第51页。
[4] 马振方《小说艺术论》,第5页。
[5] 参见吴志达《中国文言小说史》,齐鲁书社1994年版,第235—237页。

需要特别关注的是,以上所说的小说并没有"小说"之名,真正以"小说"命名的小说作品则在宋元时代盛行。这就涉及中国小说的两大系统:文言小说与白话小说。文言小说可以以唐传奇为代表,"文言小说发展到唐代,已经臻于成熟,并达到了中国小说史上的第一个高峰"①。而白话小说则是以宋元"话本"为代表,话本起源于古代的"说话"技艺,就是指民间说话人说唱故事所用的文字底本,"小说"最初只是宋元说话话本的一类,多是用白话写成的短篇作品,故称"白话小说"。小说作品范围的逐渐扩大则是后来的事。如从文体命名的角度看,中国小说的产生则应该在宋元时代;但是只要我们仔细分析一下唐传奇与宋元话本或文言小说与白话小说的文学特征就不难发现,二者尽管在语言形式上存在差异,但其性质并没有改变,因此,不管文言小说还是白话小说,我们单从"小说"的层面看,说中国的小说文体产生于唐代并没有问题。也就是说,中国的小说文体产生于唐传奇盛行的公元 8 世纪。

在西方英语国家,研究者则一般认为,小说作为一种文体是产生于公元 18 世纪。"诗是古已有之,而小说则相对地来说只是近代的产物。"②美国当代学者伊恩·瓦特教授在《小说的兴起》一书中,认为英语"小说"文体的产生是在 18 世纪。书中表明,真正意义上的小说,是由英国作家笛福、理查逊、菲尔丁等人③的创作而产生的。瓦特从社会历史的视角审视小说,通过对三位作家创作的专门研究,把现实主义小说的形成看做小说产生的起点,认为此前的传奇文学、流浪汉作品、传记等,只与现实主义小说形式的确立有密切的渊源关系,而不是真正意义的小说。他并且指出:"'小说'这个术语直到 18 世纪末才得以充分确认。"④

---

① 吴志达《中国文言小说史》,第 229 页。
② 〔美〕韦勒克、沃伦《文学理论》,刘象愚等译,江苏教育出版社 2005 年版,第 247 页。
③ 笛福(Daniel Defoe,1660—1731),代表作为《鲁滨逊漂流记》;理查逊(Samuel Richardson,1689—1761),代表作为《帕美拉》;菲尔丁(Henry Fielding,1707—1754),代表作为《汤姆·琼斯》。
④ 〔美〕伊恩·瓦特《小说的兴起》,高原、董红钧译,三联书店 1992 年版,第 2 页。

其实,这种观点早已存在,并被中国研究者所接受。早在上世纪二三十年代,郁达夫在《小说论》一文中就认同:西洋小说发达的初期在18世纪。[①] 李何林教授指出:"近代小说严密地讲来,不妨断言说是18世纪的产物。"[②] 但是,不管在当时还是在今天,国内的研究者很少有人认同这种观点,在编写外国文学史时,大家仍然是把18世纪以前甚至古希腊罗马时期的作品归入"小说"范畴。同样,西方研究者在编写文学史时也有这样的做法。这样编写文学史到底是为什么呢?另外,从唐传奇兴盛的8世纪,到现实主义小说兴起的18世纪,国内研究者对中国小说产生时间的认知要比西方早一千年,这又是为什么呢?原因其实很简单,中外研究者对小说产生的时间看法不同,实际上就是两者所持的小说观有差异。正如李何林所说:"无非是因为他们没有先确定了'何为小说'。"[③] 就是说,中外学者对"什么是小说"的看法不一致,导致了对小说产生时间认知的差异。

在上述分析中不难看出,研究者使用了多种小说称谓,如真正意义的小说、近现代小说等。实际上,在汉语中,"小说"有文言小说与白话小说之别;在英语中,"小说"概念则有"fiction"和"novel"之分。认为中国小说产生在8世纪者,撇开了小说语言形式的差异而专注于小说文体的共同特征;认为西方小说产生在18世纪者,却专注于作品的内容,注重作品内容与生活的关系,而不是讨论"fiction"和"novel"的共同文体特征。我们要做的工作则是通过对概念差异的梳理,提炼出"小说"之为小说的共同文体特性,从而全面界定小说。

二、小说概念的演变

从上述关于小说产生的观点看,当今常说的"小说"实际上是

---

① 参见郁达夫《小说论》,见严家炎编《二十世纪中国小说理论资料》第二卷,北京大学1997年版,第418页。
② 李何林《小说概论》,北平文化社1932年版,第11页。
③ 同上书,第29页。

指真正意义上的小说或近现代意义上的小说,这似乎意味着还存在着一种非真正意义上的小说或非近现代意义上的小说。是否能够这样判断呢?我们还是通过对小说概念演变的梳理来一探究竟吧。

和小说作品的产生相比,汉语"小说"一词的出现远远早于18世纪。文学史家们普遍认为,最早提出"小说"这一术语的是先秦思想家庄子。在《庄子·外物》篇中有"饰小说以干县令,其与大达亦远矣"的言论。这里的"小说",鲁迅先生认为是指"琐屑之言,非道术所在,与后来所谓小说者固不同"①。也就是说,这种"小说",实际上是指与道家的"大达"相反的"小道之说",是就文章思想内容的性质而言的。显然,这种"小说"还不是文体意义上的概念。

到了东汉,学者桓谭在《新论》一书中指出:"若其小说家,合丛残小语,近取譬论,以作短书,治身理家,有可观之辞。"其后的史学家班固在《汉书·艺文志》中说:"小说家者流,盖出于稗官,街谈巷语,道听途说者之所造也。"这些表述虽未出"小道"之说,但他们都提到"小说家"这一概念,班固更是把"小说家"列为"诸子略"十家中的"一家"。不难看出,"小说"此时已经成为一种文类,具有了文体意义。尽管如此,此种"小说"仍然是以说理为主,还不是文学意义上的文体概念。

班固之后,作为文体意义的"小说"大都承袭《汉志》的观点而无较大发展,但是所含文本的范畴日益扩大,内容也更为驳杂,一些具有文学性质的文本也被收入其中,为文学意义小说文体的形成奠定了基础。

随着民间说唱艺术的兴起与发展,"小说"概念的内涵逐渐增加,被作为说话艺术的一个专门科目。到宋末元初,"小说"的内容多是世情题材,且基本是短篇形式;后来"小说"又渐渐泛指总的说话艺术,进而成为脱胎于说话艺术的白话小说的名称。直到这时,文学意义的"小说"才真正出现。那么,此前的所谓"小说"显然不是真正意义上的小说,或不是近现代意义上的小说。

---

① 鲁迅《中国小说史略》,第1页。

在汉语"小说"概念演变的漫长历史中,尽管有不少文人都对小说的文体特征作过一些探究,但终究没有系统的研究,对小说概念的内涵究竟该怎样界定一直没有相对统一的认知。到了近代,虽然康有为等人倡导的"小说界革命"提高了小说的社会地位,但是小说的艺术内涵依然没有得到解释。直到五四新文化运动时期,在受到西方近现代小说观念的影响之后,真正文学意义上的小说概念才初步形成。

西方学者对小说概念的认识也有一个相当漫长而复杂的过程。18世纪之前,与小说有关的一些概念都是在"诗学"的研究中提出的,正如美国当代学者韦勒克、沃伦所说:"无论是从质上看还是从量上看,关于小说的文学理论和批评都在关于诗的文学理论和批评之下。"① 即使是在十八九世纪,小说理论仍未脱出"诗学"的范畴。直到19世纪末、20世纪初,人们对小说本质特征的认识才有了实质性的进步,小说研究也才关注"真正意义的小说",既从内容上关注小说对现实社会、人生的摹写,也从形式上注重小说的虚构性、散体化等形式要素。

现在一提到"小说"这一概念,大家自然会想到小说的人物、情节、环境。国内学者大都习惯于用这"三要素"来定义小说。"三要素"小说观是在"五四"时期被介绍到国内的,直到今天仍被广泛使用与接受。"小说是一种以塑造人物为中心,通过描述完整的故事情节和具体的生活环境,形象、深刻、多方位地反映社会生活的叙事性文学体裁。"② 这样的界定在文学理论以及写作教材中是非常普遍的。但是,这种"三要素"小说观只是从小说叙事写人的内容层面对小说进行界定,却没能涉及小说如何叙事写人的形式层面,因而这种定义并不是全面的、科学的界定。

和"三要素"小说观不同,从内容和形式两大层面界定小说的观点却长期被忽视。较早提出这种观点的理论家要算美国学者华伦教授了。他在1895年的《小说史》中给小说下了这样一个定义:

---

① 〔美〕韦勒克、沃伦著《文学理论》,第247页。
② 董小玉主编《现代写作教程》,高等教育出版社2000年版,第159页。

"小说是一种包含情节的虚构的散文的叙述。"①这一定义从叙事性、虚构性及散文性三个方面对小说加以界定,并且把"情节"作为小说的构成要素。这是对小说的基本属性的较为全面的概括,是小说理论研究的一大进步。

到了20世纪20年代,西方理论界出现了以卢伯克的《小说技巧》、福斯特的《小说面面观》和缪尔的《小说结构》等为代表的"小说美学经典",在这些论著中,理论家继续对小说概念进行探讨,其中最有影响的要数英国著名小说家、理论家爱德华·福斯特给小说下的定义了。在《小说面面观》中,福斯特指出:"凡超过五万字的任何虚构的散文作品,都是……小说。"②抛开篇幅的界定,我们不难发现福斯特仍然是从叙事性、虚构性、散文性三方面谈论小说,甚至还不如华伦教授的见解全面。其他论者的认知也大都如此。

需要特别指出的是,上述论者都没有涉及小说的"语言"范畴。对小说的界定缺少语言这一维度,显然是对小说本质特征认识的一大缺陷。这一缺陷在西方现代叙事理论研究中得到了补充。

20世纪50年代以来,以法国叙述学派为代表的叙事理论对小说艺术的研究起到了极大的推进作用。叙事理论的重要观点之一就是从语言层面对作品进行研究,把小说作品当做独立的语言实体,专注于作品内部各种语言层次的划分,如词语、句子、话语等单位层次以及语音、语义、语法等信息层次。对作品语言各个层次的深入研究,突出了小说语言的价值,使语言获得了本体意义,从而摆脱了传统的"载体"观念。任何形式的小说作品都是用文字语言写成的,叙事理论对小说语言的研究,弥补了以往研究对小说语言特性关注不够的不足,确实是小说研究的一大贡献。但是,这一研究把作品的意义完全归于语言本身,而对文字语言以外的其他方面不加理会,甚至公开摒弃,则是不科学的。

---

① 李何林《小说概论》,第35—36页。这句话的英语原文是:"A novel is a fictitious prose narrative which contains a plot."李何林的原译是:"小说是一件虚拟的散文的叙述,中间包含着一个结构。"

② 〔英〕爱德华·福斯特《小说面面观》,方士人译,见《小说美学经典三种》,上海文艺出版社1990年版,第203页。

如前所述,中国的小说研究是在西方理论影响之下产生的,但由于对"三要素"小说观过于专注而忽视了其他观点,直到20世纪90年代初,这种局面才得以改变。当时北京大学的马振方教授在他的《小说艺术论稿》一书中,通过对中外小说概念的演变的梳理,给小说作了这样的界定:"对于今人共识的小说,似乎可以作这样的表述:以散体文摹写虚拟人生的自足的文字语言艺术。"[①]他指出:"这个定义包含小说内容、形式的基本要素构成的四种规定性:叙事性、虚构性、散文性和文字语言自足性。"[②]

在这一界定里,"叙事性"突出了小说作品的叙事特征,其中就包含着传统的"三要素","三要素"并非小说独有,其他叙事文学样式也同样兼备;"虚构性"则突出了小说叙事的特质,小说必须是虚构的,以区别于纪实的散文与历史作品;"散文性"就是指小说需要用散体文而非韵文写作,以区别于诗歌等文体,尽管也有所谓的诗体小说,但实质上只是具有诗歌的韵味,而不是用诗歌的体式创作小说;"文字语言自足性"的提出,既突出了小说的文字语言特点,也弥补了小说研究在语言方面的不足,"小说就是印着文字语言的一本本书,别无其他"[③]。这些就从小说的内容和形式两个层面对小说作出了全面界定,因而可以说是迄今为止最为科学的界定。界定小说必须要求四种规定性同时具备,才能使小说与其他文学艺术样式区分开来。

三、小说的基本特点

提到小说的基本特点,"三要素"小说观总是从人物、情节和环境三方面加以分析,大多表述为:深入细致的人物刻画,完整复杂

---

① 马振方《小说艺术论稿》,北京大学出版社1991年第1版,第6页。这一定义在此书再版时被改为:"以散体文摹写虚拟人生幻象的自足的文字语言艺术。"(见马振方《小说艺术论》,第8页)

② 同上书,第7页。

③ 马振方《小说艺术论》,北京大学出版社1999年版,第11页。

的情节叙述,具体充分的环境描写。① 我们既然已经指出了"三要素"小说观的片面性,再这样谈小说的特点显然也是不全面的。因此,下面将根据马振方的观点加以介绍。②

(一) 用抽象的文字语言创造既非直观而又充分具象的社会人生

这一特点是和小说的文字语言自足性密切相关的。文字语言本身就是一种抽象的"人为符号",因此和戏剧、电影、电视剧等艺术形式相比,小说所反映的社会人生相对地缺乏直观性。正是小说语言的这种抽象特征,使其不需要像影视剧那样必须靠演员表演、镜头拍摄等加以表现,从而摆脱了这些"自然符号"的限制,这样,小说就能够更加灵活地摹写社会人生,创造更加具象的人生图景。只要比较一下小说《红楼梦》与各种取材于此作的影视剧作品就很清楚了,由于要受到表演、摄制等方面的客观制约,红楼影视剧虽然直观些,但是其所创造的人生图景反而不如小说本身描摹的具象。

另外,同是文字语言产品,小说与叙事诗、剧本也不同。叙事诗和剧本虽然也能摹写人生幻象,但是叙事诗的"叙事"实际上是"歌事",摹写粗略,意象隐约,艺术"空白"太多;剧本的"叙事"则侧重"演事",为了适合表演,剧本主要写人物对话,对话以外的事物则很少涉笔。因此,和小说相比,叙事诗和剧本创造的人生幻象不够具象,两者都不能详细地描摹社会人生,"严格说来,在语言艺术中,只有小说创造了人事纷呈、情境逼真、充分具象的人生世界,堪称创造世界的文学"③。

(二) 能够更加广泛细致地摹写任何形态的社会人生

同是叙事性作品,小说对社会人生的摹写比叙事诗、叙事散文以及各种剧本更广泛、更多面,并能达到独有的细致。小说既可以摹写人的外部行动,也可以摹写人的内心世界;可以完整摹写人物漫长的一生,如罗曼·罗兰的长篇《约翰·克利斯朵夫》,也可以只摹写人生的某个特定片段,如契诃夫的短篇《变色龙》;可以摹写人的

---

① 参见童庆炳主编《文学理论教程》,高等教育出版社1998年版,第171页。
② 参见马振方《小说艺术论》,第11—23页。
③ 同上书,第12页。

理性意识,如传统小说的人物心理描写,也可以摹写人的非理性意识,如意识流小说的心理描写。叙事诗虽然可以摹写人的外部行动甚至内心活动,但由于受到诗歌特点的影响而不能达到小说般的细致;叙事散文侧重摹写的则是社会人生的某一断片;剧本虽能较广泛、较细致地摹写人生,但由于受到电影、电视剧、话剧等拍摄和演出的限制,不能摹写任何形态的社会人生,突出表现在对人的心理或意愿等的摹写上。如以下的小说叙事,影视剧本就无法直接表现。

  ① 多少年以后,奥瑞连诺上校站在行刑队前,准会想起父亲带他去参观冰块的那个遥远的下午。(加西亚·马尔克斯《百年孤独》)
  ② 许灵均没有想到还会见到父亲。(张贤亮《灵与肉》)
  ③ 如果我能够,我要写下我的悔恨和悲哀,为子君,为自己。(鲁迅《伤逝》)

由此可见,小说的这一特点确实是其他文学或艺术形式不具有的。"世界上、生活中一切有形的和无形的、具体的和抽象的客观存在,只要作家感受得到,想象得出,小说都能加以描绘,给以表现。"① 不仅如此,就连作家或人物的主观思维也照样能够摹写。

(三)内容高度生活化,所摹写的社会人生更接近生活本色

作为典型的叙事作品,小说摹写社会人生的生活化程度更高。通过和同为叙事作品的叙事诗、剧本进行比较,我们就可以清楚地看出小说的这一特点。

叙事诗中也写生活,但对生活的描写多是概括化的。看一看以下叙述就可明白。

  ① 十三能织素,十四学裁衣,十五弹箜篌,十六诵诗书。(《孔雀东南飞》)
  ② 东市买骏马,西市买鞍鞯,南市买辔头,北市买长鞭。(《木兰诗》)

---

① 马振方《小说艺术论》,第15页。

这样叙事在诗歌里是允许的,在小说里却不行,因为生活本身不会是这个样子。生活中少女读书、学艺,都是穿插进行的,不会一年学一样;即使是在古代,马匹和马的配件也是可以在同一个市场里买到的,无须东南西北四处奔波。这些在小说中只能如实描写,小说虽然也对生活进行提炼,但一般不会使生活变形。

剧本虽然也用文字语言摹写社会生活,但是除了人物的对话、独白外,人物的行为活动、心理活动等生活层面则很少交代;行为活动的叙写是相当概括的,心理活动就算写了也很难通过表演表现出来。因此,剧本所反映的生活不如小说更全面、更细致,生活化的程度当然不及小说高,小说更接近生活的实际样态。小说中的有些生活情境,戏剧和影视是难以模拟或不便模拟的,就算随着现代科技的发展,影视剧似乎能够逼真地再现生活样态,但所有这些手段,都会使作品描摹的生活不同程度地远离生活实际;它们所摹写的生活范围的限制,也决定了它们同样不如小说的生活化程度高,并且它们也不是以文字语言来摹写。

另外,同是小说,作品形态不同,生活化的程度也是不一样的。内容高度生活化的特点,在拟实小说中表现最为突出。拟实小说是现实社会的生活化,不管是故事小说,还是生活小说,或者心态小说,都是如此。故事小说注重叙述事件本身,讲究故事情节的完整性、连续性,故事本身就是生活事件的一种表现形态;生活小说自不待言,它就是由无数个生活细节结缀而成的,如曹雪芹的《红楼梦》、新时期的"新写实"小说都是这样;心态小说侧重描摹心理的真实,不但可以摹写理性心理,还可以描摹非理性心理,在描摹心理方面的高度生活化,正是小说之独有,影视剧本无论如何都无法望其项背。

和拟实小说相对的表意小说,同样具有生活化的特点。表意小说是将幻想生活化。它们展示的不是现实的生活世界,而是由现实发展、变化而成的幻象世界。尽管如此,这种变化还是不同于对生活的诗化、银屏化、舞台化,作品对这种生活幻象的描写还是比较自然、本色的。如《西游记》中的人事,尽管其变化万千,但是师徒四人的取经故事以及悟空、八戒的生活习性都具有鲜明的生活基调、生活特征。即使是把表意小说改编成影视剧,作品中的幻象生活也有戏剧、影视艺术无法表现的情节或细节。可见,表意小说仍有高度生活化的特点。

(四)运用文学或普通文章的多种表达手段展示小说诗文体式的广泛性与自由性

小说创作可以综合运用叙事、描写、议论、抒情、说明等表现手法;还可以根据需要嵌入各种文学与非文学的文字语言产品,小说体式能够包孕各种诗文体式。马振方在《小说艺术论》中举例指出,《红楼梦》不仅包含了多种文学体式,如黛玉的《葬花诗》、宝玉的《芙蓉诔》、跛足道人的《好了歌》、警幻仙子的《红楼梦曲词》,而且包含了许多非文学体式,如应天府的"护官符"、潘又安的情书、贾蓉的履历表。书中还提到了当代拉美结构现实主义作家巴尔加斯·略萨的名著《潘达雷昂上尉与劳军女郎》,这部长篇小说的许多章节就是直接由公文、信件、剪报、演讲稿、电台播音稿等连缀而成。诚如王蒙先生所说:"小说首先是小说,但它也可以吸收、包含诗、戏剧、散文、杂文、相声、政论的因素。"[①]这充分显示出小说包容其他文章体式的广泛性与自由性。

四、微型小说的创作

(一)微型小说的含义

现在人们习惯于按照作品篇幅的长短把小说分为四类:长篇小说、中篇小说、短篇小说、微型小说。微型小说是小说作品中篇幅最短的,也是一个较晚被区分出的类别,原来这类作品都是在短篇小说之内。微型小说还有很多不同的称谓,如小小说、袖珍小说、千字小说、超短篇小说等。一般认为,微型小说就是指篇幅在一千字左右的作品;有人认为微型小说的篇幅应该不超过一千五

---

① 王蒙《倾听着生活的气息》,《文艺研究》1982年第1期。

百字,也有人特别指出最多不要超过二千字。①

如果把微型小说界定为二千字以内的作品,那么许多短篇小说将被纳入此类。中国古代的短篇小说大都是"二千字以内"的作品,如蒲松龄《聊斋志异》中的多数作品以及现代作家的部分短篇作品等。有学者认为:"鲁迅的作品自不待言,像《一件小事》、《孔乙己》等,均可算作微型佳作。"②就算《一件小事》的篇幅在二千字以内,可《孔乙己》已经远超过二千字,大约有二千六百字,把《孔乙己》当做微型小说,既不符合"二千字以内"的限定,也是很多读者难以接受的。还有人认为:"这种小说的篇幅一般约定为1500字以内,最多不能超过3000字的上限。"③这样把微型小说的对象扩大后,就加大了区分微型小说与短篇小说的难度,反而不能突出微型小说的特征。因此,我们还是认为,把微型小说界定为"千字左右"的作品更为恰当。这样既能突出这类作品自身的特征,又能更加容易地和短篇小说区分开来。这也就是人们称它为"千字小说"的原因。

作为独立的小说类别,各类之间的篇幅界限一直都是难以准确量化的,要想获得共同的认知是相当困难的。究竟多少字算长篇,多少字算中篇,多少字算短篇,一直也都没有准确的界定,事实上也根本无法或没必要作具体界定,所谓的界限字数也只能是一个参考值。在近二十多年的小说创作中,微型小说创作非常兴盛,不单一般文学刊物刊发微型小说,还出现了登载微型小说的专门刊物,如《微型小说选刊》、《小小说选刊》、《小小说月刊》、《精品小小说》等。综观这些刊物上发表的作品,实际篇幅基本上也都是在千字左右。

(二) 微型小说的创作要求

1. 善于捕捉生活的细节

微型小说和其他小说的区别关键在一个"微"字,这体现在选

---

① 参见董小玉主编《现代写作教程》,第159页;陈顺宣、王嘉良《微型小说创作技巧》,广西人民出版社1990年版,第7页。
② 陈顺宣、王嘉良《微型小说创作技巧》,第21页。
③ 刘海涛主编《文学写作教程》,高等教育出版社2005年版,第101页。

材上就是要选取生活中那些"细微"的事件、情节、环节。这个"生活细节",可以是生活中的闪光镜头,也可以是精彩瞬间。捕捉细节,可以在现实生活中"忽然抓住"(王蒙语),也可以在自我的生活积淀中仔细发掘。

如《算账》就是捕捉了这样一个细节:方局长在年终总结会上对属下提出的用公款吃喝的意见大喊冤屈,于是他在会上为大家算了局里全年21万元吃喝招待费用开支的细账,在强调了自己陪吃陪喝是身不由己,是在舍身为大家谋利益之后,具体为大家道明了吃喝支出为单位争来及节约50多万元的利益。花21万元换来50多万元,在局长看来确实是为单位谋了好处。作品就抓住局长当众算账这一细节,把腐败官员的嘴脸活脱脱地刻画出来,同时"使一个反对公款吃喝的老题材作品的思想内涵跃升到一个新境地,从更宽广的生活领域、更高的思想角度,深入剖析了公款吃喝难以禁止的复杂社会原因"[①]。

再如《局长丢了卡》。作品叙写了新任局长在开完"评先"会后,发现自己的500元购物卡丢了,属下听说后,就有人买来500元、1000元价值不等的新卡以"捡到"之名"还"给局长,局长则通过这件事作出了最终决定:少数几个没有送卡的人大都评上了先进。局长"丢卡"与属下借"还卡"之名送礼的细节,揭示出当前官场中为了评优而借机贿赂领导的不正之风,具有很强的现实意义。

2. 善于挖掘深刻的主题

微型小说由于篇幅短小不可能对所反映的生活作广泛或全面的描摹,在作品主题的表现上往往容易缺乏深度,因此创作微型小说时,作者一定要在短小的篇幅里尽可能深刻地挖掘作品的主题,从而发挥微型小说"小中见大"的特长,使读者能够透过那些"细微"的画面体味生活的韵味。

如《人才》。作品叙写了清河县县政府办公室为了迎合新任苟县长的喜好,引进能够陪县长打乒乓球的人才。栾阿顺

[①] 胡永其、文春主编《微型小说佳作欣赏》第一卷,百花洲文艺出版社2004年版,第51页。

凭借真实球技获得了办公室文体秘书这一职位,尽管自己球技高于县长,但他为了吃稳皇粮,每次都是让县长既不输球又尽展球技,在球桌上把县长侍奉得百般舒坦,官位也随之上升。在苟县长四年任满将要离职的告别赛上,苟县长想在上级领导及继任县长面前再显露一次,但身为政府办公室副主任的阿顺却一反常态,使出真功夫把苟县长打得狼狈不堪,赢得了继任县长的称赞和上级组织部领导的夸奖。作品通过栾阿顺与苟县长打乒乓球的事件深刻揭示了官场的不正之风,同时也鲜活地刻画了阿顺拍马求宠、见风使舵的势利形象。

前面所举的《算账》、《局长丢了卡》等也都揭示出深刻的主题。

3. 善于设计精巧的情节

微型小说字数有限,对故事的叙述不追求情节的完整性、连续性与丰富性。创作微型小说无法铺垫渲染,也不能平铺直叙,因而更要通过编织精巧的情节结构来增加叙事的魅力。

创作微型小说常常采用"欧·亨利式"的结构方式展开情节。

如《电话》。作品写一对都曾有过恋爱史的年轻夫妻,婚前恩爱有加且能够坦诚相待,可婚后不久就开始口角直到大吵大闹。有一次丈夫接了找妻子的电话后,醋意大发,开始怀疑妻子和从前的男友仍然有往来,于是对妻子动武,以后发展到双方动手。在又一次打闹之后,妻子又接了一个电话,在电话里和对方亲昵地聊着自己的婚后生活,告诉对方自己生活得很幸福,和老公连嘴都没斗过,并告诉对方以后不要再打扰自己,最后果断地把电话挂了。一边听着的丈夫也由妒忌、愤怒转为喜悦,两人过了一个愉快的夜晚。第二天丈夫非要和妻子一块去见见电话里的那个"男友",于是妻子把他带到了城郊的墓地,原来"男友"已死。打电话的是妻子的弟弟,是妻子设局来缓和夫妻关系。作品结尾出人意料,这是和欧·亨利的短篇小说《警察与赞美诗》等作相同的情节结构。下面要提到的《报销》一作也是这种情节结构。

4. 善于塑造鲜活的形象

微型小说篇幅与选材上的特点,制约着作者不可能通过细致的笔墨来刻画人物形象,但这并不等于作者不能刻画出鲜活的人物形象,篇幅短小反而促使作者运用更加精练的文笔来塑造人物。作者常常借助情节的"峰回路转"来亮明人物的性格特征。

如《报销》。作品主体部分叙写的是备受爸爸疼爱的小女儿从上高中到上大学期间要求当财务科长的爸爸为她报销每次上学的汽车票和"面的"票等费用的事情,大学毕业后在金融部门工作的女儿虽不再让爸爸报销,却能够想办法在单位处理掉。到这里,人们看到的是一个为了满足女儿而损公济私的爸爸,并且由于他的娇惯,女儿也把损公济私当做理所应当的事。直到作品结尾才点明题意,退休回家的爸爸搬回一个大大的纸箱,女儿打开一看,全是自己七年内认真贴好的让爸爸报销的单据。作品结尾翻出了新意,我们才看到了一个真正的好爸爸形象:既疼爱女儿,又廉洁奉公。前面提到的《局长丢了卡》中的"局长",也是如此。"局长"的属下及小说读者都会认为他是想借丢卡之名大捞贿赂,但事实却是他通过大家的"还卡"了解了属下,且评出了"先进"。一个清正廉洁的领导形象被鲜活地塑造出来。

【思考与训练】

1. 结合教材认真梳理小说概念的演变,辨析、理解本节所提到的两种小说观。
2. 认真比较传统"三要素"小说观所谈论的小说特点与马振方教授所提出的小说特点,并谈谈自己的理解与认知。
3. 阅读微型小说《坐车》,认真体会微型小说的创作特点。

坐 车

余长青

刘副书记下乡总爱坐车。

刘副书记下乡坐车的权利是他自己争来的。

青山乡政府只有两部车,可乡领导却有10多个,每个乡领导下乡都坐车是不可能的。为此,乡党委书记乔明召开书记办公会,专门研究坐车问题。

乔书记提了个方案,具体为:桑塔纳,以书记为主,书记不用时,乡长可以用;吉普车,以乡长为主,乡长不用时,其他副职可以用。

乔书记的话音一落,赵乡长立即表示赞同。

刘副书记却一言不发。

乔书记见刘副书记不做声,便问刘副书记有啥意见。

刘副书记心想:按照这个规定,你们一、二把手都有专车,惟独我这个三把手没有,这太不公平了。说是乡长不用时,其他副职可以用,可乡里有10多个副职,到时几个副职同时要车用咋办?因此,刘副书记便把自己的意见照直说了。

赵乡长说:"对于这个问题,我的意见,我不用时,副职谁的事急就归谁用。"

刘副书记一听,心里很不舒服。但他没有反驳,只是阴沉着脸,一个劲地吸烟。

乔书记知道刘副书记是个能力很强的干部,挫伤了他的积极性对今后工作不利,于是乔书记说:"我看这样吧,乡长不用时,副职按排位顺序用车,遇到特殊情况时再特殊处理。"

乔书记拍了板,赵乡长便不再做声。

刘副书记心里清楚,尽管有了这个规定,但并不等于自己每次下乡都能坐上车。

刘副书记为了每次下乡都能坐上车,便想了条妙计:赵乡长用车时,刘副书记即使有事也不下乡;赵乡长不用车时,刘副书记即使没事也要下乡溜达溜达。

这样,在干部群众的眼里,都认为刘副书记下乡是有车坐的。于是,刘副书记的威信日渐增高。每逢刘副书记坐车下到村里,村里的书记和村长就是工作再忙,也都会陪在身边,对刘副书记的"指示"自然也就更当一回事了。

刘副书记觉得坐车的感觉真好。

不久,乡里换届,乔书记进城,赵乡长接任书记,刘副书记接任乡长。于是,刘副书记也有了专车。

刘副书记成了刘乡长后,人们却不大看见他坐车下乡了。

有次，朋友笑着问他："你没有专车时偏要争车坐,现在有了专车怎不见你坐了?"

刘乡长感慨地说："我没有专车时,走路下乡,人家不会说我思想好,而会说我没本事,因为我不是不想坐车,而是没车坐；现在,我有了专车,再走路下乡,人们的看法就变了。人们都会说我工作作风扎实,因为他们知道我是有车坐而不坐。"

4. 认真观察生活,仔细寻找生活细节,自己创作一篇微型小说。

第四节　剧　本

一、剧本概念的界定

剧本,就是指用文字语言记录人物言行、叙述故事情节、介绍舞台情况或故事场景以供戏剧演出使用的文学脚本,也就是戏剧剧本。戏剧应该是泛指在舞台上演出的所有剧种,如戏曲、话剧、歌剧、音乐剧、小品剧等,实际就是舞台剧,因此戏剧剧本又可分为戏曲剧本、话剧剧本、歌剧剧本、小品剧本等等。但是在文学创作或写作教学中人们常把戏剧狭隘地等同于话剧,戏剧剧本也就成了话剧剧本的代名词。事实上,戏曲、歌剧、音乐剧等尽管还需谱曲演奏或演唱,可是仍然离不开文字脚本,这些文字脚本仍然属于戏剧剧本。

剧本是文学的子类,属于文字语言产品。但是在以往的文学作品分类中,人们总是习惯于用"戏剧"这一概念来与诗歌、散文、小说等并列,这个"戏剧"所指的实际上就是戏剧的文学要素,即戏剧剧本。戏剧本身是一种综合艺术,包含演员、剧场、观众、剧本等要素,只有剧本属于文字语言艺术,因此也有人把戏剧剧本称为戏剧文学。

还要说明的是,把"剧本"专门指称戏剧剧本是传统意义的认知,这实际上是狭义的剧本。如果从广义上看,剧本还可以包括电影剧本、电视剧剧本等种类,但是由于各自所服务的艺术形式的差异,三者在作品结构与表现方式等方面还是有所不同,因而人们还是习惯于把戏剧剧本、电影剧本、电视剧剧本区分开来,作为不同的文学种类同诗歌、小说等并列于文学部类。然而,单就文字层面而言,三类剧本并没有本质的区别。电影剧本、电视剧剧本是在戏剧剧本基础上产生并发展成熟的,懂得了戏剧剧本的创作,也就能比较好地掌握电影剧本、电视剧剧本的创作,所以在后文的分析中,我们还是以狭义的剧本(戏剧剧本)为对象。

二、剧本的发展演变

戏剧最早产生在公元前的古希腊时期,当时曾出现了世界戏剧史上的几位著名戏剧作家,如埃斯库罗斯、索福克勒斯、欧里庇得斯、阿里斯托芬等,正是他们开启了戏剧剧本创作的先河,他们的代表作品分别是《被缚的普罗米修斯》、《俄狄浦斯王》、《美狄亚》、《阿卡奈人》等。戏剧创作发展到公元16世纪后半期,在英国出现了伟大的戏剧家莎士比亚,从剧本创作上看,莎士比亚的创作是从古到今成就最高、影响最大的,可以说是他使戏剧创作达到了一个高峰。他创作的剧本现存的有37部,其中喜剧作品《仲夏夜之梦》、《威尼斯商人》以及悲剧作品《哈姆雷特》、《奥赛罗》、《李尔王》、《麦克白》等是最具代表性的。他的戏剧创作情节生动丰富、人物性格鲜明、语言精练而又富于表现力,对整个欧洲戏剧及文学的发展都有重大而深远的影响。"欧洲18世纪的启蒙戏剧家、19世纪的浪漫主义戏剧家以及其他的许多戏剧家,都是大力学习莎士比亚的。"① 到了公元17世纪,古典主义戏剧创作兴盛,法国出现了三位杰出的戏剧家:高乃依、莫里哀、拉辛,主要作品有《熙德》、《伪君子》、《费德尔》等。在创作上,他们推崇古希腊戏剧,遵从亚里士多德提出的"三一律",从而使"戏剧创作终于探索到了适合自己的特殊艺术规律",并"发展为真正的舞台剧"。② 至此,戏

---

① 廖可兑《西欧戏剧史·上》,中国戏剧出版社2002年版,第136页。
② 高鑫《电视剧创作概论》,北京十月文艺出版社1986年版,第5页。

剧剧本的创作也就具有了自身比较规范的创作特征,尽管"三一律"的法则也是对戏剧创作的一种束缚。18世纪以后,戏剧创作在世界范围内进一步发展,可谓流派纷呈、大家辈出、硕果累累,先后出现了莱辛、歌德、席勒、雨果、大仲马、雪莱、易卜生、王尔德、贝克特、布莱希特等一大批著名戏剧家,他们的优秀剧本可说是世界戏剧史上的宝贵财富,不仅能给观众、读者以艺术美的享受,也是我们今天研究剧本创作的经典范本。

和西方相比,中国戏剧的出现要晚十多个世纪。一般认为,从唐代到宋代,是我国戏剧的形成期,到了元代才开始出现真正意义的戏剧形态:元杂剧。元代是中国戏剧史上的黄金时代,戏剧作家辈出,剧本产量大增,剧本创作达到了一个高峰,出现了以关汉卿、王实甫等为代表的一批著名杂剧作家。戏剧创作在元代兴盛是有着多方面原因的。"传奇小说、话本小说等为戏曲准备了故事内容,并且提供了为人民所熟知的人物形象;说唱诸宫调的乐曲组织和曲白结合形式直接影响了戏曲的体制;各种队舞使戏曲的舞蹈身段和扮相更加美化;傀儡戏、影戏也给戏曲的舞蹈动作和脸谱以影响。它们的发展使戏曲表演艺术渐趋成熟,同时也为产生优秀的文学剧本准备了条件。"元杂剧"在唐宋以来话本、词曲、讲唱文学的基础上创造了成熟的文学剧本"。① 关汉卿被称为我国戏剧史上最早也最伟大的剧作家,他的代表剧作《窦娥冤》早已是家喻户晓;王实甫的代表剧作《西厢记》同样是万民皆知。此后的明清两代,戏剧创作继续发展,又出现了汤显祖、洪升、孔尚任等著名剧作家,他们的代表作品《牡丹亭》、《长生殿》、《桃花扇》等,在戏剧文学史上同样具有突出地位。

需要指出的是,从元代到明清时期的戏剧创作,只是中国戏剧的一个特殊种类——戏曲。作为中国最早的成熟戏剧形态,元杂剧的贡献在于,"把歌曲、宾白、舞蹈、表演等有机地结合起来,开始形成了具有独特民族风格的戏曲艺术形式,并且产生了韵文和散

---

① 游国恩等主编《中国文学史·三》,人民文学出版社1964年版,第217页。

文结合的结构完整的文学剧本"①。其后的中国戏曲创作都是在这一基础上发展演变的。就剧本的创作而言,杂剧剧本主要由"曲词"、"宾白"和"科范"等内容构成。曲词是在诗、词和民间说唱的基础上形成的新诗体,主要抒写主人公的心情感受,是剧本中最具文学特色的部分;宾白是指人物的对话或独白,兼有叙事的性质;科范则是指人物的主要动作表情和舞台效果的说明,以指导演员表演。

到了公元19世纪末,西方的戏剧形式开始传入中国,到1907年由几位留日学生组建的业余剧团"春柳社"开始了中国现代戏剧艺术的自觉探讨,他们要创造一种不同于中国传统戏曲的,适应于现代文明需要的,主要借鉴西方的,以言语、动作(而非歌舞)为主要表现手段的新的戏剧形式,当时被称为"文明新戏"。② 这就是话剧,但"话剧"这个名称,是到1928年由洪深建议才确定下来,并最终为大家所接受的。③ 到了五四新文化运动时期,开始出现现代话剧的创作,随着民众戏剧社、戏剧协社、南国社等专业戏剧社团的成立,话剧剧本的创作也逐渐增多,先后出现了欧阳予倩、田汉、洪深、郭沫若等著名剧作家。现代话剧到20世纪30年代达到繁荣期,不仅田汉、洪深等人的剧本创作取得飞速进步,而且出现了曹禺、夏衍这样的重要剧作家。他们此时的作品《回春之曲》、《农村》三部曲、《雷雨》、《上海屋檐下》等,不仅在当时取得了极大成功,直到今天仍然是话剧舞台上的经典剧目。其中曹禺的创作成就更是突出,正是"由于曹禺的《雷雨》、《日出》的成功,使现代话剧艺术达到了成熟的地步"④。此后的年代里,中国现代话剧创作继续发展,又出现了郭沫若、老舍等著名剧作家的作品《屈原》、《茶馆》、《龙须沟》等。其中《龙须沟》一作还为老舍赢得了北京市人民政府授予的"人民艺术家"的光荣称号。

---

① 游国恩等主编《中国文学史》(三),人民文学出版社1964年版,第220页。
② 参见钱理群等《中国现代文学三十年》,北京大学出版社1998年版,第163页。
③ 参见黄修己《中国现代文学简史》,中国青年出版社1984年版,第145页。
④ 同上书,第248页。

三、剧本的基本特点

戏剧之所以为戏剧,关键就在于作品所体现出的"戏剧性"。戏剧性就是指由戏剧艺术所特有的表现手段综合形成的并显示着戏剧自身艺术品质的独特属性,这是标志着戏剧不同于其他文艺形式的特性。因此,剧本的创作必须把追求作品的戏剧性作为最基本的目标;而对戏剧性的追求决定了剧本创作的基本特点,这些特点也就是作品的戏剧性的主要表现。由于话剧剧本最为常见,也是戏剧创作中产品最多的,因此以下的分析将主要结合话剧剧本的创作展开。

(一) 以人物语言为主,以事件叙述、表演说明为辅

文学是语言的艺术,作为文学形式之一的剧本也不例外,但剧本的语言特性主要是借助人物语言体现的,这不同于小说主要依靠叙述语言,在剧本创作中,叙述语言只起到必要的辅助作用。剧本的人物语言包括人物独白、人物对话等。戏剧剧本的创作要以人物对话为主体,剧本中故事情节的展开、人物性格的刻画等主要都是借助对话得以实现的。这一特点在话剧剧本中体现得最为鲜明。"打开一部话剧剧本,绝大部分篇幅都是人物的对话。"[1]

高尔基指出:"剧本(悲剧和喜剧)是最难运用的一种文学形式,其所以难,是因为剧本要求每个剧中人物用自己的语言和行动来表现自己的特征,而不用作者提示。"[2] 剧本就是一种侧重以人物语言为主要手段来集中反映矛盾冲突、塑造人物形象的文学体裁,因此剧本不能像小说那样可以任由作者(或叙述者)直接叙述,甚至发表议论来叙事写人。甚至有人认为:"叙述是小说的基本手法之一,而戏剧却根本排斥叙述。""作家对人物形象的构思,只能

---

[1] 谭霈生《论戏剧性》,北京大学出版社1984年版,第8页。
[2] 高尔基《和青年作家谈话》,见《文学论文选》,人民文学出版社1958年版,第243页。

通过人物自身的语言(对话、独白、旁白)体现出来。"①

现在我们借用小说《家》中的例子来看看剧本是如何主要以人物语言(尤其是人物对话)为主进行叙事的,同时也看看剧本与小说叙述的差异。曹禺改编的剧本《家》与巴金的小说原作《家》都有如下片段:瑞珏将要分娩,而陈姨太却想借口"血光之灾"把她赶到城外去分娩。

在小说中,在场的人大都随声附和,软弱的觉新被迫忍痛接受,然后回房告诉妻子瑞珏,瑞珏听后只是无奈地哭泣。小说是这样写的:

> 瑞珏生产的日子近了。这件事情引起了陈姨太、四太太、五太太和几个女佣的焦虑,起初她们还背着人暗暗地议论。后来有一天陈姨太就带着严肃的表情对克明几弟兄正式讲起"血光之灾"来:长辈的灵柩停在家里,家里有人生产,那么产妇的血光就会冲犯到死者身上,死者的身上会冒出很多的血。唯一的免灾方法就是把产妇迁出公馆去。迁出公馆还不行,产妇的血光还可以回到公馆来,所以应该迁到城外。出了城还不行,城门也关不住产妇的血光,必须使产妇过桥。而且这样办也不见得就安全,同时还应该在家里用砖筑一个假坟来保护棺木,这样才可以避免"血光之灾"。
>
> 五太太沈氏第一个赞成这个办法,四太太王氏和克定在旁边附和。克安起初似乎不以为然,但是听了王氏几句解释的话也就完全同意了。克明和大太太周氏也终于同意了。长一辈的人中间只有三太太张氏一句话也不说。总之大家决定照着陈姨太的意见去做。他们要觉新马上照办,他们说祖父的利益超过一切。
>
> 这些话对觉新虽然是一个晴天霹雳,但是他平和地接受了。他没有说一句反抗的话。他一生就没有对谁说过一句反抗的话。无论他受到怎样不公道的待遇,他宁可哭在心里,气

---

① 谭霈生《论戏剧性》,第 12,9—10 页。

在心里,苦在心里,在人前他绝不反抗。他忍受一切,他甚至不去考虑这样的忍受是否会损害别人的幸福。

　　觉新回到房里,把这件事情告诉了瑞珏,瑞珏也说不出一句抱怨的话。她只是哭。她的哭声就是她的反抗的表示。但是这也没有用,因为她没有力量保护自己,觉新也没有力量保护她。她只好让人摆布。

　　显然,这段文字是作者或叙述者在讲述事件的情形以及觉新二人的反应,主要通过叙写人物的行动与心理来完成叙事的,同时还分析了二人不得不接受他人摆布的原因,通过叙述让读者看到了两个在封建大家庭中无助的受害者及其软弱的性格。

　　在剧本中,同样的情节,同样写两个人的反应,则是通过对话来表述的,且把当时不在场的瑞珏改成在场。剧本的叙事是这样的:

陈姨太　（目光歇在克明身上,缓缓地)三老爷,您看,——
高克安　（忽然）三哥,我看这件事宁可信其有,不可信其无。
高克定　（从旁附和）嗯,嗯,是的,是的。
陈姨太　（阴沉地）大少爷?
觉　　新　（望一望低着头的瑞珏。转对克明,苦痛地)三爸,您看——(克明毫无勇气地低下头来。觉新转对周氏)母亲,您——(周氏用手帕擦着眼角。觉新缓缓转过头,哀视着瑞珏,——)
瑞　　珏　（哀痛中抚慰着觉新)不要着急,明轩。(对陈姨太,沉静地)我就搬。(转对周氏)城外总可以找……找着房子的。

　　这段叙事的主体就是人物对话,通过简洁的对话把相关人物的行动、心理、性格等表现出来,陈姨太的强横狠毒、高家兄弟的愚昧冷漠以及觉新的无助痛苦、瑞珏的善良沉静等,都被表现得十分鲜明。

　　通过这个例子,大家可以明显地看到剧本与小说叙事的不同。尽管小说创作也要写人物语言(包括人物对话),但是小说不以对话为主体,甚至可以完全不用对话;但是剧本创作却离不开对话,剧本创作只有写好了人物语言(尤其是人物对话)才能体现出戏剧的特点。

在剧本创作中,为了能够让演员更好地表演,通过叙述性语言对事件背景、表演情态等进行交代也是必要的,如上段对话中括号内的文字。尽管这类文字不是剧本的主体,在剧本中只是起到辅助作用,但是这样的交代是剧本创作中必不可少的。

(二)剧情相对集中,富有戏剧冲突

戏剧需要在一定的时间之内在特定的舞台空间里进行演出,主要通过演员的表演来叙述事件、塑造形象,从而反映生活、表达情感,因此受舞台演出的限制,戏剧的故事情节必须集中,不能像小说叙事一样场景、环境、人物变换自如、丰富多样。在创作剧本时,必须对故事情节进行集中处理,使其适合舞台演出的需要。如前面所引剧本《家》中的片段把当时不在场的瑞珏改成在场,就是为了适应舞台演出的需要使剧情更加集中,从而营造出强烈的戏剧冲突,使瑞珏与陈姨太的冲突更加直接、更加鲜明。

高尔基曾经指出,情节就是"人物之间的联系、矛盾、同情、反感和一般的相互关系,——某种性格、典型成长和构成的历史"[①]。因此在剧本创作中,为了使故事情节更加集中,适合舞台演出,创作者就常常借助营造相对集中的矛盾冲突来展开叙述、塑造人物形象。曹禺的《雷雨》正是如此。作品把主要的剧情集中在一个雷雨交加的夜晚加以展开。"剧本在一天的时间(上午到午夜两点钟)、两个场景(周家客厅和鲁家住房)内集中展开了周鲁两家前后30年的复杂的矛盾纠葛,全剧交织着'过去的戏剧'(周朴园与侍萍'始乱终弃'的故事,作为后母的繁漪与周家长子周萍恋爱的故事)与'现在的戏剧'(繁漪与周朴园的冲撞,繁漪、周萍、四凤、周冲之间的感情纠葛,周朴园与侍萍的相逢,周朴园与大海的冲突)。"[②]正是借助这种集中的矛盾冲突,作品才得以展现出"下层

---

① 高尔基《和青年作家谈话》,第 297 页。
② 钱理群等《中国现代文学三十年》,第 413 页。

妇女(侍萍)被离弃的悲剧,上层妇女(繁漪)个性受压抑的悲剧,青年男女(周萍、四凤)得不到正常的爱情的悲剧,青春梦幻(周冲)破灭的悲剧,以及劳动者(大海)反抗失败的悲剧,血缘的关系与阶级的矛盾相互纠缠"①。

在传统戏剧创作中,亚里士多德提出的"三一律"曾经备受推崇,极大地制约着古典剧本的创作,甚至被法国古典主义戏剧家莫里哀等奉作金科玉律。所谓"三一律",就是要求在剧本创作中,必须保持"时间一致,地点一致,动作(情节)一致",也就是要求剧本的全部故事不超过二十四小时,故事发生在同一地点,情节要服从统一的主题。显然,"三一律"太过于死板,在现代戏剧创作中,这种法则明显地被打破了。但是,曹禺的《雷雨》被普遍认为是比较明显地体现出这一创作法则的,正是由于这个缘故,作者自己才会说:"我很讨厌它的结构,我觉出有些'太像戏'了。技巧上,我用的过分。"②但是人们还是能够清楚地看到作品在地点上不一致,尽管只是由"同一地点"变成"两个场景"。其实,这一法则早在欧洲文艺复兴时期莎士比亚的剧本创作中就被打破了,只要看看《哈姆雷特》就可明了。

现代剧本创作虽然不再拘限于"三一律"的创作法则,但是营造相对集中的剧情与鲜明的戏剧冲突却始终是无法改变的,这正是适合舞台演出的特殊性的必然结果。仍然以曹禺的剧本创作为例:他在《雷雨》、《日出》等作之后创作的《北京人》被称为"是曹禺追求已久的由'戏剧化的戏剧'生命向'生活化(散文化)的戏剧'生命的转变:不仅是对人的日常生活的表面形态的关注,更是对人的日常生活的内在神韵与诗意的开掘,普通人的精神世界的升华"③。在这部作品中,虽然"没有《雷雨》、《日出》那种大波大澜"④,但是我们依然能够清晰地看出其中的矛盾冲突。剧情被安

---

① 钱理群等《中国现代文学三十年》,第413页。
② 曹禺《日出·跋》,见《曹禺文集》第1卷,中国戏剧出版社1988年版,第456页。
③ 钱理群等《中国现代文学三十年》,第418—419页。
④ 黄修己《中国现代文学简史》,第513页。

排在北平的曾氏大家庭里,集中摹写这个大家庭里"家人亲戚之间的矛盾与相互倾轧"。"《北京人》所写的是时代的悲剧——新与旧的矛盾",这里有"曾皓同思懿在家庭经济和家事安排上的矛盾"①,也有曾文清与愫方"在'静默'的表象背后,隐藏着两个不同的灵魂"②的矛盾。作品就是在这些矛盾冲突中展开剧情的,通过思懿逼父、愫方说嫁、曾皓中风、杜家逼债等"这些波澜起伏的情节,有力地刻画了人物的精神面貌,细致地描绘了腐朽霉烂的封建士大夫家庭衰亡的过程"③。

(三)内容适于演出,富有动作性

有人指出:"剧作家在剧本中所写的东西,如果不能搬上舞台,不能获得直观的再现,就毫无价值。"④这就要求剧本的内容必须适合演出。剧本所反映的生活内容是需要借助演员的表演才能得以展现的,这就要求剧本的内容能够给演员的表演提供方便。在前面的小说部分曾经说过许多小说内容在戏剧、影视中是不便表现的,如心理活动、梦境幻想等,因此剧本创作必须从表演的角度认真考虑作品内容,让情节富有动作性,尤其是让对话以外的文字叙述更加富有动作性,静态的描写在剧本中很少有存在的地位。

亚里士多德在《诗学》中曾经明确指出:悲剧的"摹仿方式是借人物的动作来表达,而不是采用叙述法";"这些作品所以称为drama,就因为是借人物的动作来摹仿"。《诗学》的译者罗念生在注释中指出:"希腊文 drama(即戏剧)一词源出 dran,含有'动作'的意思,所谓'动作',指演员的表演。"⑤可见,在戏剧创作中使情节富于动作性是非常重要的。

戏剧动作通常有外部动作与内在动作之别,外部动作就是指戏剧人物的所作所为、所言所行,包括言行时的动态;内在动作则

---

① 唐弢主编《中国现代文学史·二》,人民文学出版社 1979 年版,第 223 页。
② 钱理群等《中国现代文学三十年》,第 419 页。
③ 林志浩主编《中国现代文学史》(下册),中国人民大学出版社 1984 年版,第 509 页。
④ 谭霈生《论戏剧性》,第 12 页。
⑤ 亚里士多德《诗学》,罗念生译,人民文学出版社 1962 年版,第 19、9 页。

指戏剧人物的所思所感,包括人物的内心活动、情绪情感变化等。

剧本的动作描摹常常是借助简洁的舞台提示、演出说明来实现的。外部动作在戏剧创作与演出中有着重要作用:首先,外部动作是戏剧情节的有机组成部分,推动着剧情的发展;其次,丰富的外部动作能够加强表演的"可视性",使戏剧所反映的舞台世界更加具有形象性。如前所言,剧本不能像小说那样容易摹写人物的心理活动,所以作为剧本塑造人物形象的一种重要手段,外部动作的描写就不能只满足于动作本身,而应该透过人物的外在行动揭示其内心状态,要在"形似"的基础上追求"神似",力争做到形神兼备,从而更加鲜活地刻画人物。

生动的外部动作描写总是能够让观众洞察到人物的内心活动,剧本的内部动作描写除了可以借助演出说明等加以体现以外,更主要的是借助外部动作进行揭示。在剧本创作中,外部动作与内部动作往往是融为一体的。

下面是曹禺的剧作《北京人》中的一段情节:

(愫方低头不语。)

曾　　皓　　愫方,你自己觉得怎么样?不要想到我,你应该替你自己想,我这个当姨夫的恐怕也照拂不了你几天了,不过照我看,袁先生这个人——

曾思懿　　(连忙)是呀,愫妹妹,你要多想想,不要屡次辜负姨夫的好意。以后真是耽误了自己——

曾　　皓　　(也抢着说)思懿,你让她自己想想。这是她一辈子的事情,答应不答应都在她自己,(假笑)我们最好只做个参谋。愫方,你自己说,你以为如何?

江　　泰　　(忍不住)这有什么问题?袁先生并不是个可怕的怪物!他是研究人类学的学者,第一人好,第二有学问,第三有进款,这,这是自然——

曾　　皓　　(带有那种"少安毋躁"的神色)不,不,你让她自己考虑。(转对愫方,焦急地)愫方,你要知道,我就有你这么一个姨侄女,我一直把你当我的亲女儿一样看,不肯嫁的女儿,我不也一样养么?——

曾思懿	（抢说）就是呵，我的愫妹妹，嫁不了的女儿不也是——
	〔文清再也忍不下去了，只好拔起脚就向书斋走——
曾思懿	（斜着文清）咦，走什么？走什么？
	〔文清不顾，由书斋小门下。
曾　皓	文清怎么？
曾思懿	（冷笑）大概他也是想给爹煎药呢！（回头对愫方又万分亲切地）愫妹妹，你放心，大家提这件事也是为你着想。你就在曾家住一辈子谁也不能说半句闲话。（阴毒地）嫁不出去的女儿不也是一样得养么？何况愫妹妹你父母不在，家里原底就没有一个亲人——
曾　皓	（当然听出她话里的根苗，不等她说完——）好了，好了，大奶奶，请你不要说这么一大堆好心话吧。（思懿的脸突然罩上一层霜。）

这一情节是写：思懿为了割断丈夫文清与愫方的关系，极力主张让愫方嫁给袁先生；而曾皓则为了把愫方留在身边陪伴自己、伺候自己，极力反对这桩亲事。在双方的明争暗斗中，当事人愫方低头不语，无可奈何，相关人文清无法忍受，逃离现场，旁观者江泰则不明就里，胡乱出招。这部分文字，既有不少外部动作说明，把人物各自的动作、神态交代清楚，又通过大段的对话，揭示了人物的内心活动，使人物的态度、立场及目的等都生动地表达出来。就外部动作而言，诸如愫方低头、文清逃走、曾皓假笑、思懿冷笑，尤其是曾家翁媳俩抢夺话语权的行动，在鲜活可视的动作摹写中人物各自的心理被写活了，可谓形神兼备。

总之，为了适合舞台演出，剧本的创作必须在加强情节的动作性上多下工夫，把人物的外部动作与内部动作统一起来进行摹写，从而避免戏剧表现之短，展示剧本创作之长，增加作品的戏剧性。

【思考与训练】

1. 结合自己的认识,谈谈对话剧剧本的对话特点的理解。
2. 结合自己的认识,谈谈对话剧剧本的动作性特点的理解。
3. 结合自己的认识,谈谈自己对剧本的戏剧性的理解。
4. 找出一部自己喜爱的剧本,进行具体的艺术分析。
5. 选择题材,联系生活实际进行小剧本创作。

第五章 文章写作

第一节 新　闻

一、消　息

（一）消息的界说与源流

1. 消息的界说

消息，是以简明的文字迅速及时地报道新闻事实的一种新闻体裁。消息是新闻报道中最基本、使用最多的体裁。广义的新闻指的是新闻体裁与新闻报道的总称，从新闻体裁的角度来说，包括消息、通讯、深度报道、调查性报道、特写等等。狭义的新闻仅指消息。

关于消息的概念，长期以来，在新中国新闻学界，一直沿用的是陆定一 1943 年对新闻的界定："新闻的定义，就是新近发生的事实的报道。"[①] 这一界说概括了新闻最基本也是必要的条件，即"新"、"事实"、"报道"。20 世纪 80 年代以后，中国新闻学界从西方引入了"信息"概念，在新的学术理念框架下，认为新闻从本质上说是一种信息，一些专家、学者纷纷以此重新界定新闻，给新闻理论与实践带来了新的启发，得到了比较广泛的认同。修订本《辞海》将"新闻"界定为："新闻是公开传播新近变动事实的信息。"[②]

[①] 陆定一《我们对于新闻学的基本观点》，见《中国共产党新闻工作文件汇编》（下册），新华出版社 1980 年版，第 188 页。

[②] 《辞海》，上海辞书出版社 1990 年版，第 1674 页。

这一界定指出新闻归根结底是一种为公众需要的新鲜的信息,帮助受众消除对外部事物认识的某种不确定性,因此,作为报道"新闻事实"的消息要承载足够的、有意义的新信息。

2. 消息的源流考证

在英语国家中,"新闻"被称作"News",《牛津辞典》将"News"一词解释为"新鲜报道"。它最早使用于1423年,苏格兰国王詹姆士一世在旅行回来后对友人说"我把可喜的新闻带给你",意即要把最近他看到、听到的事告诉他人。此后 News 在英语中开始普遍使用。1622年在伦敦出版的《每周新闻》(Weekly News)正式以"新闻"命名。到1700年前后,"News"一词已流行于欧洲各国。

在近代世界范围内报刊的初创时期,各种新闻文体尚未独立,在写法上与一般的文章很难区别。1851年,美联社的前身——港口新闻联合社——第一次用刚刚问世的电报技术传递消息,揭开了"电讯新闻"的一页。此后,为抢发新闻,各报都用电报发稿,由于当时电报技术落后,频发故障,电讯常常中断,迫使记者把最主要的新闻事实放在消息的开头部分去写,由此,消息导语与倒金字塔结构的雏形逐步形成了。1865年4月14日晚,美国总统林肯遇刺,当时的港口新闻联合社驻华盛顿记者抢发了这条轰动世界的新闻,报道只有12个英语单词:"总统今晚在剧院遇刺重伤",一般认为,这是新闻导语写作的开始。1886年3月30日,美联社记者约翰·唐宁用一条长消息报道了南太平洋沿岸发生的有史以来破坏性最大的风暴袭击萨摩亚群岛一事,其导语中,新闻各要素俱全,被新闻学著作奉为消息写作的典范,至此,消息的文体特征在西方形成。19世纪末叶,美联社总经理梅尔维尔·F. 斯通提出:美联社记者所发的每一条消息都必须具备五个 W(When/Where/Who/What/Why)和一个 H(How),这样,"五W一H"的导语形式正式确立并被各国新闻记者认同。20世纪40年代以来,"第二代导语"取代了"第一代导语","部分 W"式导语出现,即导语中不超过四个 W,把其他的新闻要素放在主体写。与第一代导语相比,第二代导语重点突出,更适应现代社会的快节奏。

在汉语中,尽管"新闻"一词与报纸联系紧密,但"新闻"一词并不是在报纸产生之后才出现的,它最早出现时的含义也不同于新闻理论范畴中的"新闻"。据《新唐书·隐逸》记载,唐初文人孙处玄曾抱怨当时缺乏记述新鲜事的书,感慨地说:"恨天下无书以广新闻。"这是中国古代典籍中最早出现的"新闻"二字。《全唐诗》、《太平广记》、《红楼梦》中使用"新闻"一词都指里巷传说的奇闻轶事一类谈资,可见,中国古代的"新闻"主要是指传闻、新奇的事情,是道听途说。

我国古代利用书写媒介来传播信息始于8世纪初唐玄宗开元年间政府创办的《邸报》,但它的内容并不称作"新闻"。报刊意义上的"新闻"一词最早见于宋代人赵升所著的《朝野类要·文书》:"朝报,日出事宜也。每日门下后省编定……其有所谓内探、省探、衙探者,皆衷私小报,率有漏泄之禁,故隐而号之曰新闻。"该书在提到当时存在的《边报》、《朝报》之后,又提到了所谓的《衷私小报》。这里的"新闻",指宫廷中不准向外泄露的事情,属于刺探得来的官方封锁的机密。"小报"的创办者将探访的消息假称为"新闻",表面上指的还是未经证实的传闻,而实际所指的却几乎就是现代意义上的真正的新闻。[1]

"消息"一词,在我国古代比"新闻"的出现要早得多。《周易》说:"日中则昃,月盈则蚀,天地盈虚,与时消息。"这里"消"是消逝的意思,"息"是不断繁衍生息的意思。"消息"在这里是指自然界随着时间的推移而发生的生生世世的兴衰变动。

及至汉魏以后,"消息"的词义扩大到人世的沧桑起落。凡是能引起人们关心并想去打探的国家政治、军事情况乃至个人的生死凶吉等方面情况的变动,都被称为消息。裴松之注引《三国志》的《王朗与许靖书》中提到的"消息"均用于指人事。相传为蔡琰所作的《悲愤诗》中,有诗句曰:"有客从外来,闻之常欢喜,迎问其消息,辄复非乡里。"[2] 唐代大诗人杜甫也有诗句言:"数州消息断,愁

---

[1] 参见丁淦林《中国新闻事业史》,武汉大学出版社1993年版,第13页。
[2] 转引自张大芝《新闻理论的基本问题》,陕西人民教育出版社1990年版,第1—4页。

坐正书空";"江南瘴疠地,逐客无消息。"无论是蔡琰还是杜甫的诗句中,"消息"都有了现代汉语中"音信"的含义,但是与"消息"在新闻学中的用法还有很大的距离。

　　我们今天从新闻学的角度使用的"新闻"、"消息"等词的词义与古义有很大的差别,它们不是由古义直接引申、演化而来,而是近现代报刊产生后由西方横移过来的,其基本的含义是"新鲜"、"真实"。19世纪80年代初,西方传教士报刊给中国带来了西方新闻思想,他们创办的首批中文报纸《天下新闻》、《各国消息》等,已确实接近近现代报纸,并开始使用"新闻"、"消息"作为报名,此时,"新闻"一词基本具有现代传播意义的概念。

　　《天下新闻》是伦敦布道会继《察世俗每月统计传》后在南洋地区出版的一种中文报纸,由传教士纪德主持,出版于1827年。由于受两位商人资助,它主要刊登欧洲和中国的新闻,宗教及伦理道德的内容居次要地位。除《天下新闻》之外,以"新闻"命名的还有1861年出版的《香港新闻》、1871年出版的《中外新闻七日报》等,它们的内容和办报方式都与现代报纸极为接近。1862年9月6日,《上海新报》登载了一条有关太平天国的消息,在写法上已具备今天我们所说的新闻诸要素,是中文消息写作的雏形。1881年12月,天津到上海的有线电报线路铺设竣工,交付使用,一个月后,《申报》率先刊出记者的专电。由于电报费用昂贵,记者对电讯要做到字斟句酌,删去一切空话与议论文字,只简要地直陈其事,这使写作日渐符合现代新闻写作要求。新闻专电在中国的出现,是现代意义上的消息写作日趋成熟的标志。五四新文化运动中,西风东渐,西方的新闻写作方法被广泛地介绍到中国来,1922年,任白涛《实用新闻学》一书把"导语"称作"冒头",即是"事件要纲","是诱起读者读欲之饵"。20世纪20年代上海的《商报》、《新闻报》,北京的《晨报》都开始运用新闻导语,到30年代,新闻导语已在写作中普遍运用,并且随着新闻信息量的增加,出现了综合消息。此后,新闻报道越来越成为人们获取信息的重要途径,其自身也在不断地发展。

(二) 消息的特征与类别

1. 消息的特征

(1) 真实性。所谓真实性是指新闻反映客观事物要准确,它包含反映事实与态度客观两层含义。真实性,是新闻的根本特征、首要的要求,是新闻的生命。中国早期的新闻学者徐宝璜严肃地指出:"新闻须为事实,此理极明,无待解释,故凡凭空杜撰闭门造车之消息,均非新闻。"①真实性原则是由新闻的规律决定的。新闻的本源是事实,是主体对于客观世界的反映,这就要求新闻报道的是客观现实中发生过或存在着的事实,是真人真事,报道应与客观事实的本来面貌相符,不能无中生有,凭空捏造。比如 2006 年 6 月 3 日新华社发表的《中国数学家破解世界难题》一文,就因内容失实而误导了读者。另外,新闻既然是通过传播媒介传播的关于客观事物的一种信息,那么,信息是客观的,新闻也应当是客观的,报道者在对新闻事件和新闻现象进行报道时,要采取朴素的陈述事实的语言和表达方法,容不得半点夸张与虚饰。

新闻必须真实是新闻工作的第一准则,这在国际社会早已达成共识。联合国国际新闻信条第一条就规定:"报业及所有其他新闻媒介的工作人员,应尽一切努力,确保公众所接受的消息绝对正确,他们应该尽可能查证所有消息的内容,不能任意歪曲事实,也不可故意删除任何重要事宜。"美国职业新闻工作者协会章程中也规定:"(1)真实是我们的最终目标;(2)另一目标是报道的客观性,这是有经验记者的特色。"包括中国在内的世界各国的新闻机构,都通过新闻法、记者公约、道德准则等形式规定了新闻报道必须真实的条文。

具体地说,新闻的真实性包含三个层次:

① 具体的事实要真实。即新闻报道要对具体、细微的客观事实作客观的反映。任何情形下,新闻事实都必须至少有一个行为主体,有时间、地点,有过程、结果、原因、背景等基本因素,也就是人们通常所说的新闻写作的五要素,即五个 W。新闻的任务就是

---

① 徐宝璜《新闻学》,中国人民大学出版社 1994 年版,第 10 页。

要原原本本地将新闻事实报道给受众。

② 事实的联系要真实。这是指新闻要如实地反映客观世界的整体面貌。任何事物都是由自身的规定性与外在关系的总和构成的,并以运动变化的现象表现出来。新闻不仅要求局部事实的真实,还要求真实地反映事物的存在条件、外在关系、运动变化发展等等,也就是要从纵横远近的联系中把握事实,避免孤立地认识事实、传播事实,这是新闻的整体的、宏观的真实。

③ 事实的阐释要真实。新闻不裁决事非,但有时会对事实趋向、意义等给以阐释。阐释要真实,是指新闻的分析、解释和评价要合乎客观事实本身的逻辑,对于新闻第六个要素"H"即"如何"的回答要真实。传播者应尽可能排除个人的政治、宗教倾向对于客观阐释新闻事实的干扰。主观性是任何新闻报道很难彻底消除的,传播者所能做的是努力地、最大限度地消除主观性,不带偏见地传播事实、阐释新闻事实。

(2) 新鲜性。所谓新鲜性是指新闻要给读者最新的事实。新鲜性是新闻的第二个根本特性、第二生命,是新闻的存在价值。人们所说的新闻是时间的"易碎品",就是指"新"对新闻的意义。新闻报道的是新近变动的事实的信息,几乎所有的新闻定义都会以"最近"、"新近"来指认新闻的内容要新,时间要近。徐宝璜在1919年曾形象地指出:新闻"须新鲜,盖新闻犹鲜鱼也,鱼过时稍久,则失味,新闻登载稍迟,其价值不失亦损矣"[①]。西方各国的通讯社、报社之间都奉行"今天的消息是金子,昨天的消息是银子,前天的消息是垃圾"的格言。

新闻的新鲜性是社会的需要、新闻的功能以及新闻的性质决定的。人们所以需要新闻,是因为人们需要及时了解外界崭新的变化、动态,以开阔视域,增长新见识,并在世界纷纭变动中尽早作出应对外界变化的心理、行为调适,以便更好地生活、工作、发展,新闻的功能要求能够满足接受者的这一需要,帮助他们消除面对千变万化的世界时的不确定性。另外,新闻的本质是信息,在今天

---

① 徐宝璜《新闻学》,第15页。

这个高效率、高节奏的社会里,社会生活瞬息万变,新闻作为一种日常生活中必须具备的信息,须要日日常新、时时常新,在不断的更新中获得独特的认识世界的价值。在某种意义上说,正是新闻作为信息传播之新之快在不间断地刷新着世界的面目,一旦一件有影响力的事情发生,新闻所能做的就是如何借助物质媒介最大限度地缩短事件发生的时空与接受者生活之间时空的距离,更新接受者对客观外界的认识,以微妙的形式改变人们的物质与文化生活。

新闻之新涵盖了两方面的内容:

① 新闻的内容要新。这是指新闻报道要有新意:事实要新,报道角度要新。"事实要新"指新闻报道的是新近发生、刚刚发生、正在发生的事实和已有事实的最新变动、最新进展。客观事物的运动是绝对的,新事物不断出现并且取代旧事物是绝对的,已有的事实在发展中形成新质,再次形成新的事实也是绝对的,这就是新闻报道能够常新的根源。新闻与历史都是对事实的记录,历史是对以往事实的忠实记录,而新闻是对当前事实的传播,"今天的新闻就是明天的历史"。在某种意义上,新闻与历史的差别就是新与旧之差。不过,每一天发生的事实无穷多,并不是所有新近发生的事实都可以成为新闻,而只是那些具有信息本质的事实,接受者应该关注、愿意关注的新事实、新变动,才能称其为新闻。

"报道角度要新"说的是新闻传播者要善于处理新闻信息,对相同的新闻事件,应发掘其独到新颖的方面,选择别致的角度对其加以反映。1986年9月2日,《经济日报》曾头版发表了题为《在第七届世界杯体操大赛中谁是"最紧张的观众"》的新闻,记者以特写的形式,记叙了大赛体育器械供应厂商天津某体育用品厂厂长的观赛过程,从万众瞩目的体育大赛中发掘出该厂生产的体操器械产品质量好的新闻,或者说是借体育写经济,委实匠心独运。

② 新闻的传播要快。这是指新闻的传播速度要迅速、及时,讲究时效性。

"时效"是新闻保持新鲜度的时间限度。在每一新闻事实发生或变动的时间与传播的时间之间都有一个时间差,一般来说,这个时间差越小,新闻的价值就越高,重要的新闻可以说是争分夺秒。否则,新闻将成为旧闻,成为"明日黄花",失去其作为新闻的价值,失去社会影响。

(3) 简短性。消息是新闻中最精简的一种体裁,要求以准确简洁的语言叙述新闻事实,用尽可能少的文字传递尽可能丰富的信息。一般来说,消息的篇幅都不长,短则几十字或几百字,长则上千字,一事一报,将事实中承载关键信息的新闻要素陈述出来即可,有的甚至被压缩为"一句话新闻"或"标题新闻"。消息中,即使有描写,也只是对个别典型细节略加点染,在这一点上不同于通讯的写作。1981年8月13日《人民日报》重新刊登胡乔木在延安时期写的《短些,再短些》一文,大力提倡写短消息。今天,虽然报纸不断扩版,广播电视频道不断增多,但短新闻有利于传递更多的信息,扩大报道面,适应快节奏的社会生活中受众的普遍要求。

(4) 生动、活泼。消息的写作有一定的格式要求,不过,任何媒体都要争取受众,因此,消息要写出生气、写出活力才能满足读者的期待。形式格式化、平庸乏味不能吸引读者,这一点,近年来,越来越受到我国新闻人的认同。在新闻写作中,为了写活新闻,就要做到表达形式灵活,不宜拘泥;适当地运用叙述、描写方法提取细节,突出现场感,凸现人情;还宜选用形象生动的语言,增强消息的可读性。当然,生动不是唯一的目的,生动的背后有深度,既"活"且"深",这样的新闻才是好新闻。

2. 消息的类别

消息可以从不同的角度分类。从报道内容来分,有时政新闻、经济新闻、科技新闻、文化新闻、社会新闻等等;从传播载体划分,有报纸新闻、广播新闻、电视新闻、网络新闻;从报道区域划分,有国际新闻、国内新闻、地方新闻。较为通行的分类方法是从写作特点进行划分,可分为动态消息、综合消息、经验消息、新闻述评等等。

(1) 动态消息。指对国内外正在发生或新近发生的重大、新鲜的事件的报道,主要反映变动发展的社会生活的动态。只要是有新闻价值的新鲜事实,无论大小,都可成为报道对象。动态消息使用频率最高,是最基本、最重要的消息文体,占新闻报道百分之八十以上的分量。一般来说,动态消息实效性很强,篇幅简短,一事一报,不作渲染,报道态度客观。重大新闻、简讯、突发性新闻都是动态消息。例如,2003年3月19日,美国总统布什于美国东部时间10点15分(巴格达时间20日凌晨5点15分)在白宫椭圆形办公室发表电视讲话,正式向伊拉克宣战。对此世界各大媒体都进行了报道,并连续不间断地跟踪事件,随时发出最新的动态消息。

(2)综合消息。指在同一主题下,对同一类事物或一个事物的多个侧面的归纳性综合报道,主要反映动向、问题、成就等。这是一种非事件性新闻,报道面较宽。动态消息反映个别情况、个别地方的个别事件;综合消息反映的是总体情况,往往综合了几个地方的情况、多个事实,如《"蓝领"稀缺困扰"中国制造"》(见2003年4月2日《人民日报》)。在写作上,要做到点面结合,既有概述又有细节;综合要有明确的意图,用同一个主题来统摄事实;叙议结合,但尽可能用"事实说话"。

(3)典型消息。主要是报道某地区、某部门、某单位、某个人在工作中的成功做法,或所取得的新鲜经验,也可以报道典型事件、典型问题等。又称为"经验消息"或者"专题报道"。这是一种导向性很强的新闻,有很强的针对性,主要采用叙述和夹叙夹议的写法全面系统地对典型的人和事总结经验,从中引出道理,给人以启发、教育、指导,推动全局,指导一般。典型消息要选取有代表性的人、事,详尽地叙述反映事物发展变化的过程,用有说服力的数据和事例说明问题,还要从典型中找出一般的规律性的东西。例如,获得第16届中国新闻奖的消息《融安乡镇干部角色转变受欢迎》(见2005年11月20日《广西日报》),报道了融安地方的乡镇干部从农民的管理者转变为服务者,积极为"三农"服务,为推动当地农村经济的发展作出贡献。

(4)述评消息。指在报道新闻事件的同时,对事实发生的背景、原因、结果、影响等进行叙述与评说。又称新闻述评,是介乎消息和评论之间的一种新闻体裁,通常采用以叙为主、夹叙夹议、边述边评的表达方法。述评消息带有一定的主观倾向。近年来,述评消息越来越多,尤其是一些国际新闻、敏感事件、反映新观念的新闻,由于受众的视野有限,需要报道者对刚刚发生的新闻事实发表看法,帮助受众理解新闻事件。不过,在述评消息中,新闻事实还是第一位的,报道者并不是空发议论,而往往是以事实佐证事实,就事说理,用背景材料分析新闻事件,表达自己的倾向性和看法。新闻评论的功能在于评论,不苛求报道事件的完整。但述评消息的功能兼有报道与评论,落脚点在于分析事实,如《美国大选决胜术:谁更会讲故事》(见 2004 年 11 月 5 日《南方都市报》)。

(三)消息的结构

消息通常由标题、导语、主体、背景、结尾五部分组成。

1. 标题

标题是消息的眼睛,是消息的精华所在。好的消息标题既要能够将消息内容准确明了地概括出来,让受众一目了然,又要能够激起受众的阅读兴趣。消息的标题有单行、双行与多行之分。

一个完全的消息标题,包括引题(也叫肩题、眉题)、正题(也叫主标题)、副题三行。正题较短,概括交代消息最主要的内容,写法一般较实。引题在正题的上面,或交代新闻事件的背景、成因,或是介绍从新闻事件中引申出来的思想、意义,或为正题烘托气氛,有时还对主要新闻事件进行概括,写法可实可虚。副题在正题的下方,是正题的具体化,多对正题起补充、说明作用,披露消息细节,写法较实。例如:

引题:我考古工作取得新突破

正题:秦始皇安眠两千载 项羽不是盗墓人

副题:《汉书》有误:掘墓焚陵是讹传 《史记》可信:水银江河在地宫

(《文汇报》1985 年 3 月 30 日)

引题:就制定人民代表大会常务委员会监督法听取意见

正题:中共中央召开党外人士座谈会

副题:胡锦涛主持会议并发表重要讲话 吴邦国通报有关情

况　贾庆林曾庆红出席

(《人民日报》2006年8月28日)

双行标题有两种形式,一种是引题＋正题。例如:

引题:在不少严肃艺术场所举步维艰纷纷"转向"的时候
正题:北京音乐厅缘何"火爆"?

(《人民日报》1995年4月1日)

引题:平庸也是过　违纪不留情
正题:沈阳四百余名公务员被辞退

(《经济日报》2000年10月28日)

另一种是正题＋副题。例如:

正题:金庸担忧学生不懂《天龙八部》
副题:认为《射雕英雄传》学生更易理解,表示武侠小说只能看
　　精神不能看行动

(《新京报》2005年3月3日)

单行标题只有正题,直截了当地叙述新闻事件的核心信息。例如:

正题:中国总理首次与艾滋病人握手

(新华网2003年12月2日)

正题:17岁杭州女孩发现小行星

(《今日早报》2005年9月1日)

此外,消息的行文中有时会使用到小标题。

2. 导语

导语是一则消息紧接电头(即"××社×地×月×日电"或"本报讯")的开头部分,一般是消息开头的第一句话或第一自然段。要求用简明扼要的文字写出最重要、最新鲜、最精彩的新闻事实,或反映新闻事实蕴含的思想意义,或提出要回答的问题,让读者迅速了解消息内容,用最重要的信息吸引读者注意。一般的文章则不一定要把最有价值、最核心的内容放在开头写。

根据美国哥伦比亚大学教授麦尔文·曼彻尔的分类法,导语分为两大类:直接导语和延缓性导语。前者以叙述的语言,将最有新闻价值的新闻事实交代给受众,这种导语适合时间性较强的新闻,其特点是开门见山,准确具体,简明扼要,不事雕琢;后者开头不直接交代新闻事实的关键信息,而是制造悬念,吸引读者看下去,这种导语在一些软新闻报道中使用较多,其特点是"曲径通幽",一语不中的,以叙述、描写、议论、提问等唤起读者的阅读兴趣。中国比较通行的分类方法是从表达形式上分类:

(1) 叙述式导语。即用最精练的文字把一则消息中最主要的事实叙述出来。这种导语多用于事件性新闻,多为先叙述事件中的某一情节、细节,再概括事件的核心信息。例如:

  路透社 2002 年 2 月 22 日电 美国总统布什今天结束了对中国的访问,离开这里回国。目击者说,布什的空军一号专机已经在北京时间下午 4 点 26 分飞离北京国际机场。

  中新网 2006 年 8 月 31 日电 据以色列《国土报》报道,犹太大屠杀的幸存者们 30 日邀请伊朗总统内贾德参观纳粹设在奥斯威辛的集中营,并呼吁伊朗领导人邀请幸存者们参加即将在伊朗召开的讨论二战大屠杀的会议。

(2) 描写式导语。即用描写的手法简单勾勒环境或者情景,渲染气氛,给人以形象感。例如:

  合众国际社 1980 年 5 月 18 日电 圣海伦斯火山昨晚爆发。巨大蘑菇状黑色烟柱从烟雾笼罩的火山口升入天空,高达将近十英里。驾驶飞机在火山上空飞行的飞行员说,这次火山爆发看起来就像是原子弹爆炸。

  新华社 1997 年 7 月 1 日电 在香港飘扬了 150 多年的英国米字旗最后一次在这里降落后,接载查尔斯王子和离任港督彭定康回国的英国皇家油轮"不列颠尼亚号"驶离维多利亚港湾——这是英国撤离香港的最后时刻。

(3) 评论式导语。即在叙述新闻事实的同时发表评论,明确肯定消息事实的意义;或者把事情的结论写在开头,揭示事实的意义,凸现新闻价值。例如:

  洞庭湖变大了! 经过三年规模空前的综合治理,洞庭湖扩大五分一。这个自明清以来不断萎缩的湖泊,终于出现了历史性大转折。

         (《湖南日报》2001年2月26日)

(4) 提问式导语。即以提问开始,或者即问即答,或者只问不答以造成悬念吸引读者。例如:

  谁是高考"状元"? 这个一年一度的热门话题,今年却在浙江省消失了。浙江省教委、省招办日前明文规定:今年将不对各学校的高考成绩进行排队,也不公布全省高考文理科成绩前三名的名单。

         (《光明日报》1997年7月25日)

(5) 引语式导语。即直接或间接引用消息中主要人物能揭示主旨的语言。例如:

  (据新华社专电)美国总统布什2日在白宫发表讲话表示,美军不会在即将到来的穆斯林斋月里闲着,因为"敌人不会在斋月里闲着"。

         (《成都日报》2001年11月4日)

3. 主体

主体是指在导语之后的消息躯干部分,是对导语的展开、补充、解释和深化。主体的任务就是展开导语陈述的新闻事实,补充导语中没有提到的新的要素或者次要材料,回答导语提出的问题,解释消息发生的原因、意义,使新闻要素更明确,信息更丰富、确凿。具体有以下两点要求:

(1) 紧扣导语,用事实说话。消息的导语为主体部分的写作定了基调,规定了写作范围,主体要展开哪些内容,都要按导语铺设的轨迹进行叙述。主体的内容要充实,在解释、说明导语时,在回答导语的问题时,要用事实说话,向读者传递尽可能多的确定性的信息,而不是抽象地说理议论。当然,并不是信息越多越好,消息不宜写成流水账,选用的材料要典型,有说服力,篇幅宜短小精悍。此外,主体部分的内容要避免与导语重复。

(2)层次分明,讲究逻辑性。消息主体的写作较一般文章更为简洁灵活,但主体部分的材料安排要体现一定的逻辑性,不能杂乱无章。消息报道中使用最多的是"倒金字塔"结构,这种结构方式常见于比较严肃和不具有情节性的新闻报道。

"倒金字塔"结构出现于19世纪60年代美国南北战争时期。这种结构将最重要的内容放在最前面写,次重要的内容放在稍后,最次要的内容放在最后写,依据材料的重要性排列,形式上很像倒置的金字塔。消息的结构除了倒金字塔结构之外,还有金字塔结构、金字塔与倒金字塔结合式结构、故事式结构、散文式结构、立体式结构,无论哪种结构形式,其主体层次与段落的安排都无外乎有两种方式:

①按事件发展的时间顺序组织材料。这种方式适合一些线索清晰、单一的事件性新闻,如报道重大事件、节日庆典、精彩的比赛、有一定故事性的消息。这种方式能清晰地反映事件的来龙去脉,使读者对事件发生、发展的过程一目了然,获得一个完整的印象。

②按事物内在的逻辑关系展开材料。也就是根据事实内在的联系或者问题的逻辑关系来组织主体部分的材料。主体各部分之间可以是主次关系、因果关系、递进关系、并列关系、对比关系、点面关系等等。"倒金字塔"结构的消息就是按先主后次的逻辑关系安排材料的。动态消息、综合新闻、经验性新闻、新闻述评常用这种方式组织材料。它的优点是能用清晰的条理呈现事物的内在联系,帮助读者尽快地把握消息的本质内涵。

4. 背景

背景是指新闻事实发生的历史条件、现实环境,或其他与新闻事实相关的事实材料,常被称为"新闻背后的新闻",也叫新闻背景。作为新闻事件的背景,它常常涉及历史、地理、科技、文化、艺术等领域。背景也是一种事实，主要用来对新闻事实起补充、说明、衬托作用，使报道更全面，也可以帮助受众了解消息中涉及的不熟悉的人和事，加深对新闻报道内容的理解。

背景材料大致有以下三类：

（1）对比性材料。在此与彼、当前与过去、正面与反面的比较中增强新闻报道的可读性，一篇新闻的特点与意义也常蕴含在这些对比中。

（2）说明性材料。往往用来点明新闻事实产生的原因、条件、环境、历史变故等等，通过横向的或纵向的联系，将事情的因果关系、来龙去脉交代清楚，既可暗示记者的观点，也可加深受众的理解。

（3）解释性材料。用来解释名词、介绍知识，比如人物的身份、性格、经历，产品的品质、特性，文化典故，名词术语等等，可以释疑解惑，也可以丰富消息的文化底蕴。

例如，《〈赵氏孤儿〉成为话剧新宠》这则消息中，插入了该剧本身及其在中西交流史上地位的介绍，以突出北京人艺与国家话剧院将其搬上话剧舞台这一事实的价值与意义。其中写道："《赵氏孤儿》是中国古代戏剧文本中最优秀的一出，是最可以与希腊和莎士比亚戏剧相比的中国戏剧母体和故事原型。1755年，由法国启蒙运动领袖伏尔泰根据元杂剧《赵氏孤儿》改编的歌剧，在巴黎正式上演，1759年又在伦敦上演。诗人、歌剧家歌德评论说：中国作品中有'结了晶的人性'。"（《中国青年报》2003年4月19日）

再如，在"以出口烟草和生产哈瓦那雪茄著名的古巴，今年将进口烟草"这句话中，"古巴"的定语"以出口烟草和生产哈瓦那雪茄著名的"也是背景材料。

新闻背景材料在消息中没有固定的位置，或见于主体部分之前或之后，也可用在导语之后；可以独立成段，也可以化整为零地穿插在对新闻事件的叙述中。背景材料要为消息的主题服务，依据主题取舍材料，要掌握分寸，恰当自然，不能喧宾夺主。

5. 结尾

消息对结尾的要求不像对标题、导语的要求那么严格，结尾的写作处理要视消息的具体情况而定。对头重脚轻的"倒金字塔"结构的新闻来说,材料按信息的重要程度依次排列,结尾自然收束就可以了,不必画蛇添足。其他结构形式的消息略微重视结尾。从形式上说,有补充式的结尾、议论式的结尾、概括式的结尾、预测式的结尾、对比式的结尾等等。不管什么样的结尾,都要写得实在,以叙事为主,切忌空泛;力求简洁,与主体、导语不重复。

二、通　讯

(一) 通讯的含义和由来

1. 通讯的含义

通讯是一种运用多种表达方式,形象、详尽、及时地报道新闻事件的过程与情景,再现人物精神和事物风貌的新闻体裁。它跟消息一样,是中国新闻报道中最主要的体裁形式之一。西方传媒中没有"通讯"一词,消息以外的具有可读性的长篇报道都称作"特稿"或"专稿"。

2. 通讯的由来与发展

作为新闻文体的通讯是由"通信"发展而来的。

1871年,上海、香港和欧洲接通了有线电报,电报开始传入中国,中国的报纸开始刊登电讯新闻。1882年1月16日,《申报》刊出该报访员从天津电报局拍发的电报,报道了清廷查办一名渎职官员的消息。这是中国最早的新闻专电,从此,报道外地重大新闻事件开始使用电讯。由于电信昂贵,又出现了另一类常标以"外埠新闻"的报道,一般篇幅较长,写法上常有议论或描写,弥补消息提供详情之不足,但只能通过邮政以寄信的方式传递,故称之为"通信"。这时的"通信"基本就是现代通讯的雏形。随着电讯价格的大幅度下跌,为追求时效性,"通信"也改用电报传递。于是,到20世纪20年代,"通信"就改称"通讯",逐步发展成为一种独立的体裁。

辛亥革命后,黄远生担任上海《申报》和《时报》的驻京特约记者,并为《东方杂志》、《论衡》杂志、《东方日报》等报刊撰写稿件,在此期间发表了大量的通讯。宋云彬在《民初名记者——黄远生》一文中说:"我国报纸之有通讯,实在是黄远生开始的。"①《申报》从 1912 年起还专辟《北京通讯》栏,刊登黄远生的报道。五四时期,这种文体进一步发展。十月革命以后,进步青年与知识分子关注世界形势,不少报纸加强海外报道,派记者去国外采访,以通讯的形式介绍国外的情况。比如,瞿秋白从俄苏发回的旅游通讯达 48 篇之多。

1942 年 7 月 18 日《解放日报》社论《把我们的报纸办得更好些》曾这样指出:"报纸既不是书籍也不是杂志,它的生命主要地就寄托在大大小小的新闻和通讯上面。"这就为通讯这一新闻体裁作了定位。一直到今天,通讯依然是新闻媒介中的重要新闻体裁。新中国成立以来,在报道新人新事新风尚、展示社会主义新面貌等方面,尤其是在报道英雄人物、培育社会风气上,通讯都起到了积极的宣传作用,写作的形式也更为多样。

80 年代以来,随着社会的变革、观念的更新,记者的新闻良心与职业道德得到强调,这一时期,探讨问题一类的新闻报道显著增加,出现了一批具有思辨色彩、批判意识的通讯。这一写作的潮流一直持续着,乃是新的时代特征的反映。同时,通讯在报道新人新事上,更为平民化、人性化,去掉了教化的痕迹,更能起到启发人、感染人的作用。

(二) 通讯的特点与种类

1. 通讯的特点

从通讯的产生与发展过程中,我们可以看出,它与消息不无关联。通讯是从消息中发展出来的,所以与消息有相似之处,但它作为一种独立的新闻文体,又有自身的特点。

(1) 新闻性。通讯作为一种新闻报道体裁,必然具有新闻性。这就是说,通讯要迅速、及时地报道有新闻价值的人物和事件,既要真实,又要讲究时效性。不过,在讲究时效性上,通讯较之于消

---

① 方汉奇主编《中国新闻事业通史》第一卷,中国人民大学出版社 1992 年版,第 1092 页。

息,相对要宽松一些,因为获得大量的、细致的第一手材料需要时间。此外,消息重在写事,通讯重在写人。通讯报道同样需要选择人们关心的具有社会意义的事件,只是在报道的时候,更侧重于通过人物的行为、思想等的细致描写,生动地展示、体现新闻价值。

(2)形象性。通讯在报道真人真事的时候,比消息更生动、形象,因而,又被称为"形象化的消息"。消息概括性强,少有细节;对通讯来说,除工作通讯外,其他几种类型都不仅要叙述主要的事实,还要展示情节,再现场景,刻画人物,描写人物形象及心理,在表达方式上更为灵活、自由,更注重形象生动,更常用到描写和抒情,因而较富有生活气息和文学色彩。通讯较多地使用形象思维,形象性是通讯这种文体易于感染读者的魅力所在,不过,它与文学的形象性的区别在于:虚构是文学的本质特征之一,而通讯不允许虚构,只能再现场景、形象,它在本质上仍然是新闻报道。

(3)典型性。通讯报道的都是现实生活中具有典型意义的人物和事件。所谓典型性就是有代表性、时代感,代表和反映一个时代的本质与思想倾向,能够产生教育意义与启发性。时代不同,对典型的要求也不尽相同,写作者应把握好所处时代的本质才能抓好典型性。正因为通讯报道具有典型性,所以每一篇通讯都有鲜明的主题思想,而主题是从新闻事实中提炼出来的核心。为了表达作者的观点,在叙事、描写之外,常常运用夹叙夹议的写法,或者直接发议论,表达自己的思想倾向,或者借助抒发感情,使主题更加鲜明突出。当然通讯中的议论,并不是长篇大论,而是画龙点睛式的点染。消息中不宜发表议论,在这一点上,消息与通讯是有区别的。

2. 通讯的种类

通讯在写作形式上表现多样,有主题通讯、特写、专访、速写、散记、侧记、新闻故事、见闻、采访札记等等。从报道内容划分,一般分为以下四类:

(1)人物通讯。人物通讯是用来展示新闻人物的事迹与形象的一种新闻体裁,主要用来报道那些能够体现时代精神的先进人物、新闻人物,以达到扬善惩恶、教育大众的目的。人物通讯是通讯类型中最为重要的一种,可以写个人,也可以写群体。报道先进人物是社会主义新闻媒体的重要任务,雷锋、焦裕禄、张海迪、孔繁森、李素丽、任长霞、郑培民、牛玉儒都是由通讯报道才家喻户晓的。人物通讯也可以报道反面人物,如《国法不容——俞作敏犯罪纪实》(新华社 1993 年 8 月 27 日),或关注一些有争议的人物、特色人物,以引起人们的思考。所报道的人物应有现实意义,有典型性。写作时要以事写人,强调写事写实,通过人物的言语行动展示人物的个性,表现人物的思想与精神。人物通讯会写到事件,但写作以刻画人物为目的,写作时要围绕"中心人物"选材。

(2) 事件通讯。事件通讯指详细深入地报道具有新闻价值或社会意义的典型事件的新闻体裁。事件通讯可以褒扬歌颂,如《为了六十一个阶级兄弟》(《人民日报》1960 年 2 月 29 日)、《惊心动魄 35 分钟》(《解放军报》2004 年 11 月 8 日);可以针砭、批评,如《南京师大音乐学院逼迫女生停课给视察领导陪舞》(《新周刊》2004 年 9 月 27 日);也可以以客观中立的立场调查、报道以揭示真相或寻求启示意义,如披露中国非法移民在英国海滩拾贝遇难的《拾贝惨案背后有黑手》(新华社 2004 年 2 月 6 日)、《商业部长买鞋上当记》(新华社 1990 年 9 月 11 日)。报道事件的通讯也会写到人,它是紧紧围绕事件来写有关的人物,写人物行动的全过程,其目的是要发掘事件本身的价值意义。事件通讯在写作时一般是大中取小,小中见大,从生活的侧面反映深刻的主题,寓情于事、寓理于事。在追求事件通讯情节生动、详尽具体时,也要警惕因通讯"故事化"引起的新闻事实失实、失真,或滥用情感、矫揉造作等弊端。

(3) 工作通讯。工作通讯是指介绍工作经验与问题,以找出规律、推动工作为目标的新闻体裁。它常常运用典型事实介绍工作中获得的先进方法和经验,以利于指导面上的工作,如《"一厘钱"精神》(《人民日报》1963 年 3 月 24 日);或揭示工作中存在的问题与矛盾,研究解决这些问题与矛盾的思路、对策,如鼓励企业关注市场动向的《金牌不是名牌》(《经济参考报》1991 年 8 月 24 日),反映北京市菜价偏高的《菜价追踪》(新华社 1994 年 4 月 12

日);或反映工作中某些值得重视的现象、倾向性苗头,提示有关部门重视的《五河:城市贫民背不动豪华广场》(新华社2003年8月27日)。工作通讯大量地出现在媒体,是中国社会主义报纸的一大特色。它直接干预生活,指导工作,涉及政治、经济、文化教育、社会生活等各方面,有很强的政策性、针对性,它通过总结经验、探讨问题,既从认识上指导工作,又能发挥舆论监督作用。今天,工作通讯的探讨视野扩大到向全世界取经,吸取外来经验教训。正因为如此,从表达上看,工作通讯较之其他几种通讯体裁带有较浓郁的理性色彩,注重研究性、论述性和解释性,而形象性色彩相对淡化。工作通讯不能流于空洞的说理,因为通讯毕竟不是评论,不是论文。

(4)风貌通讯。风貌通讯又称为概貌通讯,是一种着重反映社会变化、时代风尚及风土人情的新闻体裁。风貌通讯有的侧重写社会变迁,有的侧重写自然风貌、人文景观、民俗风情,更多的是把自然风貌和社会风貌结合在一起写。它所反映的风情状貌一般是概略的、轮廓式的,并结合具体描写。常见的种类主要有:散记、侧记、巡礼、见闻录、纪行、掠影、游记、印象记等等。写作风貌通讯要突出作者的所见所闻,写出报道对象的特征,在对比中写出时代、社会的"变"与"新",关注人的生存;并且要缘物寄情,写出作者的主观感受,情景交融,感染读者;若能兼以知识性、趣味性,可以进一步增强其可读性。比如,范长江的《中国的西北角》、《塞上行》,斯诺的《西行漫记》,都是优秀的风貌通讯。2002年4月15日《经济日报》登载的马秀莲的《在延安的山村里——下乡采访笔记》报道了革命老区发生的巨大变化,也如实地指出部分乡民仍然赤贫等现存问题,反映出近年风貌通讯求实求真的新变化。

(三)通讯的写作

要写好通讯,应该注意以下几个方面:

1. 提炼具有时代感的主题

主题是一篇文章的灵魂,对新闻作品来说,同样如此。通讯与消息相比,有着更为明显的思想主题。有些消息本身不带有倾向性,比如对自然景物的报道。消息的表达方式讲究客观,作者的思想倾向要渗透在新闻事实中,要"用事实说话",不能明确宣示主题。这是因为,在本质上,消息是一种信息,不是宣传。而中国的通讯则往往承担着一定的导向性的宣传功能,主题思想因此比较显豁,无论是长篇、短篇,还是写事、记人,都立意显明。比如报道神舟六号上天,消息让读者读到的是事件,令人振奋,而通讯则让读者具体了解到这一事件的重大意义。

通讯的立意要在表现时代精神上着力,也就是要具有时代感,要真实地反映一个时代特有的精神面貌,这一精神面貌,应该是人类普遍的法则与当下人民现实需要的最完满的契合。写出时代感,意味着:一方面,作者要站在时代的思想高度,认清大趋势,理解、分析、把握人物与事件的真实面目、内在本质;另一方面,要有针对性地回答当下人民群众关心的问题,反映当下人民群众的愿望,代表人民的根本利益。

当然,通讯主题的概括,乃是对于材料的一种理性的把握,是主观性与客观性的融合,要本着实事求是的原则,不可随意拔高思想意义,否则,不仅不会起到应有的宣传作用,反而会削弱通讯的社会价值。

从20世纪60年代以来,新华社推出了三篇报道优秀领导干部的人物通讯:《县委书记的榜样——焦裕禄》、《领导干部的楷模——孔繁森》、《公仆的本色——追记湖南省委副书记、省人大常委会副主任郑培民同志》,一个写的是60年代中国人民开始摆脱贫困时期带领人民治沙脱贫的领导典型,一个写的是90年代市场经济潮流冲击人们的观念时依然无限忠诚、甘于奉献的典型,一个写的则是21世纪初全党反腐倡廉的背景下永葆廉洁奉公的公仆本色的典型。三篇报道在不同的时代背景下,树立了领导干部中的典范形象,弘扬人民公仆应有的风范,抓住人物所处时代的主旋律,挖掘特定时代中人物特有的精神魅力,凸显该时代对于领导干部的要求。

通讯提炼主题的要求同样是集中、新颖、深刻。新华社总编辑南振中曾经指出:"为什么我们写出来的东西不如有些散文作品给人留下的印象深刻呢?我觉得一个重要的原因就是不少记者习惯于就事论事,在所写的通讯中,仅仅告诉人们生活中发生了一件什么事情,出现了一个什么人物,产生了一种什么动向,而没有对这些事情、人物和动向进行深入的开掘,没有从中获得带有独创性的、深刻的认识,没有酿成新鲜活泼的、令人感奋的思想。一句话,就是在自己的新闻作品中,没有明晰的、新颖的、深刻的立意。"① 通讯主题的集中,就是要紧扣时代形势、时代任务,反映时代精神。具体到作品中,就是要有针对性地宣示一种思想,提出一个值得关注的问题,或者提供一种经验或教训。通讯主题的新颖,就是要求记者抓住时代的尖端、前沿,反映新情况、新思想、新经验、新问题,提出新见解,让人耳目一新,而不是炒冷饭。通讯主题的深刻意味着透过事物的现象看本质,不是就事论事,而是能够从事实中揭示出事物的本质,触及这一时代人们关注的深层问题。

在主题的表现上,通讯通常采取的方法是:以小见大,以平凡折射崇高;对比衬托,在比较中烘托主题;直接点题,通过少量的议论画龙点睛;或者含蓄留白,给读者以回味的余地。

2. 选取具有典型意义的材料

日常生活中,每天都发生着许多新闻事件,但是并非一切新闻事件都可以成为通讯报道材料,只有那些典型人物、典型事件、典型经验、典型问题等等才能成为通讯报道的材料。这里所说的典型,不是文学作品中"杂取种种,合成一个"的典型,而是指生活中固有的典型,生活中存在和发生的、真实的、有代表性的、有新闻价值的情况、人物、事件、经验、教训、问题。

通讯的主题就是从这些典型中提炼而来的,反过来,主题又需要靠丰富、可靠的材料去表现,去提升。主题是灵魂,材料是血肉。在用材料表现主题时,首先要全面地占有材料,采访的面铺得越广越好,只有广泛地占有材料才有挑选的余地;在大量占有材料之后,还要围绕主题选择典型材料,与主题无关的材料,就算是再生动,也一概舍弃。选择典型材料,就是选择那些能够揭示本质、展示个性的材料。选材时,还要注意多侧面取材,立体地透视写作对

---

① 南振中《记者的思考》,天津人民出版社1983年版,第289页。

象,立体地表现主题,从而形成高远的主题。著名作家魏巍在写《谁是最可爱的人》前,将朝鲜战场上20多个他认为感人的事例写成一则长篇通讯的初稿,但主题不明确,材料杂乱,后来经过修改,只留下不同侧面的三个最感人的事例,形成了一个立意较高、较集中的主题。在使用材料的时候,要能够洞悉材料,认识典型的意义,认识材料本身的丰富蕴藉及其与时代、社会的关系。《"一厘钱"精神》这篇通讯写在20世纪60年代初中央决定开展增产节约运动的时候,最初写作时,记者选用了"一厘钱"、"一克纸浆"、"一滴药水"三个材料,从"节约财物"这一单一角度取材,意在表现生产者的主人翁精神,但是三个材料都是从节约财物的角度选取的,限制了主题的深广意蕴。后来,记者经过深入采访,又发现了新材料,最终选取了"一厘钱"、"一分钟"、"一根火柴"三个材料,分别从节约财物、重视产品质量、提高工作效率三个不同的角度立体透视这场全国性的运动,使主题扩大和深化为"伟大的事业要从最小的事情做起"。

  典型的材料既包含骨干材料,也包含细节材料。骨干材料是指能够支撑主题的基础材料、主要材料;细节材料往往涉及一件小事、一句话、一个动作、一个神态,看似微不足道,但最具有传神写照作用,用量不多,却效果明显,能在细微处打动人心,增加文章的分量。通讯的材料不能只是一些粗略的梗概,要有生动感人的情节、细节,才能打动人心,写作时,不管是骨干材料还是细节材料,都要精益求精。

  对于通讯的写作来说,从原始材料到形成主题,再从主题到选择材料,是一个反反复复的双向过程,在这个过程中,总是不断地斟酌、开掘、深化、修改、补充、完善,最终达到材料与主题的最完美的结合。记写模范售票员李素丽的《北京有个李素丽——21路公共汽车1333号车跟车记》(《工人日报》1996年10月4日),精心地选择了李素丽工作的17个小小片断,展示了她的工作态度、工作方式、工作热情乃至人生观的各个侧面,一个热情、勤恳、执著的普通劳动者的形象跃然纸上。这一成功来自作者反复、深入、细致的采访和对众多材料的提取、选择。

3. 综合运用多种表达方式

在表达方式上,通讯与记叙文相同,主要以叙述、描写为主,兼有少量议论、抒情和说明。与记叙文不同之处在于,通讯要迅速及时地反映现实生活,具有一定的宣传导向作用,因此在表达上更为直接、直观,讲究实录。不同的表达方式在通讯中有不同的作用,更多的时候,它们相互融合,成为一体。

(1) 叙述直接晓畅。作为新闻报道,通讯大多是用来写人记事的,叙述是最主要的表达方式。通讯的新闻性要求它快速传播,因此,通讯写作中的叙述,要求直截了当地交代人、事、物,直书其事,明白晓畅,朴实无华,具有直接性的特征。具体表现为:通讯中的叙述主要以顺叙为主,也就是依照事件发生、发展、高潮、结局的顺序进行叙述,从头到尾将时间交代清楚即可。有时也适当地运用倒叙和插叙。通讯的叙述一般都是开门见山,直奔新闻事实,侧重于一般过程的纪录。有时直接叙述新闻的五要素或六要素,有时直接交代记者采访的目的与过程,有时直接叙述事件的过程、后果、影响等。通讯的首尾之间、各层次段落之间、上下文之间常常用直接叙述的方式衔接组合起来,通过简要的叙述、交代,将全篇连成整体。

(2) 描写直观真实。在表达方式上通讯区别于消息的重要特征就是常常使用描写。通讯的形象化很大程度上来自描写,而通讯中的描写,具有直观性的特点。由于它常常就是记者采访的详细记录,包含事件、对话、场景的实录,极具可信性。通讯的描写不同于文学作品中的描写,它不借助词语修饰与夸张性的形容,不强调修辞,而是直接写出事物的本来面貌,是对于人物或事件现场的直接而具体的描摹,不夸张、不走形,强调现场感,以便让读者如临其境,如见其人,如闻其声,感同身受。

下文是美国记者威廉·克莱格写的特稿《日本投降》中的一段行动描写:

> 将军(指麦克阿瑟)后退一步,打了个手势,要日本人签字。当重光葵步履蹒跚地走到长桌旁时,这艘巨大的战舰上几乎没有声音;重光葵慢慢就坐,海风猛吹,使他的头发飘散

在前额上。他脱下丝质高帽放在桌子上,然后紧张地脱掉黄色手套,放在帽子上。

重光葵掏出一支笔,瞧着受降文件发呆,看来手足无措。

麦克阿瑟直截了当地说:"苏士兰德(麦克阿瑟的参谋长),告诉他在哪签字!"

参谋长走到桌旁,用手指点他该签字的那一行。日本外相很难堪,脸刷地红了,随即低下脑袋签了字。这时的时间是九时四分。

这一段行动描写中有多个细节,战胜者的骄傲与战败者的恐惧及仓皇表露无遗,实为传神。

无论是人物描写、环境描写还是场面描写,都要抓住特征,写出个性特点,绘物现神,成为独特的"这一个"。

通讯写作中,有些材料是事后采访得来的,往往由他人的描述形成。在重现场景的时候,要尽量还原事件发生当时的具体情景、人物的举止行为、事件展开的原始场面。

(3)议论抒情朴素实在。通讯中的议论、抒情具有朴素实在的特点。通讯中的议论,省略了逻辑推理过程,一般都是在承接前面的叙述事实的基础之上,结合叙述事实,作画龙点睛的发挥,力求精辟。更为常见的是夹叙夹议,通讯中很少或几乎没有大段的、独立的议论,忌讳空泛、冗长的说理。通讯中的抒情有直接抒情,而更多的是间接抒情,有的是依附于理的抒情,有的是依附于事的抒情,承接说理与叙述来抒情。一般来说,不管是说理还是抒情,都应该适可而止,不宜着笔太多,否则会显得矫情而不够自然。议论、抒情要做到有感而发,如古人所言:"感不至,则情不慎,情不慎则无以惊心而动魄,垂世而远行。"夹叙夹议、融情于理、感物比兴,是通讯中最常见的议论、抒情方法。

除此之外,语言对于通讯也很重要。通讯在内容上也要讲究生动精彩。中国新闻史上不乏像《为了六十一个阶级兄弟》那样的语言精练的典范名篇。在各种新闻文体中,通讯的语言是很有特点的,既有新闻性的要求,也有文学性的要求。新闻文体要求客观地报道事实,通讯也不例外,语言要朴实,掌握分寸,不滥用形容词、副词,使用各种修辞方法要以具体、逼真为目的,但又要能以朴实的语言对形象作生动传神的描绘,讲究细节的处理,并饱含深情;新闻性还要求通讯的语言干净利落,直截了当,不拐弯抹角,拖泥带水。通讯的语言既要贴近生活,通俗易懂,同时又提倡突出个性,尤其在写人物的通讯中,不同人物的语言是不同的,要反映出人物的个性特点。此外,对话在通讯中极为常见,要实录性地记录对话,直陈其言,不能添油加醋,生编硬造。

4. 组织自然有序的结构

通讯的结构没有固定的格式,可以根据不同的内容和宣传报道的需要安排。结构原则要以妥善地组织材料、恰当地表现主题思想为终极目的,不仅要有序地安排好大的框架结构,还要安排好叙述与描写、议论与抒情的段落层次。总体上说,其结构方式有三种:纵式结构、横式结构、纵横式结构。

(1) 纵式结构。纵式结构是按照事物发生、发展的时间先后顺序,或者按照记者观察、了解、认识事物的逻辑递进顺序来组织材料。这种结构方式的好处是:符合事物本身的发展状况,清楚地表现事物的来龙去脉,条理清晰,表现自然,且符合多数人的欣赏习惯。《筑起的,不仅仅是一座大坝……——写在小浪底截流之际》(《人民日报》1997年10月29日)的全文分为五个部分:"最具挑战性的工程"、"'小联合国'"、"索赔效应"、"小浪底到底让我们学到了什么"、"接轨,路还有多远"。文章先指出小浪底水电站的建设难度,接着指出其中外联手建设的特色,之后再写与外资打交道中的经验教训以及对方给我们的种种启发,最后从宏观上总结了同国际接轨的方向。纵式结构在写作的时候要注意突出重点,避免变成记流水账,要突出事物发展变化中较为显著的阶段,突出吸引人的情节与细节,对事物发展的高潮阶段应重笔描绘。

(2) 横式结构。横式结构是根据一个主题思想,把几个单独的故事或者一件事的几个侧面材料组织在一起的结构方式,是一种多视角、多侧面扩展的结构方法。此类通讯往往涉及面较广,牵涉值得记写的多个单位或者场面,常无中心人物或中心事件,但所涉及的几个故事或一件事的几个侧面都表现出同一个主题。横式结构的各部分往往是一个个各自独立的特写或速写。这种结构法的好处是报道面广,且中心突出。写作时,要注意紧紧地围绕主题组合、安排材料,组合的材料或者是数个故事,或者是报道对象的几个特性。日本记者秋冈家荣写的《世界屋脊上的西藏》就是一篇典型的依并列式结构写作的通讯。此文从西藏的气候、居民、宗教、文化交流和经济建设等五个方面对西藏作了全方位的报道,而且在每一方面的报道中,又用了并列式的材料进行介绍,比如,在"建设者的脚步"这部分里,作者有条不紊地分别介绍了西藏公路建设、铁路建设、资源、人口和农业几个方面的发展。

(3) 纵横式结构。纵横式结构是一种时空交叉结构,在以事物发展的时间顺序为基本线索来展开事件过程的同时,描绘多个在同一时间发生的但处于不同空间方位的相关联的事件。这种结构方式一般用于较为大型的事件通讯的写作中,特别是那些报道重大的灾祸或事件、事故的通讯。此类通讯涉及的时空范围广阔,同一时间常有多个情景场面出现,纵横式结构方式有利于综合、有序地展现整个事件的全貌。这种结构方式有的是前面以时间顺序描述事件,后面以横式结构展开几个典型的情景场面;也有的是在表现事件发展过程的不同阶段里,分别展开多个典型的情景场面描绘。纵横式结构较为错综复杂,写作时驾驭的难度也较高,《为了六十一个阶级兄弟》就是这种结构方式的成功范例。

以上所述,只是就通讯结构大的方面而言,在这些结构框架内还常有些灵活的创新,比如,在横式结构中,还可以尝试蒙太奇式的结构、对比式的结构等等。写作时应不拘一格,灵活多样,积极发挥自己的主观能动性。

至于开头与结尾,通讯并不像消息那样有特别的要求,其表现形式不一而足,只要紧扣主题,可以尽量丰富多彩。

【思考与练习】

1. 阅读报纸上的消息报道,找出一些导语范例分析其新闻要素的表达是否合理与理想。对自己认为表达有问题的导语,尝试着去修改。

2. 研读下面一条消息,看看它是否存在问题,并就此材料重新拟写一篇相同内容的消息。

马寅初错案彻底平反

7月中旬的一个上午,往日静悄悄的北京东总布胡同32号宅院顿时热闹了起来:中共中央统战部副部长李贵专程来到这里,拜访了著名经济学家马寅初先生。

会见是在马老的卧室进行的。马老坐在单人沙发上,在座的还有他的夫人和女儿。

李贵副部长说:"今天我受党的委托通知马老:1958年以前和1959年以后这两次对您的批判是错误的。实践证明,您的节制生育的新人口论是正确的;组织上要为您彻底平反,恢复名誉。希望马老能精神愉快地度过晚年,还希望马老健康长寿。"

(新华社1979年7月26日新闻稿)

3. 利用所学的消息的写作知识,独立采写一篇校园新闻,字数不少于500字。

4. 联系自己的写作与阅读,分别谈一下通讯与消息、记叙文以及小说创作的异同点。

5. 阅读下面一篇人物通讯,谈谈它的写作特色。

总理为农民追工钱

新华网重庆10月27日电(新华社记者 孙杰 黄豁) 10月24日下午5时许,三峡库区腹地蜿蜒起伏的山间公路上,几辆面包车正从万州区向云阳县城方向疾驰。

此刻,坐在汽车里的中共中央政治局常委、国务院总理温家宝望着车窗外一一闪过的田野,若有所思。上午11时许,他和随行的国务院有关部门负责人飞抵重庆万州后,就开始走访移民。万州是三峡库区最大的移民区,搬迁人口25万。在三峡工程进入三期建设的关键时期,移民安置至关重要。在连续走访了多户移民后,温家宝感到:尽管移民的居住条件有了较大改善,但长远生计仍需好好谋划,库区经济要加快发展。

汽车在行驶。夕阳洒向一片片硕果累累的柑橘林,圆圆的柑橘犹如千万盏小灯笼在墨绿的树叶里灼灼闪光。温家宝想:三峡库区农民的情况不知道怎么样?

当行至距云阳县城约40公里处时,温家宝看到公路附近隐约可见几处农舍,当即要求停车去看看村里的乡亲们。

沿着一条高低不平、十分泥泞的狭窄小道,温家宝带领着随行人员向公路下边掩映在一片葱茏竹林中的小村庄走去。

跨过几条水沟,穿过几片相连的橘园和竹林,十多分钟后,几间略显陈旧的农舍出现在眼前。

这是云阳县人和镇龙泉村10组——三峡库区腹地一个偏僻的小山村。

"老乡,我们能在你家坐一会吗?"

温家宝向正在院子里吸烟的一位农民和气地问道。

刚从田里干活回来的村民曾祥万挽着裤腿、赤着带泥的双脚正在歇息。闻听招呼,他抬起头来,简直不相信自己的眼睛。他赶紧迎上前来,紧紧握住温家宝的双手:"总理,过去我只是在电视上见过您,真没想到今天您会到我们这么偏僻的村子里来。"

"温总理到我们村子里来了!"正在田里干活的村民们,闻讯纷纷拥进曾家小院。

看着老老少少一院子的村民,温家宝显得十分高兴:"乡亲们,快都坐下,咱们一起聊聊!我很想知道你们村子里的情况。"

家里有几口人?粮食够吃吗?养的猪好卖吗?柑橘多少钱一斤?水库蓄水后土地还够不够种?孩子们都能读上书吗?上学一年要花多少钱?农村电费降了多少?家里有几个人在外面打工?移民补偿拿到没有……

温家宝面带微笑,一一询问村民们的生产生活情况。望着总理亲切和善的面孔,村民们的拘束一下子烟消云散,你一言,我一语,与温家宝拉起了家常。

小院里不时传出的阵阵笑声打破了村里的宁静。

不知不觉间，半个多小时过去了。温家宝对龙泉村10组的基本情况已有了大致了解。这时，他问村民们："大家还有什么困难？有什么需要我们做的？"

"总理，我想，我想说说我家里打工的事。"一直坐在温家宝左侧的农家妇女熊德明有些腼腆地说。

温家宝总理侧过身对她说："你说吧。"

这时，坐在旁边的重庆市委书记黄镇东也鼓励熊德明："有什么事只管对总理照实说。"

熊德明说，现在农民的收入主要靠打工，村里大多数劳力都在云阳新县城搞建筑，一年收入有五六千元左右，但是在修建新县城中心广场阶梯的过程中，包工头拖欠农民的工钱一直不还。她爱人李建明有2000多元钱的工钱已拖欠了一年，影响娃儿们交学费……

听着熊德明的叙述，温家宝神情顿时严峻起来。

"听说政府把修广场阶梯的钱拨下去了，但是包工头们扣着民工的钱不发。"曾祥万接过话头说道。

温家宝双眉紧锁，沉吟片刻后说："一会儿我到县里去，这事我一定要给县长说，欠农民的钱一定要还！"人群中立刻响起热烈的掌声。

"谢谢总理！"刚才还有些腼腆的熊德明，此刻高兴地叫了起来。

接着，温家宝对随行的干部语重心长地说："现在老百姓的好多事情，在一些领导干部看来都是些不值一提的小事，可对老百姓来说，却是大事。天天坐在办公室里，不到农民家里看一看，坐一坐，怎么能知道农民的困难呢？"

天色渐暗，丝丝寒气隐隐袭来，但村民们心中却暖洋洋的。温家宝和村民们一一道别，并愉快地提出和乡亲们合影留念。这时，乡亲们都抢着和总理握手，刚才还兴高采烈的熊德明却直往人群后面躲。

"别跑啊——"温家宝快步上前和她握手道别。这时，熊德明扬了扬双手，不好意思地说："我刚割了好多猪草，手太黑太脏。"但总理丝毫不理会，仍紧紧地握了握熊德明粗糙的双手。

暮色中,坐进汽车里的温家宝突然看到村里的乡亲们正跟在后面,向汽车走来。他马上又走下汽车,握着村民们的手再次道别。人群中,一些村民眼里闪动着泪花。

华灯初上,汽车驶进云阳县新城。温家宝心里仍想着龙泉村乡亲们的事。一见县里的负责人,他就追问起农民务工工资被拖欠的事。

县里负责人说:"确有其事,主要是因为一些包工头没有把钱发到农民手中。这事我们要认真处理,一定给村民一个满意的答复。"

当天夜里11时多,熊德明和丈夫拿到了拖欠的2240元务工工资。

第二节 社会评论

一、社会评论的界说

社会评论是针对当前现实生活中的某些值得关注的现象、问题、事件以及思想倾向进行分析、议论和评判,以表明作者观点与见解的一种评论性文体。评论文体属于说理性文章中的一种类型,一般是就某一对象发表评论者的观点、见解,作出分析、判断。社会评论与政治评论、文艺评论同属于评论文体,所不同的是,它们的评论对象不同,政治评论以政治方面的现象、问题为评论对象,文艺评论以文艺现象、文艺作品为评论对象。

社会评论密切联系现实生活实际,写作题材广泛,所涉及的评论面,大到国际社会关注的焦点,小到日常性的身边琐事。这类文章常敏感地捕捉一些新鲜的社会思想文化动态、带有倾向性的行为、做法,以及典型的问题、突发性的事件,有的放矢地加以评判、议论。比如:批评不良的行为、做法,辩驳错误的思想意识与作风,揭示其本质及危害;鼓励、张扬进步的思想行为与作风,提高人们对其价值的充分认识;或者依据事实阐发一些有现实意义的道理,解答一些思想困惑,给出具有启示性的解决问题的方法。社会评论引导人们对社会、对生活进行思考,通过辨明是非引导舆论,最终促成社会形成健康的、文明的、积极的风尚。社会评论的写作者要有敏锐的观察力和高度的社会责任心,要善于在社会生活中发现问题的苗头、现象背后隐含的思想认识,并及时地给予评说,旗帜鲜明地辨明是非曲直。

社会评论的篇幅一般都不太长,少则几百字,多不过一两千字,短小精悍,观点鲜明,发表及时,是广大人民群众喜闻乐见的社会批评形式,也是报刊、电台、电视台、网络上常见的一种文体。它以自如的形式为实现社会思想文化的清明发挥着舆论应起的作用。

二、社会评论的特点

(一) 针对性

社会评论具有很强的针对性。它往往针对现实生活中某一事件或某一社会问题、社会现象发表议论,有的放矢,目标明确。写作时,要在评论的开头首先亮明靶子。一般来说,社会评论很少就某一个面上的问题立论,选择的评论对象大多小而具体,往往抓住一个矛盾,讲清一个道理。例如,2003年12月18日《工人日报》刊载的《"豪华宴"吃掉了什么?》,针对的是陕西某县政府在某次公务宴请中,一桌饭花费近万元,而该县近几年累计拖欠交通、城市建设工程款却高达1亿多元一事所作的批评;而2004年3月16日《人民日报》登载的《公厕何必竞"豪华"》,则指出北京海淀区将投入数百万元兴建3—5座豪华公厕是在慷国家之慨,慷纳税人之血汗,是有关部门不切实际制造的形象工程。社会评论大多切合当下的现实生活实际,一事一议,一理一评,论题明确,目标集中,这是社会评论最为突出的特点,也是它与其他议论文体的重要区别之一。

(二) 及时性

社会评论不同于一般的议论文,它是就社会问题发表评论,因此必须紧密地结合现实,跟踪社会进程,把握人们思想的脉搏。在当前由改革开放政策所引起的社会转型的时代里,新旧观念的矛盾冲突很大,人们思想认识的差异加深,思想观念出现了混乱,尤其需要借助社会评论澄清思想认识上的误区,抨击错误的做法,纠正错误的观念,提高人们的思想认识水平。写作者应以发现新闻的眼光去关注社会,倘若一些不正之风已经横行无忌,写作者还没有觉察,那么社会评论就难以起到应有的作用,并将失去其存在的意义,只有及时、快捷,才能激浊扬清,惩恶扬善。不过,社会评论的及时性并不等同于消息的时效性,它不表现在年、月、日、时的时间观念上,而是指其议时论世的话题要新,符合当下原则。例如,2004年国庆前夕,新一届中央决定55周年国庆要把握"中庆"尺度,尽量节俭,不搞阅兵、晚会等盛大活动,8月23日的《国际先驱导报》及时刊发了《中国实行"节俭迎国庆"的积极意义》,指出节俭迎国庆传递出一种务实的作风,树立了一个有说服力的样板,令人为之叫好。

(三) 论辩性

社会评论在析事说理中体现它的论辩性,说理是否能让人信服,能否上升到一定的理论高度,是衡量某一篇社会评论价值的基本标准。社会评论的评论对象是具体的,但是析理不能停留在事实的表面就事论事,而要透过现象看本质,透过表象挖掘其中深蕴的道理,并将其上升到一定的理论高度,只有这样,才能辨明曲直,给人以启发。社会评论的目的,就在于通过对感性材料的理性分析辨明道理,扶正祛恶。不过,需要注意的是,社会评论的析理,并不是空谈大道理,不是说教,作者应该恰当地审视对象,挖掘本质,切中时弊,实事求是地作出恰如其分的判断。例如,1995年5月4日登载在《长江日报》上的《慎言"工程"》一文,针对一段时期以来的流行语"工程"一词(如"211工程"、"爱心工程"、"茶杯子工程"、"路灯工程"),以《辞海》中关于"工程"的科学解释为依据指出,工作有轻重,泛用工程一词,将一些并不难办的工作夸张为"工程",除了具有追求时髦、获得轰动效应的嫌疑外,还隐含了一种夸大工作难度的畏难情绪,为此,作者提出,应多说工作,少说"工程"。从对待工作的态度上审视泛用"工程",揭示事物的本质,鞭辟入里,才具有说服力,才能排除读者的认识误区、思想障碍。

(四)群众性

社会评论作为报刊、电台、电视台,甚至网络的常见文体,深受广大读者的喜爱。它的群众性特点,首先表现在它涉及的内容正是广大读者所关心的、所感兴趣的,并与广大群众的利益密切相关,它代表了社会的良心,具有正义感。社会评论常能从人民群众的价值观出发去发现问题,提出问题,分析问题,如《别让奢华刺痛贫弱百姓的心》(《工人日报》2004年1月5日)、《红头文件岂能成为促销手段》(《中国青年报》2004年1月2日)、《谨防"官官互惠"》(《今晚报》1997年5月30日)等,这些作品从标题上即可看出它们的群众立场。一段时间以来,当腐败成为社会痼疾的时候,社会评论充分地反映了人民的呼声,警惕地关注着社会生活的各个角落,大胆地揭露隐藏着的问题,并提出质疑,进行批判。

三、社会评论的种类

(一)赞扬性的社会评论

这类评论往往以先进的人、事或者做法、思想作为评论对象,旨在通过对先进的人物、事件以及行为作风正面的肯定,弘扬社会正气,倡导高尚的品德、作风与精神。此类评论不虚夸,少浮词,准确地叙述时间、地点、人名、事件,恰当地对对象的背景、特点、性质、影响作分析,中肯地将对象的优良品质予以揭示。

例如,《袁博士的"寒酸"》(《中国纪检监察报》1997年7月8日)讲述了美籍华裔物理学家袁家骝博士护送爱妻吴健雄博士的骨灰回江苏太仓安葬一事,作者就所见所闻发表了议论。作者所见的袁博士,穿的依旧是三年前回乡省亲时穿的灰色西装,裤子打了补丁,脚上的皮鞋裂了口,但是却先后为家乡的母校捐资近千万元。对比某些挥霍公款一掷千金不眨眼的"公仆"们,袁博士一方面追求简朴的生活,另一方面却慷慨解囊,捐资助学,委实美德可嘉。文章高度赞扬了袁博士的助学义举、节俭美德。在当前的消费社会里,在社会转型的年代,人们的价值观正经受着各种各样的冲击,此文能给人们很多启示。

(二)批评性的社会评论

这类评论往往以错误的、落后的人和事、行为和现象为主要评论对象,其目的在于通过揭露、剖析错误、落后意识及不良作风,影响舆论,引导社会风气。批评性的社会评论要把握尺度,在对对象进行分析时,要逐层深入,揭露其本质,阐明其危害性,有时,还会论及克服错误、改正不良的办法,给读者指明出路。20多年来,在向西方国家学习的过程中,在东西方文化碰撞的大背景下,人们的思想意识发生了很大的变化,当前,中国处于社会转型的特殊时期,各种沉渣泛起,社会上的思想观念、价值观念、伦理观念出现了混乱状况,在这样的时候,尤其需要社会评论发挥拨乱反正、整肃风气的作用,帮助人们辨明是非。例如,2006年5月16日《中国青年报》刊发的一篇极短小的评论《扪心自问,你愿意如此"作秀"吗?》就国人近年来滥用"作秀"一词发表看法,认为将企业家千万爱心捐款说成"作秀",甚至将大学生骑自行车调查三农问题说成是"作秀",将会给做好事的人形成一种群体压力,每个人做好事前先要思量一番的话,久而久之,恐怕谁都不敢轻易做好事了。

(三)阐发性的社会评论

这类社会评论不批评,也不赞扬,而是就社会生活中的某些现象、问题分析、阐发,发表看法,给出道理。其目的在于启迪智慧,增长见识,开阔人们的视野,以寻找更理想的解决问题的办法,因此,这类社会评论讲究科学性、可行性,分析评判需要依据。例如,2005年12月8日《法制日报》登载了《从立法角度看研究生虐猫事件》,文章指出,上海某大学一个在读研究生虐杀30只小猫的恐怖事件不容忽视,所激起的义愤也显示出善待动物的理念正在深入人心,因此,制订、实施保护动物福利的立法已经是万事俱备,刻不容缓。作者认为,通过立法的方式来保护动物福利,惩罚虐待动物、折磨动物与残害动物的行为,其本质是维持人与自然的和谐相处,实现人类社会可持续发展的目标,还体现出一个国家文明程度的新的提升与爱的意识的新的觉醒。作者理性地探讨的是如何避免这样的事件,阐述了自己的见解。本文的寓意是要解决问题,而非抨击当事人,内涵深刻。

四、社会评论的写作思路与要求

(一) 社会评论的写作思路

1. 从现实生活中确立评论对象

对社会评论的写作来说,确立评论对象是第一步,选择好评论对象,就意味着有了好的论题,也就意味着社会评论的写作成功了一半,因为论题如果能够切中时弊或言及热点、焦点,就易于吸引读者的关注。

评论对象的选择一般来自新闻报道以及现实生活中的事件、现象和问题。不仅如此,社会评论所针对的始终是当下鲜活、具体的评论对象。例如,2005年12月6日,《新闻晨报》率先报道了复旦学生虐猫事件,2005年12月7日,《燕赵都市报》即登载了《对生命缺乏敬畏不只是个人的病态》一文,对此事作出评论,认为对生命缺少敬畏并不是个别现象,批评了当前社会的冷漠。12月8日,《中国青年报》又发表了《从清华学生伤熊到复旦学生虐猫》一文,指出两个事件都反映出目前学校教育中人性教育的缺失,作者认为让受教育者拥有健康的心理、基本的社会公德和正常的人格,应该是教育的基础和底线,这样才能尽可能避免大学生虐待动物事件以及频发的校园暴力事件。12月28日,《光明日报》则刊发了《通过立法禁止虐待动物》,强调通过制定动物福利法有效地保护动物。在该条新闻刊出后,国内众多报纸都就此事件刊发了评论。这都说明了评论对象的现实性特点。

在社会评论写作中,一般总是在文章的开头先提出或简要叙述评论对象,之后在下文中对其进行评论,阐释道理,所以,社会评论的对象是相当具体的,目标是相当集中的,在评论的过程中,也是紧紧围绕具体的评论对象展开论述的,就目标展开纵的剖析,讲清一个道理。

生活中不乏可评的人与事,要想找到合适的评论对象,作者要怀有高度的社会责任感,做生活的有心人,还要具有敏锐的洞察力和犀利的批评眼光。对写作者来说,报刊、电台、电视台每天报道的新闻热点、焦点、外出的见闻、人们日常交谈的内容以及其他种种现实生活中的所见所闻,都可以进入社会评论的视野。大致来说,评论对象主要有以下两类:

(1) 具有评论价值的新闻。自然现象新闻、无社会意义的新闻、述评性新闻一般没有评论的价值,而一些直接涉及人且具有社会意义或某种倾向性的新闻往往带有评论价值。例如,抚养捡来的妹妹12年,又带着妹妹上大学的2005年"感动中国"的人物——洪战辉的事迹成了评论对象;2006年,安徽省某乡为了偿还吃喝招待款,先后卖掉政府办公大楼、电影院和乡广播站,还占用赈灾专款修建的敬老院办公,让五保老人住进破烂不堪的米厂长达9年时间,这一新闻也成了社会评论的对象。

某些重大新闻更受关注,例如,2005年夏,卫生部宣称中国医疗体制改革失败,7月30日,《信息时报》刊发了《聚焦我国医疗卫生体制改革不成功的根源》一文,探讨根源,提出人民优先的原则是一切改革的根本,对各行各业的改革都有启发。

(2) 各种日常社会事件、现象与问题,尤其是一些具有典型意义的社会热点、焦点。社会热点、焦点问题一般为很多人关注,对这些问题进行评论,倘若能够切中要害,往往更能引起共鸣。例如,一段时期以来房地产市场火热,中国和美国两个买房子的老太太的故事家喻户晓,对这一故事的解读使得众多的普通百姓纷纷贷巨款买房,很多人为债务所累,以致超出了自己的购买能力。《讲"老太太买房故事"的人那里去了?》(《中国青年报》2006年5月16日)指出,由于群众所接收到的国外信息的片面性,且不加分析,使得当前我国的房地产消费较为不理性,呈现出各种不良需求,一些人远远超过自己的能力去消费,盲目地相信那些片面的信息只会酿成苦果。作者还指出,这些问题同样表现在医疗、卫生、教育、社会风气等方面,值得反思。

2. 立足于当代分析论题、阐明道理

社会评论作为议论性的文章,它的根本任务是要通过分析论题,阐明道理,最终起到明辨是非的作用。社会评论要能够达到准确地析事说理的目的,首先要对论题展开分析,没有对论题的分析,就难以掌握事件、现象、问题的关键之所在。所谓分析论题,是指对所评论的对象进行联系性的思考,一般要把握好分析的向度,只有这样,才能较快地通过分析找准问题。分析论题有纵向联系和横向剖析两个方向。所谓纵向联系,是指分析评论对象产生的历史背景、思想认识、现实影响及其与其他社会现象的联系等等,这种方法能帮助读者弄清问题的来龙去脉、前因后果,从根源上解决问题;所谓横向剖析,就是针对评论对象,从不同的角度、不同的方面,全面地、细致地把握论题、阐释论题。在具体的写作过程中,作者可以根据评论对象的具体情况,采取一种分析法,也可采取多种分析法。

例如,近年来各地追捧高考状元的风气极盛,《高考状元碑背后的科举幽灵》(《南方都市报》2004年9月15日)一文,就是针对北京某些部门一度意欲模仿孔庙历代进士碑,把1978年以来各省的高考状元大名刻录成碑一事而发,作者在探讨问题时,将此做法与科举制度所体现出来的博弈原则相联系类比,追溯历史根源,查考本质,从而解决了问题。

也有不少评论分析评论对象可能产生的现实影响,以引起人们的警觉。某种思想或行为可能产生正面的影响,也可能产生负面的影响,它们将分别对社会产生积极或消极的作用,评论者以高度的社会责任感揭示出某种影响对社会的作用,即是对评论对象所作出的褒贬判断。

许多问题产生的原因或问题的本质并不那么单纯,因此,分析、阐释有时需要从几个方面展开,力争做到论述全面。例如,2006年5月25日《工人日报》刊文《"院士崇拜"暴露出的浮躁心态》,分析了当前社会上"院士崇拜"愈演愈烈的原因:一是各级政府与某些高校将院士的多少视为"政绩"加以追逐,二是"享受某某级待遇"等等行政因素造成某些专家一味追名逐利。作者由此主张要在全社会维护"唯学术成就论"的纯洁标准,而院士要维护个人的良好形象。再如,2005年5月25日,红网登载了《伪"英雄主义"让大学生崇拜黑客》,文章根据对沈阳某些高校的大学生崇拜电脑黑客的调查结果,分析其中道德扭曲的三个方面的原因,即:黑客文化的错位、网络道德的滞后及对黑客的打击不力。

社会评论的论辩性决定了社会评论要站在一定的思想理论高度上去阐明道理。这首先是指分析要有当代的高度,即要使用当代的社会思想文化话语形态所承载的意义与语词去分析评论。例如,同是讨论官员的廉洁清正对社会风气的推动、促进作用,2006年5月18日《新京报》刊出的题目是《官员行为示范　公众有德可循》,而1998年4月8日《人民日报》刊出的题目则为《领导干部必须树立良好的家风》,前者较之后者在观念意识上更为进步一些。这是因为,后者将官员视为"家长",这其中的"家国天下"思想乃是封建主义王朝下的产物,制造了官员与百姓的等级观,更将国家的治理与家庭伦理混为一谈,与时代的进步不和谐;前者摒弃了落伍的观念,展示了建立在现代人文思想与现代法制观念之下的官员行为示范,比后者的提法更理性,更具现代意识。

社会评论不能只是就事论事,只是罗列行为、现象、问题,仅仅表达作者的感受还不能使读者明理,达不到解决问题的目的。社会评论要想达到理想的传播效果,还要析理透彻,还要善于就事论理,上升到理性认识、理论高度上去辩驳问题。分析的目的是阐明道理,所以要对评论对象有理性思考,要向读者揭示问题的本质,作经得起推敲的理性分析;如果能够在此基础上达到一定的理论高度,则又会将说理进一步引向更高更深。这是因为,只有将问题通过概括、升华,将现象与本质、具体事物与客观规律联系起来,才能使读者认清问题之根本,所论才具有说服力,也才能以正视听。

例如,2006年5月16日,《人民日报》刊文《虐待黑熊说起的警示》,文章由从辽宁旅顺狮虎园满载游客的旅游车戏弄狗熊说起,分析了几年来发生的多起虐待动物的案例,文中引用了康德在其《道德形而上学基础》一书中的观点:"对动物狂暴、残忍与人对自身义务的悖谬,人有义务不那样做。这是因为人对动物残忍,会钝化对动物的苦痛怀恻隐情感,进而在与他人来往时弱化以至泯灭可以施为很大帮助的本性。"作者用康德的话警告世人:虐待动物的行为隐含着强者可以肆意凌辱弱者的法则,由虐待动物可以诱发虐待人本身,反对虐待动物,也就是反对虐待人类自己。这就将虐待动物行为的更为严重的后果揭示出来了。

理性的认识往往富于逻辑性,因此,好的社会评论使用的概念一定要明确,较长的社会评论在行文的思维逻辑上要尽量严密周到,环环相扣,层次分明,合理地论证、推导出作者的正确观点,同时,恰当地使用说理性文章的各种论证方法证明作者的观点。

当然,也有一些社会评论篇幅较为短小,不作过多的分析、阐释,只简单阐明正确的思想、观点。例如,《"打包"有理》(《人民日报》2005年11月6日)全文只有三小段,第一段交代了评论的靶子,即饭店里大量的剩菜被倒入泔水桶的社会现象;第二段简要探讨了产生这种现象的原因,即中国人爱面子;第三段则就山东30家酒店打出的"顾客'打包'有理,酒店深表谢意"的餐饮口号,提出要改变浪费型饮食陋习,树立节约用餐、适度消费的理念,提升社会文明。再如,在《有酒不卖少年郎》(《人民日报》2006年2月11日)一文里,作者亲历了黑龙江密山县一位女店主拒绝卖酒给未成年人,赞叹之余,作者就当前未成年人饮酒增多的现象,介绍了2006年1月1日起施行的商务部《酒类流通管理办法》中不得向未成年人售酒的规定,并简要提出减少未成年人饮酒现象的三条可行的管理办法。全文不过三百字,但具有很好的宣传作用,提出的办法切实可行。

3. 寓评于叙,平易恳切

社会评论是思想文化战线的"轻骑兵",它的阅读者是广大的人民群众,具有大众性。这一特点表现在社会评论的写作上,就是写法的通俗性,常常叙议结合、虚实相间。一般来说,许多说理性文章(包括社论、政论、学术论文)往往由表达作者的观点开始,经过严格的逻辑推理,有理有据地得出结论。社会评论的写作则不同,社会评论是从叙述具体的人物、事件入手,行文中常常要借助生动的叙述甚至描写来阐明道理。例如,《请国人善待汉语》(《人民日报》2006年6月14日)从全球学习汉语的人数不断攀升入手,批评了国人轻忽汉语的现象。作者指出:

如果这些还只是对词语理解得不准确的话，那么如今刻意胡乱编造词语，随意乱插洋文的造句简直令人有铺天盖地之感。且不说网络语言越来越让人看不懂，其他媒体上这种情况也不少见。比如近日看电视剧《沙家浜》，那个刘副官对刁德一说，上级（国民党军统的人）急需汇报情况。这个"上级"，在那个年代多用"上峰"一词表示，可是电视剧里却用"上方"。至于那些"悄悄话"、"道上言"、"低俗语"等垃圾用语搬上各种媒体更是屡见不鲜了。难怪国外有媒体感叹"墙外开花墙内不红，中国汉语水平尴尬下滑"。

此外，社会评论还常常使用成语、俗语，运用引用、比喻、对偶等修辞方法来增强文章的可读性。

社会评论在用语上忌隐讳晦涩、矫揉造作，不宜过于专业化，也不必典雅深奥，它的大众性要求它使用通俗明白、直白晓畅的语言，让群众读得懂。当然，随着中国国民文化与理论素质的不断提高，一些社会评论在思想、理论深度上都呈现出逐步提高的迹象，尤其是一些涉及政治、经济、法律方面的问题的评论，需要一定的专业背景才能写好。例如，《节约型社会呼唤法律变革》（《法制日报》2005年7月6日）一文，从北京市政府关于限制空调使用的一份行政通知切入，强调建设节约型社会的重要性，进而提出："在资源与环境危机日益加剧的当今世界，法律不能仅仅强调个人的自由与权利，它还应当注重公民的责任和义务；法律不能仅仅追求当代人的幸福，它还应当顾及后代人的幸福；法律不能仅仅着眼于现世人与人之间的平等，它还应当考虑当代人与后代人之间的平等；法律必须冲破鼠目寸光、急功近利的樊篱，将眼光聚集在人类社会的持续发展上，致力于寻求资源、环境与发展之间的契合点，将人类对环境资源的开发利用限制在其承载力以内，限制和禁止人类采取耗竭资源、破坏生态、污染环境的手段创造自身的幸福生活。"这段话强调通过立法保护自然资源，杜绝污染与浪费。

一般来说，任何具有一定的文化修养的人都可以运用手中的笔写作社会评论，表达自己对于当下生活中种种现象、问题或事件的看法。对于一个作者来说，能否写好社会评论，所依赖的更多的是观察的敏锐、对是非曲直的了然于心和对于问题的清醒冷静的理性把握。当然,评论写得形象通俗、亲切自然,还可以增加它的可读性。

(二)社会评论的写作要求

写作社会评论需注意以下几点要求:

1. 旗帜鲜明

社会评论在评价现实生活中的事件、现象、问题时,作者是赞成还是反对,态度要明朗,不能模棱两可、态度暧昧,也不宜追求含蓄、委婉,要起到社会评论应有的批评作用,必须旗帜鲜明。篇幅短小的社会评论常常将观点概括为一句话,采用"立片言而居要"的方法,尤其是"卒章显志"的方法,明确表明态度,干脆而显著。

2. 实事求是

社会评论对社会生活各个方面的褒贬评价,一定要尊重事实。对问题的认识,不夸大,不缩小,客观公正。写作者要时刻铭记,社会评论的写作不是为写作而写作,对表达内容的实质性追求应远远重要于对表达的艺术性追求;从现实生活中发现问题后,应以实事求是的态度从思想上、观念上加以解决,避免夸大其词、以偏概全、哗众取宠等不良文风。

3. 态度平等

写作者要以平等的态度对待读者。社会评论通过摆事实、讲道理说服读者,其取胜的魅力在于言之有理、以理服人。写作者不可以把自己置于高高在上的位置,而应该用诚恳的态度、平易的语言清晰地阐述道理,居高临下的姿态和满纸的说教都会使读者感到厌烦,最终将使社会评论难以发挥应有的作用。

【思考与练习】

1. 根据自己的理解,谈谈什么是社会评论?社会评论的特点有哪些?

2. 请阅读下面两篇社会评论,体会一下它们写作上的不同点及其各自写作上的优点。

从日本友人"自带筷子"说起

某地接待一行日本来客,中午就餐时,发现几位日本友人的第一个动作都是习惯性地打开随身携带的背包,从中拿出一个长方形的小盒子。令人没想到的是,盒子里装的居然是竹制或铁制的筷子。吃饭自带筷子,出国在外也不忘带,其节约意识给我们以启示。

有数据表明,我国每年丢弃的一次性筷子达数百亿双,制造这些筷子需要砍伐大量树木。虽然这些树大多是经济林木,但这么多筷子使用一次就丢弃,毕竟是巨大的资源浪费。再说,如果大家少用或不用一次性筷子,就可以节省大量的土地,使其发挥更大的经济和社会效益。

或许,对许多人来说,让自己带筷子去就餐,有点不可思议,也就更想不到要去做。其实,只要我们有一份节约的意识,从小事做起,从点滴做起,节约的良好习惯就会自然而然地养成,也就不会认为这样的节约行为有所不便。比如,上菜市场提篮子,去商场购小件物品自带小布袋,出差自带洗漱用具,等等,对这些习惯了,也就没什么感觉不方便的。

(《人民日报》2005年11月22日)

法律退守之时人注定尊严无存

本应停产整顿却违法生产,还违法使用女工下井。4月6日22时24分,湖南省冷水江市毛易镇东塘煤矿发生一起瓦斯爆炸事故,已造成6人死亡、3人失踪。事故发生时有14人在井下作业,其中有6名女工。死亡与失踪的9名矿工中,共有4名女工。据4月10日《中国青年报》报道,当地煤矿安全监管部门称,此前监管部门未曾发现女工下井问题,煤矿曾称女工们从事的都是地面工作。而当地一些群众反映,毛易镇不止一个矿在违法使用女工,当地使用女工的历史至少在4年以上。

人类的情感,总是天然流向那些更具悲剧意义的人或事。比如那位临死之前在矿帽中写下遗言的青年矿工,比如此番死于东塘煤矿的多名女工。是啊,本应停产整顿却违法生产,已是不能容忍,更何况,还违法使用女工下井呢?这样一种递进式的追问的确可以让很多人出离愤怒。正因此,冷水江市严令相关部门对使用女工下井的问题进行深入的调查,重申禁止非法使用女工、童工和未培训合格的员工下井作业。但是我所感到的悲哀,更多只是来自一个法律退守的事实。

我国《劳动法》、《矿山安全法》等法规有明确条款禁止女工从事矿山井下劳动。连群众都反映,当地不止一个矿在违法使用女工,使用女工的历史至少在 4 年以上,然而监管部门竟称此前未曾发现过女工下井。这本身是监管部门对法律的一种退守,甚至已经到了退无可退,守无可守之地。当法律退守之时,所有的人都注定尊严无存,这里已没有男人与女人、童工与非童工、培训合格与未培训合格的区别。

法律是什么?法律不光是国家安全与公共利益的屏障,同时也是对人之尊严的守护。因此法律本身就是一种底线,这个底线一经超越,人的尊严已经受伤。这个时候,对于违法者来说,让谁来承受伤害,让谁去送死,男还是女,老还是幼,都已不进入他的考虑范畴。他唯一考虑的,只是如何获取更大的利润。2004 年葬送 166 条生命的陈家山矿难,尽管"每个班报警七八次",但矿方为了不影响生产,就用衣服把检测仪盖住,或者断电后强行送电继续生产;2005 年死亡 83 人的神龙煤矿特大瓦斯爆炸事故发生之时,相关方面还在调查该矿此前发生的一起造成一人死亡的冒顶事故……所有这些,我们何曾从疯狂的矿主眼中看到"人"的影子?

我们很多人总是善良地希望,盗亦有道,即使是违法犯罪,也不应突破人伦的底线才好。换言之,希望他们能以人的名义给人类留一点点尊严。但事实证明,我们一再地失望了。面对那些疯狂攫取利润的矿主,如何能够寄希望于他们尚未泯灭的良知?又如何能在面对带血的煤块之时,只是希望血的成分尽可能少一些?又如何能够真正将死亡人数控制在划定的限度之内?

退,永远是终无可退的。法律缺失之时,不要指望良心与底线的存在。真正的理性在于如何以更加严格的监管,并辅之以更加严厉的惩罚,让矿方从一开始,并且在任何时候都必须在法律的范围内生产。

(《中国青年报》2006 年 4 月 11 日)

第三节 杂 文

一、杂文的产生及文体的发展演变

在中国古代,"杂文"这个术语,最早见于南朝刘宋时期范晔的《后汉书·文苑传》。其后梁朝的刘勰在《文心雕龙》里专门撰有《杂文》篇,评价他所认为的杂文。刘勰认为,"发愤以表志"的"答问"以及"辞虽小而明润"的"连珠"等都属于杂文。其实范晔和刘勰所认定的杂文,是指传统的正体文章如诗、赋、铭、赞、颂之类以外的无法归类的杂体文章。这种杂体文章的概念一直延续到唐宋以至于清末。而作为文体意识的杂文,到了 20 世纪初的五四时期,才确立下来。

文体意识的杂文概念,虽然出现比较晚,但是具有这种文体特点的杂文写作已然是历史悠久。先秦诸子的文章中,就有形象具体、一针见血的议论文字。孟子、庄子、荀子、韩非子的有些文章尖锐泼辣,富于形象,其中不少都可以看做优秀的杂文小品。唐宋以后,具有杂文特点的文章写作依然代有传人,韩愈的《杂说》、柳宗元的《黔之驴》、苏轼的《黠鼠赋》、刘基的《卖柑者言》以及清朝戴名世等人的小品文,都是古代杂文的精品。

具有明确文体意识的杂文,是伴随五四新文化运动的爆发应运而生的。为了革命斗争的需要,鲁迅、李大钊、陈独秀、瞿秋白等人在"五四"前后写了大量"匕首、投枪"式的杂文。其中,中共早期的领导人之一瞿秋白,是真正认识鲁迅的第一人,也是推崇杂文的第一人。他在《鲁迅杂感集·序言》中说:"鲁迅的杂感其实是一种'社会论文'——战斗的阜利通(feuilleton:小品文,文艺作品)……然而它的特点是更直接更迅速地反映社会上的日常事变。"瞿秋白对鲁迅杂感的评价,准确道出了杂文这种文体的本质特征,即文艺性的社会论文。

鲁迅本人虽然是写杂文的能手,但是他并没有给杂文下过定义。他在《且介亭杂文·序言》中说过这样一段话:"其实'杂文'也不是现在的新货色,是'古已有之'的,凡有文章,倘若分类,都有类可归,如果编年,那就只按作成的年月,不管文体,各种都夹在一处,于是成了'杂'。"读者可以清楚地看出,鲁迅所说的杂文,还不是作为文体意识的杂文,依然是"夹在一处"的文体。有人借此而得出结论说,"鲁迅说过,杂文古已有之",这不符合鲁迅的原意。可以肯定的是,鲁迅是"五四"以来现代白话杂文文体的奠基人和开创者。

具有文体意识的杂文,确切地说,应该叫做"现代白话杂文",是因鲁迅的创造、磨砺而获得巨大生命力的一种独特文体,是五四思想运动的产物,它以幽默、讽刺的文笔,艺术的形式,直接、迅速地反映社会上的日常事变。五四时期,杂文曾经一度叫"小品文"。

说到杂文,必然要提及《新青年》和《语丝》两个刊物。《新青年》是以社会评论为主的综合性刊物,主编是陈独秀,主要撰稿人是李大钊、鲁迅、周作人、钱玄同、刘半农等人。他们都选取以文艺性政论为主的杂文这一战斗武器。他们的文章体现了科学和民主思想以及彻底的反帝、反封建精神。"中国现代杂文,从它诞生的那一天起,就贯注着蓬勃的战斗精神,就有着鲜明的时代和民族特征。"[1]在《新青年》上发表的杂文,既有长枪大炮式的文艺性政论,又有匕首式的随感录,评论、杂感、随感、杂记等形式多样、长短不拘。《语丝》"是中国现代杂文史上最重要的以刊登杂文为主的文学期刊之一"[2],1924年11月在北京创刊。周作人在《发刊词》中这样说,在这个刊物上要以"简短的感想和批评"的形式,"发表自己所要说的话",反抗"一切专断与卑劣","提倡自由思想,独立判断,美的生活"等。《语丝》上发表的杂文,以广泛的文明批评和社会批评为基本内容,带有一定的政治色彩,有进步和战斗的倾向。

---

[1] 姚春树、袁勇麟《20世纪中国杂文史》,福建教育出版社1998年版,第202页。
[2] 同上书,第204页。

主要撰稿人除鲁迅、周作人之外,还有林语堂、钱玄同、刘半农等人。鲁迅曾这样评价《语丝》这个刊物:"任意而谈,无所顾忌,要催促新的产生,对于有害于新的旧物,则竭力加以排击。"①这两个刊物,为现代杂文的产生和发展提供了丰厚的土壤和条件,在现代白话杂文的发展历程中,功不可没。

综观整个20世纪中国现代杂文的产生、发展和演变的过程,我们可以粗略地把20世纪中国现代杂文的发展过程划分为五个阶段:

第一阶段:从1895年前后至1917年《新青年》创立,是中国杂文从古代"杂体文章"向现代"杂文文体"嬗变的过渡期。代表性的杂文作者有康有为、梁启超、秋瑾、陈天华、章炳麟等。

第二阶段:从1917年《新青年》创立至1937年抗日战争全面爆发,是中国现代杂文的创立和成熟期。代表性的杂文作者有陈独秀、李大钊、胡适、阿英等。

第三阶段:从1937年抗战全面爆发至1949年新中国建立,是中国现代杂文的全面发展期。代表性的杂文作者有唐弢、王任叔、聂绀弩、冯雪峰、胡风、廖沫沙、何其芳等。

第四阶段:从1949年新中国建立至1976年"文化大革命"结束,是中国现代杂文的挣扎和沉寂期。代表性的杂文作者有夏衍、马铁丁、"三家村"(邓拓、吴晗、廖沫沙)等。

第五阶段:从70年代末至90年代改革开放的新时期,是中国现代杂文全面复兴和新拓展的时期。代表性的杂文作者有冯英子、邵燕祥、舒展、曾敏之等。②

二、杂文的文体特征

(一) 战斗性

战斗性是杂文的第一特征,因为"战斗"、"抗争"的对象是"有

---

① 转引自姚春树、袁勇麟《20世纪中国杂文史》,第206页。
② 以上分别参阅姚春树、袁勇麟《20世纪中国杂文史》。

害的事物"。杂文主要用于对反面的、落后的和反动的东西加以抨击和批判,以深刻的剖析和说理作基础。颂扬的内容,是非常少见的。20世纪50年代曾经有人试图把颂扬的题材写成杂文,如《傻颂》,但是很不成功,没有流传久远。以后也没有效仿者。杂文写作迅速,反应及时,就像"感应的神经","攻守的手足"。战斗和抗争是杂文"与生俱来"的特性,什么时候这种战斗、抗争不需要了,杂文也就不存在了。所谓战斗性,就是对"有害的事物"鲜明的针对性、锋锐的"批判性"和迅速的"反响性"。[①] 杂文比一般议论文更尖锐、更犀利,它不仅要"提出问题、分析问题和解决问题",揭示事物的所谓"不合理性"、"不正当性",而且要有深刻的批判性。它比一般议论文指斥更为有力,也更加"强硬"。一般议论文通常只是指出现象,并没有批判的意味,但是杂文则是"攻其一点,不及其余"。现代杂文家徐懋庸在《鲁迅的杂文》一文中说:"为'讽刺',为'攻击',为'破坏',为了'扫荡秽丑',鲁迅创作了他的杂文,并且促进了中国的杂文创作。"[②]其中"讽刺"、"攻击"、"破坏"、"扫荡秽丑"十分形象地道出了杂文的战斗性的特点。周作人在《地方与文艺》一文中谈到明末以来浙东文艺的两种流向和风格。其中一种是"如老吏断狱,下笔辛辣,其特色不在词华,在其着眼的洞彻与措语的犀利",同样也从侧面描述了杂文的战斗性特点。比如,同样都是谈"文艺的阶级性"这个话题,杂文与一般议论文就有很明显的差异。鲁迅在《"硬译"与"文学的阶级性"》一文中说:"文学不借人,也无以表现'性',一用人,而且还在阶级社会里,即不能免掉所属的阶级性,……自然,'喜怒哀乐,人之情也',然而穷人决无开交易所折本的懊恼,煤油大王哪会知道北京拣煤渣老婆子身受的酸辛,饥区的灾民,大约总不去种兰花,像阔人的老太爷一样,贾府上的焦大,也不爱林妹妹的。"毛泽东《在延安文艺座谈会上的讲话》是这样表述的:"'人性论'。有没有人性这种东西? 当然有的。但是只有具体的人性,没有抽象的人性。在阶级社会里就是只有带

---

① 参见刘锡庆《散文新思维》,河北教育出版社1998年版,第199页。
② 转引自姚春树、袁勇麟《20世纪中国杂文史》,第412页。

着阶级性的人性,而没有什么超阶级的人性。我们主张无产阶级的人性,人民大众的人性,而地主阶级资产阶级则主张地主阶级资产阶级的人性,不过,他们口头上不这样说,却说成为唯一的人性。"后者是直接阐述正面的观点,而前者则带有强烈的讽刺性和批判性。这是文体特点使然,当然文章本身并不存在什么高下之分。

需要说明的是,这种战斗性在表达方式上并非一定是直接的指斥和批驳,多数情况下,常常是运用讽刺、幽默的手段来表达。

顺便提一下,因为这种"与生俱来"的战斗性,所以自然导致了这种文体同时具有极强的论辩性。杂文注重论争,它在鞭挞有害的事物时,不是恐吓,而是据理而论,以理相争;它讲究逻辑,靠着作者洞悉事物"底里"的透视力,剖析推断,联系发挥,以铁一般的逻辑力量制服论敌,折服读者,显示出巨大的雄辩力量;它的精神在于明"理",作者的最终目的还是为着论是非,辨正误,揭明"真理"。①

(二) 愉悦性

与杂文突出的战斗性紧密相连的还有杂文的愉悦性。杂文虽然具有战斗性,但是它不是金刚怒目,不是单纯地板起面孔说话,而是用诙谐幽默、轻松自如的语气去论说。杂文负着唤醒民众的责任,它要引导读者,唤起他们对真善美的追求以及对假恶丑的蔑视与嘲笑,使他们在笑声中愉快地和那些旧事物告别,从而获得一种"美"的精神享受。

杂文的愉悦性的表现手法之一,就是所谓"砭锢弊常取类型"。取类型就是以作者所捕捉的人物的"一鼻、一嘴、一毛"的细微特征来代表他们的同类,使这些形象的、具体的人物或事物成为某类人物或事物的代名词。这种寓类型于形象,寓一般于个别的"取类型"手法,实际上正是杂文典型化的一种独特表现。这需要对具体事物的勾画及形象类比等手法的运用,如鲁迅笔下"媚态的猫",比恶少乖巧、比小丑风雅的"二丑",伸长脖子麻木围观的看客等。作者写的虽然是具体的细节,但用的是勾魂摄魄的"画眼睛"的办法,

---

① 参见刘锡庆《散文新思维》,第 200 页。

其形象仍然是可感知的。① 下面是鲁迅在《二丑艺术》中描写的"二丑"的形象:

> 义仆是老生扮的,先以谏诤,终以殉主;恶仆是小丑扮的,只会作恶,到底灭亡。而二丑的本领却不同,他有点上等人模样,也懂些琴棋书画,也来得行令猜谜,但依靠的是权门,凌蔑的是百姓,有谁被压迫了,他就来冷笑几声,畅快一下;有谁被陷害了,他又去吓唬一下,吆喝几声。不过他的态度又并不常常如此的,大抵一面又回过脸来,向台下的看客指出他公子的缺点,摇着头装起鬼脸道:你看这家伙,这回可要倒楣哩!②

从此,"二丑"的含义就被固定下来。杂文通过这种形象的勾勒,使读者在领悟强烈的批判性的同时,也能感到趣味盎然。

杂文的愉悦性还体现在幽默、讽刺的特点上。杂文与漫画、相声在精神上是一致的。幽默是 humour 的译音,是"有趣而意味深长"之意,它"通过影射、讽喻、双关等修辞手法,在善意的微笑中,揭露生活中的乖讹和不通情理之处"③。讽刺是运用含蓄的语言或夸张的手法,讥刺、嘲讽落后、黑暗的人物或事物。所谓杂文笔调,就是以幽默、讽刺或冷嘲为其基本特征的笔法。林语堂先生也是一位杂文高手,同时对幽默的性质也有深入的研究。关于幽默的文学理论主张为他赢得了"幽默大师"的称号。他认为,幽默是人的天性,是人生的一部分,甚而是一种人生观;幽默是作家在评论和表现人生时,带着温和同情的笑,一种旁观超然淡远的态度;最高的幽默是"笑中有泪,泪中有笑",是"心灵的光辉和智慧的丰富"等。幽默、讽刺的手法在杂文的创作中是一个必备的因素,绝非可有可无。举凡不同时期的杂文家,都会自觉地运用幽默的手法。例如,鲁迅在《热风·随感录三十九》中讽刺以维护国粹为名来对抗新文化运动的文人:"即使无名肿毒,倘若生在中国人身上,也便'红肿之处,艳若桃花,溃烂之时,美如乳酪',国粹所在,妙不可

---

① 参见刘锡庆《散文新思维》,第201页。
② 《鲁迅杂文选》,上海人民出版社1973年版,第34页。
③ 刘锡庆《散文新思维》,第202页。

言。"一针见血地揭露了守旧文人的荒谬言论,同时也让读者真正感到畅快。又如苏叔阳的《小议"潇洒"》:

> 更妙的是,这"潇洒"被说成是高雅,是有文化的表现。岂知,文化是种积累,不是抹点儿面霜,烫个新发式,爆朵儿出来的。不是能当众喊歌儿,便成音乐家;会写报屁股文章,便成文豪;敢在台上溜达两趟,就是表演艺术家。以肉麻当有趣的吹捧,也日见"潇洒"。所以,大学教授卖馅饼,小学教室改旅馆都是"潇洒"的好文章。大家统统"下海"潇洒一番,中国是公司之国,这就现代化了吗?①

这一段对现实生活中所谓"潇洒"一族的丑陋表现进行了鞭辟入里的批判,而"能当众喊歌儿,便成音乐家;会写报屁股文章,便成文豪;敢在台上溜达两趟,就是表演艺术家"又让读者在领悟作者思想的同时,发出会心的微笑。杂文就是在这种嬉笑怒骂的格调中惩恶扬善的。幽默和讽刺,其战斗效果比一般的说教更泼辣有力。一般议论文常常是直接说理,正面表明作者的观点,没有任何的愉悦性可言。如下面的短文:

让"陋习"不再

刘海明

中新网6月28日电 为纪念《中华人民共和国科学技术普及法》颁布实施一周年,中国科学技术协会发起的"我最深恶痛绝的生活陋习"公众评点活动揭晓。其中,"随地吐痰擤鼻涕"居陋习之首。中国科协负责人表示,本次生活陋习评点活动本身不是目的,目的是通过这一活动过程对社会公众进行科普教育,培养公众科学、文明、健康的生活习惯。

陋习即鄙俗的、不雅的生活习惯。陋习,可以说人人都有,只不过它也同样存在一个普遍与不普遍、危害性大与不大的问题罢了。从某种意义上说,它就像一个影子似的,和我们

---

① 《苏叔阳文选·散文卷》,辽宁教育出版社2002年版,第144页。

形影相随。因而要根除陋习,困难重重。

听凭陋习的存在,不仅损人不利己,而且祸国殃民。这绝不是危言耸听。当SARS病魔肆虐之际,这场看似不期而遇的灾难,其实何尝不是由"人祸"造成的。而种种拿不到桌面上的陋习,则占据了相当的比例。看来,与其说预防SARS,不如说只有当那些司空见惯的生活陋习不再发生的时候,我们才有望最大限度地减少突发性重大传染疾病的"光顾"。让陋习不再,需要人人在脑子里牢牢树立远离陋习的意识。SARS已经向人类敲响了警钟,只要不戒掉留存在我们身上的诸多不良生活陋习,它的卷土重来并非不可能。告别陋习,尤其是在公众通过观察乃至是检点自己的习惯,总结出15种最具代表性的生活陋习的时候,面对这么多平时我们觉察不到的陋习杀手,究竟是去是留,此时此刻,考验的就是我们每个人的意志了。只有每个人从潜意识里时刻保持对各种陋习说"不"的意识,陋习发生的频率才能够大幅度地降低。抗击SARS的战争已经拉开了培养良好生活习惯的序幕,让我们不懈地坚持下去。

让陋习不再,需要从成年人自觉做起,由此耳濡目染下一代,进而在全社会范围内形成良好的生活习惯。成年人是整个社会的中坚力量,他们的一言一行,直接影响着周围的其他人,尤其是少年儿童。平心而论,在这方面,成年人实在没有多少作为,倒是值得反面圈点之处颇多。在这种情况下,成年人一味要求刚入学的孩子们从小养成良好的习惯,怎么能够让孩子们心服口服呢。更何况习惯这东西"传染性"挺强,一旦坚持不下去,忘掉的时候往往呈加速度递减。事实上,生活良好习惯的最终养成,需要几代人坚持不懈的努力,才能达到这一不算多高的"高度"。

让陋习不再,需要一定的经济强制性措施作保证。新加坡公民在拒绝生活陋习方面则早已为我们做出了榜样。他们能够取得如此"骄人"的成绩,是通过经济杠杆的调节逼出来的。许多时候,习惯是逼出来的,这话确实不假。以笔者为例,先前也有随地吐痰的陋习,后来,在朋友的"抗议"下,已经基本上"痊愈"了。可见,这个"逼"的方式很多,就社会人而言,采用适当罚款的手段似乎更奏效些。非常欣慰的是,不少地方已经制定了相应的措施严厉制止随地乱吐痰的陋习。只要运用恰当,收效肯定比单纯的说教好。

  告别陋习,人人有责。告别陋习,当从现在做起,从自我做起。只有陋习从单个的社会人身上消失以后,才谈得上整个社会的陋习不再。

  这篇文章分析了陋习的危害以及克服陋习的办法,均为正面阐述,没有幽默、讽刺,也没有什么"类型"可言。我们可以将其与《二丑艺术》及《小议"潇洒"》作一个对比,便能更清楚地体会到杂文的愉悦性特点。

  综上所述,杂文既有"硬"的一面——战斗性(犀利的指斥),同时又有"软"的一面——愉悦性(形象与幽默),两者缺一不可。只有同时具备这两方面特征,才能构成真正的杂文。杂文比一般议论文更"强硬",同时也比一般议论文更"灵活"。一般议论文总是紧紧围绕一个核心,阐述其现象,分析现象产生的原因以及提出需要改进的措施等等;而杂文常常是环顾左右而言他,天南地北,"潇洒走一回",看似漫不经心,实则环环相扣,内在联系紧密。一般议论文只是据理相争,以理服人,一板一眼;而杂文则是软中带硬,诙谐幽默,趣味盎然。一般议论文是摆事实,讲道理,正面说理;而杂文则是"浮想联翩",侧面烘托,用恰当的艺术手法去感染读者。杂文的战斗性和愉悦性的统一,恰恰是杂文区别于一般议论文的重要标志。

  与社会评论相比,在内容上,杂文针砭时弊,所论的对象往往具有普遍性、长远性,指涉较宽泛;社会评论就时事、身边的小事辨是非,帮助读者看清刚刚发生的某一事件、现象的正误、意义,或提出解决问题的方法等等,讲究时效性,也讲究现实作用。在表达上,杂文追求讽刺幽默的效果,即鲁迅式的"嬉笑怒骂皆成文章";社会评论旨在诚恳地指出问题,辨明道理,语气较为庄重、严肃,求真求实。另外,杂文的写作追求形象性、生动性,语言富有诗意、哲理,内蕴丰厚,而且多为正话反说,寓庄于谐,汪洋恣肆;社会评论的写作则更多追求平易亲切,追求通俗易懂,多直陈利弊,正面表现其思想的锋芒,对表达的艺术性要求不高,不需要追求文采。

三、杂文的写作思路与要求

(一) 杂文的写作思路

杂文作为一种应用广泛的文体,自它诞生之日起,就具有独特、鲜明的个性。杂文的内容常常是古今中外、上下几千年,作者的思路可以自由驰骋,可以随时引经据典,有较强的知识信息。杂文的内容,表面看去,都是风马牛不相及的事物,而实际上,作者正是通过这些风马牛不相及的事物,去揭示不同事物之间的内在联系,并通过这种内在联系,来达到阐明论点的目的。以前面提到的鲁迅在《"硬译"与"文学的阶级性"》一文为例,作者在论述"文学是有阶级性的"这个论题时,由"煤油大王"联想到"北京拣煤渣老婆子",由"饥区的灾民"不去种兰花,又联想到《红楼梦》(贾府上的焦大,也不会爱林妹妹)。作者的思路,可谓开阖自如、舒卷由人。本来"煤油大王"也好,"北京拣煤渣老婆子"也好,与"饥区的灾民"甚至与《红楼梦》都是风马牛不相及的,但是作者把他们组织在一起,共同说明了一个观点。之所以会有这样的效果,就是因为作者找到了这些事物之间的内在联系。又如邵燕祥的《眼睛》:

眼　睛

还在编辑岗位上的时候,经我的手,先后刊发过孙犁、公木、陈敬容三位老师题为《眼睛》的诗,同题异趣,各抒怀抱,互有辨正和补充。

现在我也想到这个题目上来,许是因为目力渐弱,视茫茫了,才深感眼睛的可贵。记得年轻时读斯大林在列宁死后的致词,宣誓要爱护什么什么,"像爱护自己的眼睛一样",第一次见到这个比喻,印象殊深。

谁不爱护自己的眼睛呢?

眼睛是干什么的，还用问吗？"心之官则思"，眼睛的官能是看，就如耳朵的官能是听一样。耳聪目明是幸福，耳目闭塞是不幸，更不用说聋人必哑，盲人陷于茫然。捉迷藏是孩子的游戏；成年人眼睛被蒙上黑布，那准是受到强徒的劫持。即使最爱捉迷藏的孩子，接连不断地蒙他的眼睛他也不干，不信你试试看！

眼睛生来要看：看自己也看别人，照镜子仿佛是用别人眼睛看自己，以人为镜是看自己也是看别人；看自然也看社会，看近也看远，看实也看虚，看历史也看未来……看书看报看电视，则是透过屏幕和文字，看人看事，看其言并看其行，看其面并看其心，为的是知情和了解；了解二字，原写瞭解，瞭者望也，眼见为实，才能了然于胸。书报电视提供不了必要的信息，看的兴趣就淡薄了。

中国古代有一种朴素的民本思想吧：《尚书·泰誓》就有"天视自我民视，天听自我民听"的话。千百年来在一些妄图欺世者的同时或身后，历史都记下了对"一手掩尽天下人耳目"的斥责，也证明了这是不可能的。一九四九年前后流行一句话："人民的眼睛是雪亮的"，在新的时代体现了历史唯物主义的群众观点，同时成为人民群众的历史主动性的颂歌。

不过，"老虎也有打盹的时候"，人民的眼睛也有睁一只闭一只的时候吧？

"眼睛里揉不得沙子，"王熙凤不愧女中豪杰！

你以为"众目睽睽"就会使恶德丑行敛迹？为什么有些坏人坏事能在"众目睽睽"下通行？

你相信"人民的眼睛是雪亮的"吗？

人民：你的眼睛是雪亮的吗？

文章由孙犁等三位作家以《眼睛》为标题的诗说起，又说到斯大林在列宁死后的致词、眼睛的官能、眼睛的作用，甚至谈及《尚书·泰誓》、《红楼梦》当中王熙凤的名言等等，作者的思路由中到外，由今到古，可谓脱缰的野马，自由驰骋。这就是杂文写作的基本思路，不能就事论事，一定要展开联想的翅膀，思路越开阔越"放荡"越好。再如慕毅飞的《"秋风"岂可再打》：

"秋风"岂可再打

话从"打秋风"说起，溯起源来，都说它是粤语，但出处不详；至少明清时，它就在小说、戏曲中频频出现，赣人汤显祖、晋人罗贯中、皖人吴敬梓都曾涉笔成趣地用过它。可见，此俗倒是南北皆宜。若据明人陆啸云《世事通考》所释，这"打秋风"，实为"打秋丰"，意谓"因人丰富而抽索之"，故而也叫"打抽丰"。古往今来的"打秋风"，名目不一，方式繁多，遇到张二江之流，可以弄本《打秋风学》出来；若要究其动机心态，却实出一辙：不外是看人富了眼红，咬上一口解馋而已。

嫉富如仇的时代，毕竟已经过去，先富的地方有了，先富的人也有了；但贫富差距尚大，让人心里不平的事反倒更多。前些时候，美国的《福布斯》杂志弄了个中国富翁排行榜，家财超过七亿元的豪富已经逾百。这些上榜富翁，无疑要面对无数双通红的眼睛，自然要怪《福布斯》多事；古圣人就知道"不患寡而患不均"的道理，可老外又怎么会懂？

在一个"打秋风"情结固化成基因的地方，讲究的是知荣守辱，忌讳的是逞能显富，明明可以挺起身子做人，却得四肢落地装装龟孙子。汉代的萧何，捐了全部家财作军资，赢得无数佳誉；但他知道见好就收，不仅不再捐，还强买民田，自污以弥祸。原来，好也得有度，再往前一步，就什么都不是。牛群似乎不懂事，捐出所有身外之物，惹来蝇嗡不已的物议。全不如人家比尔·盖茨，给每个儿子仅留区区100万美金，做了全球最大的慈善家，却什么事都没有。难怪章子怡将自筹的10万元送给40多名贫困学生，却嘘声四起，说这点钱对她来说微不足道；更难怪足球运动员申思在婚礼上，认领了2名困难儿童，要提供他们读完大学的学费，却被人指责，说他结婚花费100万元，真有善心，何不多捐？捐多了不行，捐少了更不行，敢情，有钱只能好好掖着。这岂不正是"打"不到"秋风"的红眼逻辑在作怪？

年前,看到一则来自温州的消息,说专家在调查、剖析温州财富现象时发现,家财已逾8亿元的温州老板南存辉,在温州人的眼里,和雷锋、张艺谋一样,属于被崇拜的偶像。可以羡富学富,如此才能追富致富;切不可妒富仇富,更不可碍富毁富,别忘了全面建设小康社会的重要目标就是共同富裕。从这个角度看,温州人的心态,才是国人应有的健康心态。十六大报告提出要"规范分配秩序"和"完善保护私人财产的法律制度",但真要让惯"打秋风"者从此心不再酸、眼不再红、嘴不再贫、手不再痒,除了合理的政策和完善的法治,还得有良好的舆论,这得拜托媒体了。

作者由"打秋风"在中国古代的来源,说到《福布斯》的富翁排行榜,说到汉代的萧何、现代的牛群、美国的比尔·盖茨、电影明星章子怡、国脚申思,还说到温州像崇拜英雄一样崇拜当地的首富等等。作者的思路也是由古至今,由中到外,洒脱自如。杂文的写作一方面是纵横捭阖,无拘无束,材料丰富、多样,另一方面所运用的材料之间又存在着内在的必然联系,是"外松内紧",是在表面不经意的叙述、论述当中,把问题的实质说深说透。杂文的这种思路,就像呈辐射状的车轮,车轮上的每一根辐条就像是联想的内容,虽然彼此互不相干并且来自不同的方向,但是终点都是一个轴心。

为了顺应这样的写作思路,杂文经常运用一些艺术手法,比如适当引用寓言、神话、传说、历史故事、诗歌、名人名言等。一方面可以将这些内容作为全文的线索,另一方面也可以对引用的内容作类比推理,既可以丰富杂文的内容,又可以增加杂文的说服力。又如运用夸张、比喻、反讽、反语等多种修辞手法,来增加杂文的形象性和幽默感。再如运用成语、谚语、俗语、文言等多种语言形式,使杂文软中带硬,指斥更为尖锐,同时也使杂文的语言富于变化。

(二) 杂文的写作要求

在杂文的具体写作过程中,作者要注意:

1. 内在线索要明晰、连贯

杂文不"杂"。杂文虽然联想丰富,思路可以自由驰骋,但是文章自始至终要紧紧围绕一个核心,所谓"万变不离其宗"。杂文中的各种材料,不管是正面的还是反面的,都必须为阐明同一个道理服务。杂文的内容,无论表面看去是如何的互不相干,而实际却存在内在的联系,所有材料组合起来一定共同说明一个主旨。外在的"繁复"和内在的"向心",是和谐统一的。

2. 叙议结合,虚实相映

杂文要言之有据,切忌空谈,要靠事实说话,在叙述事实中阐述道理,而不是一味单纯地论理。杂文中的观点是在既简要又幽默的叙述中自然而然地显示出来的。杂文常常是借某些事例的简单勾勒、描述来说明道理,把道理讲得形象而具体,叫人读起来趣味盎然。叙述要得当,议论要切中要害。议论是"虚",叙述是"实",两相结合,才能相得益彰。杂文说理的特点是借用典故、故事或某些生活现象为譬喻,与所论事物的特点相对照,从而达到说理的目的。

3. 杂文的语言要富有表现力

杂文的语言常常是庄谐并作,骈散结合,妙趣横生,诙谐幽默。叙事,三言两语,生动形象;议论,深刻透辟,入木三分。杂文的语言往往是软中带硬,在富于愉悦性的前提下,讽刺尖锐,指斥犀利,语言凝练而精粹。

四、杂文与随笔的差异

杂文与随笔虽然都属于议论文,过去也有人把它们视为同类,但实际上二者还是有明显区别的。

第一,杂文犀利,随笔温和。杂文带有极强的战斗性和批判性。它针砭的对象是社会上负面的、反面的现象或事物。而随笔则比较温和,可以是中性的,也可以是略带贬义,批判的力度相对于杂文来说是弱化的、淡化的,换句话说,随笔不像杂文那么"咄咄逼人"。

第二,题材的宽窄有别。相对于杂文来说,随笔的题材更宽泛一些,除了政治、思想、社会问题等方面的题材之外,也可以是对作家的评价、对文学现象的评说,可以是作家的一己之见,不必考虑社会效应。随笔显得更"私人化"一些。而杂文是文艺性的社会论文,有极强的社会性,这是现代白话杂文自诞生之日起与生俱来的特性。

第三,论辩性的强弱有别。杂文更多地运用讽刺和幽默,指斥尖锐,有较强的批判性。随笔主要是阐述作者对某一事物的观点、看法,并不一定要痛斥什么,论辩性不是很强。随笔的题材随意,写法也很随意。

比如孙犁的《芸斋琐谈》,就是一组地地道道的随笔。其中《谈妒》、《谈名》、《谈谀》等等,均是作者对社会现象的一己之见,文章并不是要把某种现象拿来作靶子进行批驳,作者只不过要表达对这些问题的看法而已。"泛论"之心有,痛斥之意无。随笔一般没有讽刺与幽默,没有所谓"战斗性"和"愉悦性",笔调闲适,信笔而谈。下面我们具体分析一下《芸斋琐谈·谈谀》:

谈 谀

字典:逢迎之言曰谀,谓言人之善不实也。

谀,是一向当做不好的表现的。其实,在生活之中,是很难免的。我不知道,有没有一生之中,从来也没有谀过人的人。我回想了一下,自己是有过的。主要是对小孩、病人、老年人。

关于谀小孩,还有个过程。我们乡下,有个古俗,孩子缺的人家,生下女孩,常起名"丑"。孩子长大了,常常是很漂亮的。人们在逗弄这个小孩时,也常常叫"丑闺女,丑闺女",她的父母,并不以为怪。

进入城市以后,长年居住在大杂院之中,邻居生了一个女孩,抱了出来叫我看。我仍然按照乡下的习惯,摸着小孩的脸蛋说:"丑闺女,丑闺女",孩子的母亲非常不高兴,脸色难看极了,引起我的警惕。后来见到同院的人,抱出小孩来,我就总是说:"漂亮,这孩子真漂亮!"漂亮不漂亮,是美学问题,含义高深,因人而异,说对说错,向来是没有定论的。但如果涉及胖瘦问题,即近于物质基础的问题,就要实事求是一些,不能过谀了。有一次,有一位妈妈,抱一个孩子叫我看,我当时心思没在那上面,就随口说:"这孩子多胖,多好玩!"孩子妈妈又不高兴了,抱着孩子扭身走去。我留神一看,才发现孩子瘦成了一把骨。又是一次经验教训。

对于病人,我见了总好说:"好多了,脸色不错。"有的病人听了,也不一定高兴,当然也不好表示不高兴,因为我并无恶意。对老年人,常常是对那些好写诗的老年人,我总说他的诗写得好,至于为了什么,我在这里就不详细交代了。

但我自信,对青年人,我很少谀。过去如此,现在仍然如此。既非谀,就是直言(其实也常常拐弯抹角,吞吞吐吐)。因此,就有人说我是好"教训"人。当今之世,吹捧为上,"教训"二字,可是要常常得罪人,并有时要招来祸害的。

不过,我可以安慰自己的,是自己也并不大愿意听别人对我的谀,尤其是青年人对我的谀。听到这些,我常常感到惭愧不安,并深深为说这种话的人惋惜。

至于极个别的,谀他人(多是老一辈)的用心,是为了叫他人投桃报李,也回敬自己一个谀,而当别人还没有来得及这样去做,就急急转过身去,不高兴,口出不逊,以表示自己敢于革命,想从另一途径求得名声的青年,我对他,就不只是惋惜了。

这是一篇典型的随笔,作者围绕"谀"这种普遍的社会现象,谈自己的经验和态度。作者的爱憎当然一目了然,但是作者绝没有把"谀"作为一个批驳的对象,更没有用讽刺挖苦的手法,而是比较平和地将现象指出,将自己的观点表达出来。文章的格调闲适、舒缓,好像信手拈来。

散文家在抒情散文以外的非小说、非戏剧的创作中,大多写随笔,只有少数作家,杂文的文体意识非常明确,又有较强的杂文创作欲望,才有可能写出真正的杂文。生活中,常有人将杂文与随笔混淆,其实两者的差异是非常明显的。不能是一有论说就是杂文,除了论说这个特点之外,杂文还需要有讽刺与幽默,还需要有明显的战斗性。

在已经出版的很多作家文集里,有的编者文体意识很明确,比如《××杂文随笔集》的编者就有意识地将杂文与随笔区别开;但是也有一些编者没有顾及文体的差异,在所谓"杂文集"里,也收录了随笔,甚至把随笔又叫做杂文,这都是不正确的。

【思考与练习】

1. 阅读下面这篇学生习作,具体分析一下,它在哪些方面体现了杂文的特性?

文化怎能当快餐

冷 凌

当今社会,"时间即是财富",人们的生活节奏加快,中外"快餐"应运而生,与之相伴相生的还有各种"文化快餐"。欣赏电视剧《红楼梦》、《钢铁是怎样炼成的》,代替了原著的阅读;大部头的中外名著,缩写本就在身边;二十四史可以直接看现成的译文;学习古诗词,熟读"名句"。说,可以显文雅,写,可以彰风采;了解明清史实,只需看看影视剧的戏说、演绎……

想不到的事情太多了。当各朝的"太史公"斟词酌句、煞费苦心地编写史书时,他们绝想不到,这些精心撰写的文字还是要变成大白话;当雨果伏案疾书,留下一部让人叹为观止的《巴黎圣母院》时,他哪里料得到,这厚厚的心血,居然被缩成了薄薄的小故事;当苏轼、陆游抒发胸怀、以诗言志时,若他们得知,后人们仅仅看中了诗中的几个句子,其他的一律删去,该有多么尴尬;当乾隆爷六下江南时,若能得知,今天电视剧中的他,是一个风流成性的游侠,私生子、私生女满处跑,恐怕不等到80大寿,便要气得魂归西天了;如果曹雪芹听说自己的作品,在短短时间内就由纸变成了胶片,他恐怕也要再回头看看自己那"十年辛苦"了。走在大街上,漫步书店中,满眼是"文化精品",满耳是"领略经典名篇";翻开报纸,打开电视,"巨献"、"大片"满天飞。我感到窒息,仿佛身处在旋风中,目不暇接的文化快餐铺天盖地,滚滚而来,让我头晕目眩、不知所措。停!

历史专著、文学巨作,这样的经典名菜,真能变成街头快餐吗?

绝不可能!

不敢想象,满汉全席、法国大餐,被装在快餐盒中外卖;不敢想象,足球比赛只表演精彩射门;不敢想象,莫扎特、肖邦的大乐章,被录成小段,以供取乐;不敢想象,莫奈、凡·高的名画,被复制后,切成小块当装饰。如果有一天,谁那么做了,招来的必然是唏嘘嘲骂,再被冠以"无品味"的头衔。可是,我们已经开始这么干了。我们把文学著作压缩、戏说、拍成电影。于是,厚重的大部头变成了装帧精美的几页纸、几片光碟、几张电影票。我们可以把荆轲刺秦王写成缠绵的爱情故事,把一个帝王拍成武艺超群、美女相拥的侠客,把所有的故事情节、电影镜头都塞进妙龄女郎,把一次平常的话剧演出炒作得沸反盈天,把一个三流乐手包装成天皇般的人物。之后,再盖以"宣扬文化"的外衣,打着"享受文化快餐"的旗号招摇过市。

也许,那也是一种快餐,只是,它不再与原来的大菜有任何联系。如果非要说有什么联系,那么,这些快餐只能被看成变了质的残羹冷炙,只不过被装在了漂亮的餐盒中。

或许有一天,只要一个盆景,就可以不再去读"飞流直下三千尺……";或许有一天,只要划划小船,就当做是看过了"百舸争流……";或许有一天,只听支曲子,就可以夸耀"此时无声胜有声……"的意境;或许有一天,我们连吃饭也不必了,躺在床上翻菜谱吧……

我是否也应该警告某些人,把文化当快餐,迟早会付出惨痛的代价。

2. 阅读鲁迅的《杂文选集》,就其中你比较喜欢的一篇,谈一下杂文的"愉悦性"特点。

3. 仿照下面这篇文章的思路,写一篇杂文。

中国人的"嘴"

冷 凌

世界上什么最厉害?安上氢弹的飞毛腿和咱中国人的这张嘴!

自古以来，咱中国人的这张嘴会吃、敢吃，都是出了名的。除了人，凡是长毛儿喘气儿的，统统一个字儿打发了去，那就是"吃"。光深圳人一天吃掉的蛇就有一万公斤！一万公斤呀，足足十吨呢！若是把我们中国人一天吃掉的飞禽走兽加起来，怕是胜过一场核战争呢！中国人的嘴如此厉害，广袤大地的动植物们也就遭了殃。

　　然而，在物质极大丰富的今天，各种蔬菜无以计数，各种动物食品也不可计算，中国人的大嘴为什么还要向濒危动植物张开呢？

　　中国人的嘴，有钱！钱多了怎么办？吃！吃什么？吃好的！什么好？物以稀为贵！好，来两盘熊猫肉！"物以稀为贵"是饕餮者的圣言，那么它真的能引我们进入吃的最高境界吗？请设想一下，当天上不再有飞鸟，河中不再有蚌蛤，您，某某局的局长在局头儿"工作餐"上开席道："来来，趁热吃，这是清蒸李科长，鲜嫩得很，大家吃好喝好呀……"那时，人是唯一没被吃过的，物以稀为贵呀！这真的是吃的最高境界吗？当东北最后的鹿茸穿过您的满肚肥肠时，请闭上眼睛想象这最高境界吧！

　　中国人的嘴，残酷！燕窝大补，于是金丝燕的爱巢就被一次次偷走。可怜的燕子们啊，它们用唾液筑成的爱巢被偷走之后，就扯下羽毛和着唾液再筑。然而，第二个爱巢被偷走后，扯光了羽毛、呕干了唾液的燕子就咳出血来筑巢！当你捧着鲜红的"血燕"大快朵颐时，可曾想到，你尚且为几米见方的小屋子与人操刀举棒，何况燕乎？

　　中国人的嘴，愚昧！犀牛角可以壮阳，鲨鱼翅可以滋阴。我就不相信吃二斤棒子面去去诸位肚里的酒气，清清肠里的肥油就不如这些特殊蛋白质！有的人就偏要吃那珍稀物种，还为了吃它们不惜与别人发生矛盾，偏要抢到手，吃到口里不成！真不知道，在诸位的厚爱之下，世界的珍稀植物还能迎风舞到何时？珍稀动物还能活到几时？

　　嘴巴的功能真是神奇。一边互祝对方蛇年"金蛇狂舞"，一边对饮"蛇蟒佳酿"；一边称赞莺歌燕舞，一边大啖盘中鸟的尸体；一边歌颂大雁夫妇矢志不渝，一边打下其中一只回家红烧……既然如此，我也赠联一幅赞颂一下咱中国人的嘴：

第五章　文章写作

"钢齿四合,咬碎八面灵物；

大嘴一张,吃遍四季繁花。"

第四节 学术论文

一、学术论文概述

学术论文是从事学术研究的人将自己的学术研究过程及研究成果加以总结和展示的理性文章。核心内容应该有作者的新观点、新发现、新角度。学术论文的适用范围越来越广,博士后、博士生、硕士生、大学生、研究人员、大学教师、中学教师以及其他需要晋升职称的人员,都有可能阅读和写作学术论文。

学术论文,可以分为社会科学论文和自然科学论文两类。这两类论文,根据学科的分类,还可以细分出不同类别。社会科学论文可分出宗教论文、哲学论文、文学论文、艺术论文、民俗学论文等;自然科学论文可分出数学、物理、化学、光学、计算机、空间技术等多学科、多种研究方向的学术论文。有多少学科、多少专业,就可以划分出多少种类的学术论文。

学术论文的特征,大体有以下三个方面：

1. 创新性

可以说,创新性是学术论文的第一特征。无论是自然科学论文还是社会科学论文,是否具有创新性,都是衡量学术论文是否具有存在价值和意义的首要标志。所谓创新性,就是论文要有新角度、新方法、新材料甚至新观点。科学研究的生命即创新,如果论文只是简单重复前人的研究成果,就没有任何存在的价值。

就大学文科的学术论文而言,主要是文学评论,作者要对作家、作品作出客观、科学的评价。文学评论的创新性,是指在对作家、作品的研究中,去发现别人没有发现、没有注意到的东西。要想有新发现,就必须从原作入手,认真研读作品,在原作中去发现和掌握第一手资料。创新一定要建立在科学分析的基础上,不能凭空臆造；创新也不排斥继承，应该是在继承前人研究成果的基础之上的创新。比如前人认为老舍的小说有幽默的特征，那么你去研究一下老舍的散文有没有幽默的特点；前人认为老舍的小说有口语化的特点，那么你去看看老舍的小说有没有民间文化的意蕴等等。总之，别人没有论述过的或论述不够全面的观点，都属于新发现。新发现，往往有赖于新的视角甚至新的观念。要想有新发现，还要掌握新的理论、新的思维方式。作者需要善于思考、敏于思考。

2. 理论性

学术论文的主要表现形态是概念、判断和推理组成的理性文章。论文应该具备较浓郁的理论色彩。论文的写作应以议代叙，以理性的思考代替形象的描述。初学写论文的人最容易犯的毛病就是抒情，表达自己对事物的感慨，这是写学术论文的大忌。在学术论文里，作者要善于对事实进行理论的概括与评价，善于将其升华到一定的理论高度。如果论文欠缺理论深度，就很容易混同于一般的随笔或感悟性文章（读后感、观后感），就会失去价值。学术论文的理论性来源于作者对相关专业理论知识的积累，作者在进行学术研究的同时，有必要钻研一些相关的专业理论，以保证自己的学术研究具备相应的理论基础和一定的理论水平，否则论文的观点再新颖，如果不能上升到理论的高度，论文的水平也难以达到理想的水准。

就文学评论而言，作者在研究作家、作品的同时，有必要了解相关文学领域的焦点问题、同时代的文学思潮、国内外相关的文学动向等等。比如，论文属于有关女性文学的研究，作者就应该了解当前国内外关于女性文学研究的新的发展动向，尤其是国外的研究成果。因为女性文学起源于美国的女权主义运动，没有对相关的女性主义理论的了解和研究，就不可能写出真正意义上的女性文学批评的论文。女性文学研究有它特殊的研究范围和特殊的研究方法。没有相应的专业理论做指导，论文的深度就无从谈起。

3. 说理性

学术论文的主要任务是阐明和论证作者的观点。作者在论文里提出的观点,一方面要能自圆其说,另一方面也要让读者接受,要晓之以理,以理服人。作者必须对论点提出真实、充分的论据,并用严密的论证方法进行类比、归纳或演绎的论证。证明自己的学术观点的成立是学术论文的主要线索。这是学术论文区别于其他议论性文章的关键。一般议论文,是提出问题、分析问题和解决问题;而学术论文是提出论点,证明论点的成立。证明的过程占据了主要篇幅。论证的过程,既有事实论据,又有理论论据。事实论据包括判断、推理等陈述性的语言,同时还包括引用相应的有科学依据的具体数据。值得注意的是,学术论文的事实论据,应该是简洁、客观的叙述和说明,不能有抒情和描写。理论论据来源于古今中外相关学科的理论家的著述和文章,当然也包括一般人的相关学术论文。

4. 专业性

不同专业的学术论文会有很大的差异,外行人读不懂学术论文的现象是非常正常的。因为学术论文要对某一专业领域的问题进行深入的探讨,论文的深度和专业术语的广泛运用都使论文极具专业特征,这决定了学术论文的读者范围是比较狭窄的。比如非中文专业的学生,不能读懂文学评论类的学术论文,甚至中文专业的本科生不能读懂某些教师写的学术论文,研究深度和研究对象的不同,限制了学生的理解力;中文专业的人,未必能读懂宗教或哲学方面的学术论文,虽然人们一直在呼吁"文、史、哲"不分家。学术论文毕竟是某一专业课题的研究过程和研究成果的如实反映,专业性既体现了学术研究的深度,同时也体现了学术研究的特点。值得注意的是,学术论文的专业性并不等于文字的艰深或佶屈聱牙,绝非谁都看不懂的文章是好文章,尤其不能故作高深。所谓深度,并非表现在语言形式上,应该表现在论点的阐述和论证上,深入浅出应该是学术论文表达方法上的上策。

二、学术论文的结构

论文的结构是作者写作思路的外在表现。不同专业的学术论文,其内容可能千差万别,但是基本的框架是一致的。

(一) 文题

论文的题目,要准确,要能提起与囊括全文的核心内容。过大过小,均为不妥。另外论文的题目要简明、新颖、醒目,具有引人注目的效果。题目是文章的"门面",是论文的"形象大使"。

以文科学生的学年论文为例,题目越具体越好,尽量不用副标题。比如《老舍文学创作的艺术特色》。老舍的主要创作形式有小说和散文,如果两方面都包括,论题的范围大且不说,论述的方法也成问题。因为即便是一个作家,在小说和散文中的艺术特色也不可能完全一致,怎么能放在一起论述呢?这样的题目实际是一本专著的题目。如果是写成一本书,对作家的小说创作、散文创作的评论需要分开来谈,但是作为一篇学术论文的题目(学生的学术论文一般8000字左右)就极其不恰当了。这个题目如果修改一下,比如改成《老舍小说的艺术特色》或《老舍散文的艺术特色》就比较具体了。如果对老舍的创作研究比较细致,能具体到某一部作品,而且就一部作品能分析出几千字,写成学年论文的话,就容易写出深度。无论文科、理科,学术研究越微观越好,论文的题目,"小题大做"比较好,而不能大题小做。小题大做,易于具体而微,易于钩沉取极。再具体而言,艺术特色包含的内涵很广,如果能具体到某一方面的艺术特色就更理想了,比如《朱自清散文的叠字运用》,这个题目就比较具体。题目的设计有点像因式分解,直到完全不能再分解了,就说明这个题目具体了。题目具体了,也就容易做到简明了。而既简明又新颖,则是比较难达到的。比如《蒙娜丽莎的微笑——杨绛散文的智性思维》,这个题目是形象、鲜明、醒目与简明、具体的有机结合。学生的学年论文和毕业论文,如果对题目的形象、鲜明把握不准的话,就要首先保证题目的简明、具体。这是基础。

需要指出的是,在大学生的论文写作中,常常出现一些拟题上的错误,有的是题目与文章不相符合,有的则是正副标题之间发生冲突。题目与文章不相符的情况大致有三种:一是题大文小,二是题小文大,三是题文不符;正副标题之间发生冲突的情况常常表现为主副标题不对称、主副标题相矛盾。因此,拟题时一定要使题目与文章内容相符合,且主副标题之间不产生矛盾。

例如,有中文专业的学生确立了这样的毕业论文题目:《论老舍创作的幽默艺术》,但论文实际内容只是就老舍的小说创作而论,没有涉及老舍的戏剧创作和散文创作,这显然是"题大文小",题目应该缩小为《论老舍小说创作的幽默艺术》。有文秘专业的学生确立了这样的毕业论文题目:《论出版社读者数据库建立的必要性》,但论文实际内容除了谈必要性外,还有读者数据库的类型与建立的具体方式等内容,这些显然超出了文章题目所限定的范畴,这就是"题小文大"。还有文秘专业的毕业论文题目是《公众对北京奥运会的认知情况调查》,但文章实际内容却是中国体育外交的艰难历程、中国申请与组办奥运会的历程等等,这些显然与题目没有关系,属于"题文不符"。而主副标题相矛盾的题目如《典雅、柔婉与冷峻、机智——杨绛与冰心晚年散文比较》,表现较为明显:主标题"典雅、柔婉与冷峻、机智"谈的是二人散文创作的艺术风格,而副标题所言却是二人晚年的散文比较,散文比较不单是指创作风格一个方面,与主标题所论范围不相吻合;且"典雅、柔婉"是指冰心,"冷峻、机智"是指杨绛,而副标题却把冰心放在后面,把杨绛放在前面,这样直接从主副标题上看,也是不周严的,容易使人产生误解,认为具有典雅、柔婉风格的是杨绛,而具有冷峻、机智风格的是冰心。通过这些简要分析,大家应该能够认识到论文写作拟定标题并不是简单的事情,必须认真对待。

(二) 署名

文题之下要署作者的真实姓名。署名既表明科研成果的归属,同时也表明文责的归属。如果是多人合作的科研成果,就要根据贡献、作用的大小来安排署名的顺序。署名不光是对科研成果的一种张扬,同时也是对学术责任的一种承担。大学生的学年论文、毕业论文如果遇到抄袭他人或被他人抄袭的现象,都要以署名为依据进行查处。在自己的科研成果被别人盗取的时候,署名就成了辨明是非的凭证。所以作者应高度重视这一环节。

(三) 摘要与关键词

无论是学校规定完成的学年论文、毕业论文,还是拿到刊物上发表的论文,一般都要求写摘要与关键词。它们的位置虽然是在论文正文的前面,但是它们的写作一定是在论文整体完成之后。

摘要的目的,是为让读者在阅读正文之前,先对全文内容有一个初步的了解。摘要一般是 200 至 300 字。值得注意的是,摘要的内容不是论文小标题的简单重复,而是要用比较精练的语言对全文主要观点和核心内容进行汇总和提炼,既要符合全文的中心,又不重复论文中的语言。作者必须用心构思和写作。

硕士、博士论文的摘要,要根据各个学校自己的要求去做,一般要求写 1000 至 1500 字左右,比较详细地介绍论文的主要观点和重要思路。

关键词在文章中具有举足轻重作用,并且是出现频率比较高的词汇。一般 3 至 5 个。关键词应该能够体现全文要论述的主要问题。不要以所论述的作家的名字为关键词,而应该在体现这个作家作品的重要特征方面的词汇里去寻找有代表性的词语。比如《〈墙上的斑点〉解析与教学》,论文的主要内容是意识流小说以及意识流小说的理论和创作方法,它的关键词就是:意识流小说、主观真实、内心独白、自由联想、心理结构。其中"主观真实"是《墙上的斑点》的作者弗吉尼亚·伍尔夫关于意识流小说理论的重要主张,"内心独白、自由联想、心理结构"是意识流小说的创作方法。这些词汇充分体现了论文的理论深度和主要观点,是很好的关键词的范例。

(四) 绪论或引言

绪论或引言是论文正文的开头部分,主要阐明选题的缘由、写作的动机、研究的方法以及预期的目的,尤其要阐明论文的学术价值。语言应该简洁明了。比较严格的做法,还要回顾前人在这一领域的研究成果,简述本文在前人研究成果的基础上,将有哪些突破等。正规的学术论文,尤其硕士、博士的论文都要有这些内容。本科生的学年论文和毕业论文,在没有明确要求的前提下,这部分内容可以省略,但是作为论文的作者,虽然不需要把这些内容写出来,但是要对这些内容有比较清楚的认识,应该做到胸有成竹,有些学校在本科生毕业论文答辩时,会要求学生对上述问题作口头答复。这是检验学生的论文是否真实、是否出自于个人的思考的重要手段。

下面是一篇博士论文的绪论(摘要):

> 文本主要探讨20世纪最后20年一批老生代散文家的文化人格架构和艺术特质,以此来揭示老生代散文在未来散文史上的生存价值及其史学意义。
>
> 关于老生代散文研究的成果,非常少。在以往的当代散文研究领域里,单独研究散文家个体的比较多,或者把两个作家放在一起进行比较,至多是以时间为单一坐标,对一个时期(一般多为一年或十年)的创作情况作归纳、总结。到目前为止,还没有同时以时间及作家作品风格为参照系考察散文现象的研究。而且现有的对老生代散文有些许涉及的文章与著述,还都没有注意到这种文学现象的特殊性和它的真正价值,还没有把它作为一种文学现象、一个整体去考察、去研究。客观地说,对于这样一批在一定时期在社会上具有广泛影响的散文家及其散文作品,散文史家与散文理论家都没有理由忽视它。如果当代散文史不谈老生代散文,那么这个散文史是不完整的,也是不科学的;如果当代散文理论没有涉及老生代散文,那么这个理论也一定是有缺陷的。本文第一次同时以时间及作家作品风格为参照系,对这一奇异的文学现象作总体的、系统的、深入的微观研究,力图真正挖掘出这些老生代散文家的文化人格架构和散文精品的艺术特质,为未来当代散文史的进一步完善奠定坚实的基础。同时,也希冀对未来的散文理论的建构有所裨益。

这段绪论的第一段,作者用一句话概括了论文的研究内容,语言非常简练。这篇论文有15万字,但是核心内容只有一句话,这就是"约之则为一言,扩之则为千万言"的范例。论文作者必须学会这种高度概括的方法。第二段,作者通过简略交代老生代散文研究的现状以及本篇论文的研究特点,阐明了作为一篇博士论文的研究价值。

(五) 本论(正文)

本论是论文的主体部分,论文中的所有论点都在这部分逐一展开论述。这是全文的主干,与论点相关的材料在这里应得到恰当的处理。按照常规,这部分内容至少要有3000字。如果是硕士、博士论文,一般要有1万字到10万字不等,多的可以写到20多万,就是一本书的规模。即便是本科生的学年论文或者毕业论文,一般也要有6000至8000字。这样的写作规模,层次就格外重要。一般情况下,要根据内容的需要来设计论文的层次。如果是几千字的论文,本论至少要分三个层次。可以多于三个,但最好不少于三个。在大论点之下要有小论点,论点之间有明显的逻辑关系,要层层相扣。

本论部分是用有说服力的材料来证明观点,语言要突出论辩性。材料分为两类:一类是事实材料,一类是理论材料。就事实材料而言,理科的学年论文或毕业论文,主要是实验过程和相关数据;而文科的事实材料主要是文学作品或与文学作品相关的文学史、文学思潮史等。就理论材料而言,理科的学年论文或毕业论文,主要是定理、原理、公式以及前人已经证明过的相关论点等;文科的理论材料,主要是文学理论、已经上升到理论高度的作家创作经验以及前人已经证明过的相关论点等。事实材料和理论材料在论文中的比例是不同的,一般情况下,事实材料所占的比例一定大于理论材料的比例。无论哪种材料,都要紧紧围绕论点,为充分证明论点服务。

关于正文部分,需要注意的是:(1)材料的选择要根据论证的需要,占有材料多多益善,而选用材料则应少而精。(2)材料的详略要根据论证的需要,说服力强的材料,要详写。(3)学术论文中的内容,无论是叙述过程还是引用数据,都必须准确无误,科学研究掺不得半点虚假的成分,必须以严谨、科学的态度对待。实事求是是铁则。比如,理科学生常常要依据实验的数据来写学术论文,但决不能将预期的数据(非实验结果)写进论文。文科的论文,也不能将作品中不存在的特点在论文里牵强附会地表现出来。此外,还要注意核对引文,出处的注明应按照相应的要求去做。

论文的纲目大体可以反映出论文的正文内容。下面是一篇本科学生学年论文的大纲,论文正文的框架可见一斑:

浅析老舍散文的艺术特色

一、运用多种修辞方法,展现其幽默本性
(一)通过绝妙的反语揭示国民的劣根性
(二)通过恰当的比喻使文章锦上添花
(三)通过俏皮的夸张表达作家深沉的内心世界
二、多种表达方式的运用使文章丰富多彩
(一)自问自答的对话方式轻松活泼
(二)口语化的表达方式:京味十足
三、细致入微地体察生活,抒写世态炎凉
(一)北方民俗风貌淋漓尽致地展示
(二)日常琐事中折射人间百味、社会万象
(三)小景物小动物的精心刻画,达到物我交融

值得注意的是,近些年来,社会科学方面的学术论文有一种不良的学术风气,就是论文越来越让人看不懂,行文中不设小标题,全文一气贯底,没有明显的分段标志。以为别人看不懂就是高深,这是极为错误的看法。实际上,几千字的论文,没有明显的分段标志也无妨,但行文中内在的逻辑关系必须清楚。如果既无外在的分段标志,又无内在的逻辑关系,那样的论文就真正是一团乱麻了。对于初学者来说,还是要按部就班,把论文的层次关系明显地标志出来比较好。

(六) 结论

学术论文一定要有结论,即全文的小结。在正文里阐述了哪些问题,在结论里要有一个交代。这个小结,不等于对全文各部分标题的简单重复,应该是对所论问题的一个深化。作者要在对全文论点充分论证的基础上,对全文的核心内容进行高度凝练,并在理论上有一定的升华。这部分内容应该把论文论证的结果,用精

粹的语言概括出来,它能集中反映论文的学术水平。另外,在这部分还可以将尚待进一步研究的问题作简要阐述,这能反映作者在这一领域研究的深度与广度,是论文中能体现论文分量的内容。虽然只是提出问题,但绝不是信手拈来,它同样是作者深思熟虑的结果。

(七)注释及参考文献

1.注释

注释是学术论文中不可缺少的一部分。在作注释时,一定要注意它的科学性,在没有绝对把握的前提下,必须多方查阅,将最为准确、最为确定的注释内容写出来,千万不能存有"反正也没人核对"的侥幸心理而随意糊弄。注释能体现作者的治学态度,有些学者专门注意学生的注释,以此来验证论文的科学价值。

(1)注释的类别

论文写作中注释按其在文中的位置来分主要有三类:夹注(文中注)、脚注(页下注)、尾注(文后注)。

1)夹注:夹注是指用在行文中间的注释,引用结束即用括号加以注释。当前的文章写作较少使用这种注释,而多采用脚注或尾注。但写作初稿时最好使用这种注释,以方便修改和打印。

2)脚注:即页下注,指在每一书写或打印页的底端对该页所引用的文字出处按照顺序作出注解。注序号一般用①②③④……或 [1][2][3][4]……标示。为了区别注文与正文,应在正文与注文之间加一条短正线,以示分隔。

3)尾注:即在整篇文章或章节的结尾处集中对所引用的文字出处按照顺序作出注解。脚注和尾注的区别仅在于二者标注的位置不同,注释格式要求则完全相同。使用尾注可以在篇尾或章尾用"注释"字样提行标示,再分条列出。

(2)注释的格式

使用脚注或尾注时,要先将文中所引用的文字按照先后顺序依次编序,引文的注序号要在引文结束处标出,并且要标在右上角,然后在页脚(脚注)或文后(尾注)处分条注明出处。

注释的具体格式要求一般如下:

1) 引文出自论著/专著的。注释的顺序通常是(也可采用"附录一""引文标注"中示例的顺序)：

　　注序号 → 作者/编者 → 书名(及卷次)→ 出版者(及出版年)→ 页码

其中,"注序号"要与正文中所用的序码一致。"作者"后可以加"著"、"(主)编"等字,也可直接加冒号。"书名"要加书名号,多卷本的论著要注明卷次,而单卷本的论著不需要。"出版者"是指出版社名称。"页码"是指所引用的文字在原书中的页码,引文出自论著的,必须注明页码。例如：

　　① 姚春树、袁勇麟(著)《20世纪中国杂文史》,福建教育出版社1998年版,第412页。

　　② 刘锡庆：《散文新思维》,河北教育出版社1998年版,第200页。

2) 引文出自文集(专集、合集)的。注释的顺序通常是：

　　注序号 → 作者 → 文章名 →(编选者)文集名(及卷次)→出版者(及出版年)→ 页码

这类注释与上一类的不同在于,要先注出引文的文章名,再注出文集的编选者和文集名。

3) 引文出自报刊的。注释的顺序通常是：

　　注序号 → 作者 → 文章名 → 报刊名称 → 日期或期次

这类注释和前二类的不同在于,不需要再注出引文在原报刊中的页码。例如：

　　① 柳丝《纯真的感动》,《北京大学校报》2007年5月25日。

　　② 张葆莘《曹禺同志谈创作》,《文艺报》1957年第2期。

　　③ 林学锦《"卡夫卡式"略论》,《外国文艺研究》1989年第9期。

2. 参考文献

写论文时,除了对引文进行注释外,一般还需在文后列出参考文献。参考文献的标注格式和注释的格式大致相同,但是参考书目如果是论著或专著或文集,不需要注明页码,因为参考文献要标明的是写作时参考过的书籍或文章,而不是文中所引用的某段文字。例如:

① 厉以宁、章铮(著)《西方经济学基础知识》,中国经济出版社,1994年。

② 林学锦《"卡夫卡式"略论》,《外国文艺研究》1989年第9期。

③ 田禾(著)《中国社会主义行政管理学导论》,西南师范大学出版社,1986年。

作者所引用的参考文献的篇目宜少不宜多,宜精不宜滥,所引用的文献应是作者在写论文时查阅过的、重要的、有价值的文献。参阅的内容,不一定全文引用,但是对形成论文的观点有很大的影响。参考文献的罗列,同样也能反映作者学术研究的水平。参考文献是与注释完全不同的两个部分。有些初学写论文的人容易把这两者混淆,这是极不恰当的。参考文献是注释以外的另一些著述及文章的罗列,一般附于文后。如果文献较多,要分门别类,可以按照参考文献的重要程度依次排列,也可以按照出版年代的顺序,一般采用"倒序"的方式,即年代近的论著放在前边,年代远的放在后边。现在提倡按作者姓名音序排列。

以上是学术论文的基本结构形式。在组织、安排论文的结构时,要注意遵循三个原则。第一,要围绕文题,突出论点,论证过程要严密,各部分材料要各守其位、各司其职、各得其所。第二,要条理分明,层次清楚。学术论文主要是体现研究的过程,语言本身不可能有什么超越常规的创新,但是在观点的阐述上、立论的分析上,颇能见出作者的功夫。观点阐述得好坏、立论分析得是否得当,条理性和层次性是基础。内在的逻辑关系十分重要。学术论文的写作是对作者逻辑思维能力的严峻考验。第三,要使全文浑然一体。结构总是要考虑全局的,论文尽管会分出很多的论点,但是整篇论文必须是一个有机的整体。所以,论文要注意题文的照应、论点与论据之间的照应、论点之间的呼应以及各个部分之间的衔接和过渡。

三、学术论文的写作思路与要求

(一)学术论文的写作思路

学术论文的写作思路与其他普通文章的写作思路有很大的差异。普通文章的写作,包括议论文的写作,可以依靠灵感的萌发,特别需要利用写作的冲动,一旦有了想法,最好是一气呵成。但是学术论文的写作则恰恰相反,必须先写好大纲之后,再写正文,万万不能在没有任何大纲的情况下,就开始写作。这是学术论文的根本性质决定的。学术论文是作者学术研究的成果,记录了作者对某一问题深思熟虑的过程,是一种严谨的学术研究的行为。因此,写作学术论文,必须有科学的态度,不能掺杂任何想象,更不能有丝毫虚构的成分。论文提纲,是保证论文顺利完成的不可或缺的重要环节。学术论文的写作大体包括选题、占有资料和提炼资料、大纲的写作(开题报告的写作)和正文的写作四个环节。

1. 选题

在论文写作的环节里,首先要选择论文的专业方向。硕士、博士论文、研究者撰写的论文,学术方向一般都比较明确。而大学本科的学生,无论是写学年论文,还是写毕业论文,都需要认真思考论文的研究方向。以文科大学生为例,他们在确定论文选题时,首先要考虑的是自己的兴趣。比如中文系的学生,他们要对中文系的课程有一个明确的认识。首先要确定研究的对象是语言还是文学?如果是语言,是古代汉语还是现代汉语?如果是现代汉语,是语音、词汇、语法还是修辞?语言学的论文,相对而言比较难写,难就难在论文材料收集比较困难。语言材料一般比较琐碎,基本是词汇、句子或语段,如果要写成几千字的论文,收集材料就要花大量的时间。如果不是感兴趣,不是对语言学发自内心的喜欢,不要说写出论文,即便是收集材料,都有可能半途而废。如果是选择文学,是中国文学还是外国文学?如果是外国文学,是欧美文学还是亚非文学?如果是欧美文学,是哪个时期哪个国家哪个作家的作品?如果是想研究中国文学,是古代文学还是现当代文学?如果是现代文学,是哪个作家的哪一种文学样式?是小说、戏剧还是散文?总之,首先是要考虑好选题的方向,然后再具体确定研究哪位作家的哪些作品。方向的确定,可能比较容易,而对于具体作家以及文学样式的选择就需要慎重思考了。比如,选定了现代文学方向,但是写哪一个作家呢?可能有三五个作家都觉得可以选,这时,应先去翻阅一下这三五个作家的作品,看看自己对哪一个作家感触多一些,喜欢的程度更高一些。

选择好研究方向,又确定了具体的作家作品,选题的任务就算完成了。论文的标题,不可能马上确定,还要等收集完资料并且确立了大体的纲目之后再定。

2. 占有资料和提炼资料

选题确定之后,就要根据选题去收集资料。比如选题是张爱玲的散文创作,那么下一步就是去阅读张爱玲的散文作品。最好是把她所有的散文作品都找来(如果是写学年论文,至少要选择一本作品集),边读边记下自己的感受,包括对作家的认识、对作品本身的审视以及由作品本身产生的联想等等,一丝一毫的感触都有必要全部记录下来。这就是阅读方法中的精读。应该是在阅读活动完成之后,同时还完成一本比较详尽的读书笔记。如果作品是借来的,一定要在笔记本上详细地记录作品的版本(出版社名、出版年月)、引发感想的原作的页码以及感想本身;如果书是自己的,可以把感想随时记在书上,但要在笔记本上详细记录自己的感想和最原始的观点。读书笔记就是积累和占有资料。下一步就是对读书笔记进行研究,对记录下来的原始感触和想法进行梳理,使那些漫无边际的想法逐渐地条理化。第一步,可以给记录的内容归类;第二步再对归了类的内容进行提炼、概括;第三步,把提炼、概括出的内容升华到理论的层面,凝练出初步的论点。如果理论基础比较扎实,第二和第三步可以同时进行。在进行这种提炼的过程中,如果有拿不准的地方,还可以再去翻阅原作,直到把问题想清楚、论点初步确立为止。

3. 大纲的写作(开题报告的写作)

在占有并提炼了资料之后,就可以动笔写论文大纲了。这时,可以去翻阅一下别人的论文,包括与自己的选题直接相关的或者与自己的选题有间接联系的。阅读他人的学术论文,目的是为了解论文的写作思路,掌握论文的写作韵味。之后,再去修改自己最初对原始资料的提炼与设计。把论文的纲目确立之后,就可以去考虑论文的标题了。论文的标题,要有较强的概括性和统摄性,简洁明了即可。如果在简洁明了的基础上又能新颖、醒目当然更好。标题不能过长更不能晦涩难懂。如果一定要用多行标题,就要仔细斟酌正题和副题之间的逻辑关系,避免正题和副题之间关系不恰当。关于标题的写作格式,前面已经详细谈过,在此不赘述。

比较正规的论文写作,还要求学生在开始写正文之前,先提交一份开题报告。开题报告不光有论文大纲的内容,还有论文写作的基本方法以及基本思路,甚至包括论文的核心论点,要把作者对论文的全部设计充分展示出来。硕士、博士论文都有这样的要求。一些大学对本科生的毕业论文也有这样的要求。一般开题报告都已设计成小册子,学生可按要求填写。

4. 正文的写作

开始考虑论文正文的写作思路时,已经是学术研究任务过半的时候了。论文写作最艰难的环节应该是大纲的写作,而到了正文写作的阶段,就应该是相对轻松的阶段了。因为写作思路基本都在大纲里或开题报告里有充分反映了,这时只要按照大纲的设计去实施就行了。

当然正文的写作也不可能完全不用"经营",依然有一些环节需要作者用心设计。在正文的写作过程中,一方面要注意论据与论点的谐调,论据要为充分说明论点服务,但不能粘题,同时,论证要尽量合情合理、无懈可击;另一方面要注意不断去修正原来的观点,以使论点日臻完善。

(二) 学术论文的写作要求

学术论文的写作目的是将学术研究的成果如实反映出来,主要是展示作者的学术水平,而普通文章的写作目的,只是阐明作者对某事的观点和看法。普通文章当然也要文责自负,但是没有学术论文这样严肃,学术论文的文责几乎与法律责任有同等的分量。所以学术论文的写作要求要比普通文章的写作要求更加严格。普通文章的文采是比较重要的,而学术论义的科学性是比较重要的。从总体上说,学术论文的写作要求有以下四个方面:

1. 言人未言

学术论文的价值就在它的创新性上。如果一篇论文没有作者自己的学术观点,仅仅是重复别人的研究成果,拾人牙慧,那么这篇论文就没有一丝一毫的存在价值。在学术论文里,最为重要的是要有作者自己新鲜而深刻的见解,做到"言人未言"。作者独到的见解来源于以下三个方面:

(1) 在第一手材料中耕耘。就文科的论文来说,就是从原作出发,在作品中去发现规律,提出观点。就理科的论文来说,就是通过自己的实验,从实验中得出规律。从"第一手材料"出发,比较容易得出自己的结论,不会受到前人研究成果的干扰,不至于"先入为主",陷进别人的思路,而影响自己观点的梳理。初学者一般都应采用这种方式。

(2) 推陈出新。即在前人研究成果的基础上,发现其中的不足、不妥之处,从而产生自己的观点。

(3) 先破后立。即在自己的研究过程中,得出与前人的研究成果截然相反的结论,在批驳前人观点的同时,树立自己的全新观点。

无论从哪一方面得出的独到见解,都绝不能模棱两可,似是而非,都必须明朗恰切、确定无疑。

2. 言之有物

学术论文观点的确立,有赖于充分而有说服力的论据。论据贫乏,内容干瘪,即使观点有新意,仍然立不起来,难以令人信服。所谓言之有物,就是论据充分,论证有力,既有事实材料,又有理论材料。关于事实材料和理论材料,上文已经谈到。要注意的是,理论材料要有定评性和公认性,以保证它的权威性。

3. 言之有序

所谓"序",指的是行文的次序和思路的条理性。具体说是学术论文中的层次、呼应、过渡及内容的内在逻辑关系。论文内容的展开应该有条不紊。全文应该围绕一个总观点,从不同角度、不同方面去论证。分论点之间既有纵向的关联,又有横向的关联。纵向的关联意思是:"一"与"(一)"以及"1"之间要环环相扣,横向的关联意思是:"一"、"二"、"三"或"(一)"、"(二)"、"(三)"之间一定在同一个层面,属于同等分量的问题。初学者往往在设计论点时,没有顾及论点之间的这种相互关系,这样就会造成论点之间逻辑混乱的现象,其结果就使论文思路芜杂,使论文的科学价值受到当然的置疑。

4. 言之有矩

对于学术论文的语言要求,最基本的是文通字顺,准确达意;概括要明确,判断要恰当。所谓"矩",即合乎语法规范、合乎逻辑规范。学术论文绝对不能像其他普通文章那样随意运用修辞手段,它所追求的是深入浅出、言简意赅。学术论文只关注知识容量的密度、分析挖掘的深度。

【思考与练习】

1. 根据教材中关于学术论文的论述,分析一下学术论文与一般议论文的差别。

2. 以你自己所写的一篇论文为例,分析一下论文结构中哪个环节最艰难,为什么?不一定按照教材中的观点,可以有自己的不同看法。一定要写出真实的想法。

3. 下面是一篇比较短的论文,除了论文的题目以外,文中原来的大、小标题都被删去,通过你对论文的分析给它加上恰当的大、小标题。

浅析老舍散文语言之幽默特色

提要：老舍的散文创作在三四十年代的中国文坛上可谓独树一帜,别具风格。他在散文中经常通过灵活的比喻、俏皮的夸张、得体的反语来体现其耐人寻味的幽默风格。他的散文作品不仅充满了睿智、风趣的语言,并且饱含深沉、含蓄的人生思索。可以说,北京城的人与事深深影响着老舍幽默风格的形成,老舍把人间百态、世事变迁、阴晴冷暖刻画得淋漓尽致,惟妙惟肖。同时,在作家诙谐的语言之中又不乏自然与从容,正义与宽容。作家对古都的热爱与怀恋,对市民世界的关注与体察,都充分展现了作为一名人民作家独特的人格魅力。

关键词：幽默、反语、比喻、夸张

老舍自20世纪30年代开始,便在《宇宙风》、《论语》等刊物上发表记事、抒情的散文以及幽默的小品文。总体来说,基本上属于当时林语堂、周作人所积极倡导的幽默闲适小品文一类。随着时局的突变,抗战时期的老舍多在《抗战文艺》、《大公报》上发表散文并主张文艺为抗战服务。新中国成立以后,他又创作了一些热情洋溢的歌颂新北京、新社会的散文。老舍的散文通过独特的艺术视角,反映出市民生活的方方面面,发掘出背后的民族性格和文化传统。如今,他大部分的散文作品被挖掘出来并且受到广泛关注与称赞。他那深刻的现实主义笔法、诙谐的语言风格,即使放在五四时期浩如烟海的散文作品中也绝不会被混同和湮没。

一

歌德认为,"最能反映一个人性格的,莫过于他对什么事情感到可笑的时候。"[①]同时,按照词源学的概念,"幽默明显带有'任性'的主观的'自我'限制,尤其表现出幽默作家本人奇特的思想倾

---

① 崔明芬《老舍·文化之桥》,中华书局2005年版,第90页。

向"①。由此可见,一个人的创作风格很大程度上是由其自身性格决定的。而老舍诙谐幽默的散文语言之形成与他本人童年的经历、人生的体验、性格气质同样有密切关系。老舍出生在一个满族下层的骑兵家庭,父亲死于抗击八国联军的战役中。由于家境清贫,社会动荡,直到六岁半才入私塾,九岁才正式上小学。和许多家境贫穷的孩子一样,母亲是他生命之中的第一位老师。根据老舍的自述,他童年时就从母亲身上继承了自尊、讲义气、有同情心等品格。此外,爱花木、爱清洁这些细小的习惯也是受到母亲的影响。母亲还经常跟他讲起父亲惨死的经历以及自己在八国联军的刺刀下如何逃过一劫的往事,这又在他幼小的心灵里萌发了爱国的情绪。在《我的母亲》一文中作家回忆道:"生命是母亲给我的。我之能长大成人,是母亲的血汗灌养的。我之能成为一个不十分坏的人,是母亲感化的。我的性格,习惯,是母亲传给的。"无论面临什么困境,母亲总能坚强地生活下去。在战乱的时候,"母亲的心横起来,她不慌不哭,要从无办法中想出办法来"。然而"她的泪会往心中落!"于是,"这点软而硬的性格,也传给了我。我对一切人与事,都取和平的态度,把吃亏当做当然的。但是,在做人上,我有一定的宗旨与基本的法则,什么事都可将就,而不能超过自己画好的界限。我怕见生人,怕办杂事,怕出头露面;但是到了非我去不可的时候,我便不敢不去,正像我的母亲"。② 老舍认为:"从私塾到小学,到中学,我经历过起码有二十位教师吧,其中有给我很大影响的,也有毫无影响的,但是我的真正的教师,把性格传给我的,是我的母亲。母亲并不识字,她给我的是生命的教育。"③

如果说母亲给了他生命的教育,那么宗月大师便是作家青少年时期的精神导师,因为"没有他,我也许一辈子也不会入学读书,没有他,我也许永远也想不起帮助别人有什么乐趣和意义。他是不是真的成佛了?我不知道。但是,我的确相信他的居心和言行

---

① 崔明芬《老舍·文化之桥》,第93页。
② 老舍《我的母亲》,见《老舍散文精编》,漓江出版社2003年版,第165页。
③ 同上书,第168页。

是与佛相近似的。我在精神上物质上都受过他的好处……他以佛心引领我向善"①。老舍曾这样阐释懂得幽默的人:"他是由事事中看出可笑之点,而技巧的写出来。他自己看出人间的缺欠,也愿使别人看到。……于是人人有可笑之处,他自己也非例外,再往大处一想,人寿百年,而企图无限,根本矛盾可笑。于是笑里带着同情,而幽默乃通于深奥。"②老舍的幽默是形喜实悲的,是笑骂又不赶尽杀绝的,不同于鲁迅的尖刻睿智,犀利深刻。这都是同老舍的人格特质密不可分的。老舍说过:"我自幼便是个穷人,在性格上又深受我母亲的影响——她是个愣挨饿也不肯求人的,同时对别人又是很义气的女人。穷,使我好骂世;刚强,使我容易以个人的感情与主张去判断别人;义气,使我对别人有点同情心。有了这点分析,就很容易明白为什么我要笑骂,而又不赶尽杀绝。我失了讽刺,而得到幽默。据说,幽默中是有同情的。我恨坏人,可是坏人也有好处;我爱好人,而好人也有缺点。'穷人的狡猾也是正义',还是我近来的发现;在十年前我只知道一半恨一半笑的去看世界。"③老舍的挚友罗常培先生在《我与老舍》中曾回忆说:"由于幼年的境遇艰苦,情感上受到了挫伤,他总拿冷眼把旁人分成善恶两堆,嫉恶如仇的激愤,正像替善人可以舍命的热情同样发达。这样相反相成的交错的情绪,后来随时在他的作品中流露着。"④

如果说作家性格对作品风格所起到的作用为内因的话,那么北京城的特殊时代背景则作为外因影响着老舍的散文创作。北京是皇城帝都,浓缩了旧中国几百年的性情与风貌,是封建社会的微观模型。20世纪初期,皇权崩塌,门户开放,国事衰微,老舍正是生长在这个特殊的时期里。并且在随后的西方游学热潮中老舍更是吸纳了科学、民主的新空气,感受到旧中国里有许许多多腐臭和可笑的怪现象,从而激发了他幽默的文艺作品的创作和产生。老

---

① 老舍《我的母亲》,见《老舍散文精编》,第150页。
② 老舍《谈幽默》,见《老舍散文》,浙江文艺出版社2005年版,第285页。
③ 老舍《我怎样写〈老张的哲学〉》,见《老舍散文经典》,第190页。
④ 罗常培《我与老舍》,见《老舍评说七十年》,中国华侨出版社2005年版,第234页。

舍在《想北平》里写道:"我将永远道不出我的爱,一种像由音乐与图画所引起的爱。这不但辜负了北平,也对不住我自己,因为我的最初的知识与印象都得自北平,它是在我的血里,我的性格与脾气里有许多地方是这古城所赐给的。"①总而言之,老舍散文中的幽默风格是北京这座古城赐给的,作为一个文化群体的北京人的性格气质之中就带有幽默的因素。他们身居京城国都,见多识广,思维活跃,生活态度达观,有一种天生的自豪感和优越感,久而久之,北京人这种得天独厚的地理感觉融合成一种幽默气质。老舍爱北京,深得北京文化的滋养和抚育,其性格中的幽默也是与北京的传统文化一脉相承的。可以说是时代选择了老舍,并且又把老舍赐予了北京。

二

(一)

老舍的散文多用愉快的反语,其目的不在讽刺嘲弄,而是调侃,追求轻松活泼的调子和幽默诙谐的气氛。在《取钱》一文中对中国银行职员的描写可谓把反语运用到出神入化的境界。开头一句"洋鬼子再学一百年也赶不上中国人"便引起读者的好奇心,这是怎么回事呢?原来"我"从大清早中国人的银行开门一直等到艳阳高照的竟连一毛钱也没见到,事没办成不说,还得自我安慰、自我反思"大热的天取纳闷子钱哪?不知好歹!""真够派儿,使我肃然起敬"。反之,洋人的礼貌谦逊却被叫做"太下贱!太没派儿!"工作效率高则暗自责骂道"为什么这么快?赶邪哪!"②等到要租房子住了,问题又来了,"要赶上楼上有那么七八个孩子,那就蛤蟆垫桌腿儿,死挨。你莫名其妙楼上怎会有那么多椅子,更不知道为什么老在那儿拉。你晓得楼上拉椅子多么难听,它钻脑子,叫人想马上自杀"。没办法,"可是谁叫你住楼下呢!"你根本不用去请求,住楼上的理直气壮。"哟,我们的孩子会闹?那可奇怪!拉椅子?

---

① 老舍《想北平》,见《老舍散文精编》,第40页。
② 老舍《取钱》,见《老舍散文经典》,第109页。

我们的小孩可就是喜欢拉椅子玩。在楼上踢毽子？可不是,小孩还能不玩?"因为"楼上的人都这么和气而且近情近理。你只有一条路,搬家"。①

在《谈幽默》中老舍曾表示:"讽刺家的心态好似是看透了这个世界,而去极巧妙的攻击人类的短处。而幽默者的心是热的,讽刺家的心是冷的。"②反语是暗示出一种冲突,使文章风格轻快、引人发笑,不同于讽刺。作为一个受过洗礼的基督徒,老舍是带着一种悲悯的平等的宗教式的关怀看待芸芸众生,他只能"莞尔一笑,不痛不痒"。老舍的幽默散文中所揭示的那些旧中国的儿女们自顾自的小市民心理以及办事拖沓、自命不凡、装腔作势的国民性弱点,老舍是用"一半恨一半笑的看世界"的人生态度抒写的。老舍能一针见血地指出人世间的毛病,却不是在攻击人类的短处。老舍那极强的正义感使他用一颗清醒的心去看世界,于是便"失掉了讽刺,得到了幽默"。对于同胞,怒其不争,哀其不幸,老舍只是冷静平和地对待,并非责骂或呐喊。曹禺在回忆老舍的文章中写道:"我一直从他的著作中,感到老舍先生的幽默里藏着令人心酸的眼泪,刻骨的讽刺又使人开怀大笑,笑出心中的一股闷气来。"③冰心也在《老舍和孩子们》中写道:"他的幽默里有悲伤的眼泪,黑暗里看到了阶级的友爱,光明和温暖。说出了旧社会给人物身上带来的烙印或创伤,这一点,在我们一代的作家中是独树一帜的。"④也如郭沫若在《赠舒舍予》中写道:"寸楮含幽默,片言振聩聋。"⑤

(二)

形象生动的比喻也是老舍幽默的重要技巧,他极善于将不同的事物放在一起比喻,使看似差异很大的不同的意象和谐有机地联系起来,极逗趣诙谐又不乏深意。"比者,附也。夫比之为义,取

---

① 老舍《有钱最好》,见《多鼠斋杂谈》,京华出版社2005年版,第100页。
② 老舍《谈幽默》,见《老舍散文经典》,第235页。
③ 转引自崔明芬《老舍·文化之桥》,第133页。
④ 冰心《老舍和孩子们》,见《老舍评说七十年》,第54页。
⑤ 郭沫若《赠舒舍予》,中国华侨出版社2005年版,第256页。

类不常,或喻于声,或方于貌,或拟于心,或譬于事。"① 老舍说:"比喻很难精彩,很难恰当。"② 仔细观察不难发现,老舍在文章中多用暗喻,没有"好像"、"比如"等比喻词的大量使用,他会把暑热天打蚊子说成"击落了好几架小飞机"③;看到花生便形容为"粉红的胖小子"④;刚出生的小猫样子是"棉花团似的"⑤;红颜色的颜料是"滑溜溜的一条小红虫子"⑥;清鼻涕则变成了"两筒火山的岩汁"⑦。把酒过三杯的朋友说成"笑得像个蜜桃似的"⑧;而那些虚伪的"白日鬼"则被作家写成:"他们的心眼很复杂,很坏,很柔软,像块皮糖似的怎揉怎合适,怎方便怎去。"⑨ 说到自己的样子老舍这样讲:"我的脸不是像块砖头,就是像个黑蛋。"⑩ 在《青岛与我》中,他说道:"郑家的机器真不坏,据说花了八百多块",只是"细声细气的哼哼,像老牛害病时那样呻吟"。⑪ 在《不远千里而来》中又写到了等车,结果"等了一个多世纪,车居然会开了",即使"大家的腿已变成了木头棍,可是心中增加了喜气"⑫。比喻是生活知识的精巧的联想,老舍正是拥有深厚的生活基础和丰富的艺术联想力,把比喻作为载体表现幽默智慧的思索。正所谓"物虽胡越,合则肝胆,攒杂咏歌,如川之涣"⑬。老舍说过:"比喻很难恰当",并且"很难精彩"。在具体的叙述之后来一个生动的比喻,画龙点睛,令人忍俊不禁。这种幽默像一个馅饼,里面的馅便是幽默,一口咬下去就破掉了,满口都残留着幽默的香。"没有比一个精到的比喻更给

---

① 刘勰《文心雕龙》,人民文学出版社 2002 年版,第 392 页。
② 老舍《谈比喻》,见《老舍散文经典》,第 420 页。
③ 老舍《暑中杂谈二则》,见《老舍散文经典》,第 92 页。
④ 老舍《落花生》,见《老舍散文经典》,第 67 页。
⑤ 老舍《猫》,见《老舍散文经典》,第 93 页。
⑥ 老舍《当幽默变成油抹》,见《老舍散文经典》,第 18 页。
⑦ 老舍《不远千里而来》,见《老舍散文经典》,第 25 页。
⑧ 老舍《科学救命》,见《老舍散文经典》,第 43 页。
⑨ 老舍《鬼与狐》,见《老舍散文经典》,第 140 页。
⑩ 老舍《画像》,见《老舍散文经典》,第 176 页。
⑪ 老舍《青岛与我》,见《老舍散文经典》,第 130 页。
⑫ 老舍《不远千里而来》,见《老舍散文经典》,第 26 页。
⑬ 刘勰《文心雕龙》,第 393 页。

人以深刻的印象的,也没有比一个可有可无的比喻更累赘的。"①老舍的比喻朴质自然,以简胜繁,于平淡之中见真意,于嬉笑之间体味人生,这便是做到了"恰当"、"精彩"了吧。

(三)

夸张是一种普遍的社会心理,《文心雕龙》有言"辞虽已甚,其义无穷"。在散文中运用夸张的手法可以增强艺术感染力,给人以深刻的印象。"饰穷其要,则心声锋气;夸过其理,则名实两乖。"② 无论哪种修辞方法的灵活运用,都需要作家平和的心态才不会被认为是哗众取宠。《不远千里而来》讲述的是抗日时期坐火车外出的经历,途中遭遇日本鬼子的炸弹袭击,"炸死了不少稻香村的伙计,人肠子和腊肠子一起飞上了天!"更加不幸的是,"因为一个卖烧饼的小儿被大家给扯碎了,买了烧饼还饶着卖烧饼小儿一只手,或一个耳朵"。不料,"巡警们急了,抡开了十三截钢棍,大打而特打",结果"心中十分失望的样子"。③ 通过作家活泼生动的描写,把零零碎碎各路人马在战争中的真实面目一一展示于众人面前:残忍的日本人,无奈的小市民,趁火打劫的当权者,仗势欺人的汉奸。读者如同身临其境一般的感受到了抗战时局的混乱不堪,时而发笑,时而心酸。在《到了济南》里作家夸张地推理道:"山东人是不是因为多嚼大葱而不患肺病呢?这倒值得调查一下,好叫吃完葱的士女不必说话怪含羞的用手掩着嘴:假如调查结果真是山西河南广东因肺病而死的比山东多着七八十来个(一年多七八十,一万年要多多若干?),而其主因确是因为口中的葱味使肺病菌倒退四十里。"④ 老舍曾表示:"我们细心'看'事物,总可以发现些缺欠可笑之处;乃至钉着坑儿去唖摸,便要悲观了。"⑤ 老舍的幽默是一种本性,一种经历世事变迁的沉淀,随时光的流逝慢慢从作家的身体里释放出来,一点点浸润到人们心中。老舍的幽默是在灵与肉

---

① 老舍《语言与风格》,见《老舍散文经典》,第 265 页。
② 刘勰《文心雕龙》,第 404 页。
③ 老舍《不远千里而来》,见《老舍散文经典》,第 26 页。
④ 老舍《到了济南》,见《老舍散文经典》,第 57 页。
⑤ 老舍《谈幽默》,见《老舍散文经典》,第 236 页。

的统一中作出的挣扎与思索,他从下层社会走出来和苦乐大众相依连、共爱恨、同命运,他竭力用自己的方式承担起训教于幽默的责任,自信真诚且无愧于心。

三

"有人说我很幽默,不敢当。我不懂什么是幽默。假如一定问我,我只能说我觉得自己可笑,别人也可笑;我不比别人高,别人也不比我高。谁都有缺欠,谁都有可笑的地方。我跟谁都说得来,可是他得愿意跟我说;他一定说他是圣人,叫我三跪九叩报门而进,我没这个瘾。我不教训别人,也不听别人的教训。幽默,据我这么想,不是嬉皮笑脸,死不要鼻子。"①老舍在散文中经常有一些自嘲的话语,在《头一天》里就这样"自夸"道:"那时候(一晃儿十年了!),我的英语就很好。我能把它说得不像英语,也不像德语,细听才听得出——原来是'华英官话'。那就是说,我很艺术的把几个英国字匀派在中国字里,如鸡兔之同笼。英国人把我说得一愣一愣的,我可也把他们说得直眨眼;他们说的他们明白,我说的我明白,也就很过得去了。"②同样,众所周知,老舍有一笔好字,可是在《写字》一文中却这样自嘲道:"好些人跟招待我的人嘀咕,我很听见了几句:'别叫这小子走!''那怎好意思?''叫他赔纸!''算了吧,他从老远来的。……'招待员总算懂眼,知道我确是卖了力气写的,所以大家没一定叫我赔纸;到如今我还以为这一次我的成绩顶好,从量上质上说都下得去。无论怎么说,总算我过了瘾。"③老舍不但嫌自己的字登不了大雅之堂,就连读书的事也同样客观自省,在《谈读书》里这样说:"第二类书也与咱无缘,书上满是公式,没有一个'然而'和'所以'。据说,这类书里藏着打开宇宙秘密的小金钥匙。我倒久想明白点真理,如地是圆的之类;可是这种书别扭,它老瞪着我。书不老老实实的当本书,瞪人干吗呀?我不能受

---

① 老舍《又是一年芳草绿》,见《老舍散文经典》,第549页。
② 老舍《头一天》,见《老舍散文经典》,第45页。
③ 老舍《写字》,见《老舍散文经典》,第103页。

这个气!"①老舍还经常拿自己的体质开涮:"运动家注意。这里一点污辱的意思没有;我自己的腿比蒜苗还细,焉敢攀高比诸葱哉!济南的葱白起码有三尺来长吧;粗呢,总比我的手腕粗着一两圈儿——有愿看我的手腕者,请纳参观费大洋二角。这还不算什么!"②

老舍这种自嘲似的幽默自然与其个人性格是不可分割的,其挚友罗常培曾回忆道:"三十五年前的北平西直门大街告井胡同口上的第二等小学堂里,有两个个性不同的小孩子:一个歪毛儿,生来拘谨,腼腆怯懦,计较表面的毁誉,受了欺负就会哭。一个小秃儿,天生潇洒,豪放有劲,把力量蕴蓄在里面而不轻易表现出来,被老师打断了藤条教鞭,疼得眼泪在眼眶里乱转也不肯掉下来一滴泪珠或讨饶半句。由这点禀赋的差异便分歧了我和老舍一生的路途。"③老舍说过:"所谓幽默的心态就是一视同仁的好笑的心态。有这种心态的人虽不必是个艺术家,他还是能在行为上言语上思想上表现出这个幽默态度。这种态度是人生里很可宝贵的,因为它表现着心怀宽大。一个会笑,而且能笑自己的人,决不会为件小事而急躁怀恨。"④在老舍的性格禀赋中同时具有幽默和悲剧感,他的心痛楚又敏感,舒乙在回忆父亲的文章中曾表示:"他从一片黑暗中走了出来,他并不知道是怎样的摸索着走出来的,他把痛苦中的稍微的一点爱恋升腾了起来,强打起精神,咬着牙,把泪全咽进肚里,将嫉恶如仇和舍命从善同样发挥到极点,并且越过了这个极点,开始用笑脸面对这个世界,大彻大悟,大慈大悲,成了一个幽默家,信笔写来,嬉笑唾骂皆成文章。"⑤老舍能从平淡的生活中看出事态人情,把自己和世人放在同样的平面里,从平庸和不幸的细缝里看到事态的缺憾。他认为幽默是一种心态,是一种人生观,他认为人人皆有可笑之处,当然也包括他自己。要怀着爱心和善意

---

① 老舍《谈读书》,见《老舍散文经典》,第439页。
② 老舍《到了济南》,见《老舍散文经典》,第50页。
③ 罗常培《我与老舍》,见《老舍评说七十年》,第233页。
④ 老舍《谈幽默》,见《老舍散文经典》,第235页。
⑤ 舒乙《老舍的平民生活》,华文出版社2006年版,第12页。

去看待他人的弱点,以哲人的大度去对待芸芸众生的俗欲、顽固和蒙昧。曹禺对老舍曾作出这样的评价:"老舍作品中的幽默是今天任何的中国作家所没有的,美国的马克·吐温以其幽默在美国以及国际上享有那么高的地位,那么我们的老舍先生也是可以与之媲美的。"①

学者洪子诚在《作家的姿态与自我意识》一书中谈到了"文人英雄"这一概念,他说:"我们在这个世界上看到的、作用到的一切事物,特别是我们的自身和所有的人,都是一种覆盖物和感觉的现象。在这一切之下,有他的本质,即'世界的神圣观念'的东西。对大众来说,这样的神圣的观念是不可认识的,他们只是生活在表面事物、实际事物的表象之中,而文人是被特意派到这里的,他们能自己辨别出并向我们表达出这种观念。这种文人就是所谓的文人英雄。"②我想老舍先生就是中国近现代文学世界里的"文人英雄"。在20世纪初期,动荡的文人意识觉醒的近现代社会里,老舍用他那种特殊的独立的孤高的姿态抵挡现实生活中的纷纭变化,不丧失属于自己的幽默风格。老舍是一个清醒的执着的英雄,他不喜欢那种"神经过敏的,每每以过度的感情看事,而不肯容人的人"③。他的幽默的心态和艺术特色是重视道德和人性的,是和宗月大师一样充满了牺牲精神并且理智和客观。他安安静静地坐在太平湖边,整整洁洁地坠入冰冷混浊的湖水之中的时候,恰恰印证了他做的小诗"滚滚横流水,茫茫末世人"。

---

① 转引自崔明芬《老舍·文化之桥》,第133页。
② 洪子诚《作家的姿态与自我意识》,陕西人民出版社1991年版,第126页。
③ 老舍《谈幽默》,见《老舍散文经典》,第236页。

跋

　　这本《基础写作教程》终将付梓面世。我们四位老师,好似经历了一年多的艰难跋涉,终于看到了终点。我们都是大学一线教写作的教师,按道理,写一本教材应该是不成问题的,但是我们却感觉这个任务十分沉重。首先,令我们困惑的是已经出版的写作教材数以百计,我们编写的这一部,怎样突出自身的特色。其次,我们在思考怎样才能使教材适合大学写作课程教学的需要,体现大学写作的特征。这种思考一直贯穿在我们写作的全过程。

　　本书的写作,主要突出了以下几点:首先,在整体的构思中,引入了文章学的思路,把书面语言分为文学作品和普通文章两大类,在文体部分分别按照文学的线索和文章的线索来安排不同的文体。这应该是这本教材的第一个亮点。其次,我们在第一章里,对中国古代的和近现代的写作理论的发展脉络作了简单的回顾,目的是让学习者了解写作学是一个相对比较完整的体系,它有一个发生、发展的过程。对于这部分内容,本书只能挂一漏万,因为这方面的内容实在太丰富了,我们只能选取有代表性的一小部分。第三,我们在谈文体的特点的时候,力图对每一种文体都追根溯源,使学习者掌握更丰富、更科学的相关文体知识。另外,在术语的运用上,我们以实用为原则,基本采用了约定俗成的常用术语,不求标新立异。

　　本书写作的具体分工是:陈亚丽撰写绪论、第一章(写作理论的变迁)、第五章第三节(杂文)和第四节(学术论文);张大成撰写第二章(写作的基本能力)、第四章第一节(诗歌);李春颖撰写第三章(写作的基本流程)、第四章第三节(小说)、第四节(剧本);于祎撰写第四章第二节(散文)、第五章第一节(新闻)、第二节(社会评论)。陈亚丽负责全书的统稿。

  北京师范大学文学院刘锡庆教授和首都师范大学文学院王凯符教授对本书的写作提出了中肯的修改意见,特别是刘锡庆教授在百忙之中还为本书撰写了序言,我们谨向他们表示衷心的感谢!

  在本书编写过程中,我们参考了一些同类教材,在此,我们也谨向这些书的作者表示诚挚的谢意。

  但愿读者能够在文字当中体会到我们的意图与努力,也希望本书是一部开卷有益的写作教材。由于水平和时间的关系,书中不足在所难免,恳请写作学的专家们批评指正。

编者
2007 年 5 月于北京

附录一

出版物上数字用法的规定

(1995年12月13日国家技术监督局
发布1996年6月1日施行)

1 范 围

本标准规定了出版物在涉及数字(表示时间、长度、质量、面积、容积等量值和数字代码)时使用汉字和阿拉伯数字的体例。

本标准适用于各级新闻报刊、普及性读物和专业性社会人文科学出版物。

自然科学和工程技术出版物亦应使用本标准,并可制定专业性细则。

本标准不适用于文学书刊和重排古籍。

2 引用标准

下列标准所包含的条文,通过在本标准中引用而构成为本标准的条文。本标准出版时,所示版本均为有效。所有标准都会被修订,使用本标准的各方应探讨使用下列标准最新版本的可能性。

GB/T 7408—94 数据元和交换格式 信息交换 日期和时间表示法

GB 3100—93 国际单位制及其应用

GB 3101—93 有关量、单位和符号的一般原则

GB 7713—87　科学技术报告、学位论文和学术论文的编写格式

GB 8170—87　数值修约规则

3　定　义

本标准采用下列定义。

物理量　physical quantity

用于定量地描述物理现象的量,即科学技术领域里使用的表示长度、质量、时间、电流、热力学温度、物质的量和发光强度的量。使用的单位应是法定计量单位。

非物理量　non-physical quantity

日常生活中使用的量,使用的是一般量词。如 30 元、45 天、67 根等。

4　一般原则

4.1　使用阿拉伯数字或是汉字数字,有的情形选择是唯一而确定的。

4.1.1　统计表中的数值,如正负整数、小数、百分比、分数、比例等,必须使用阿拉伯数字。

示例:48　302　－125.03　34.05％　63％～68％　1/4　2/5　1∶500

4.1.2　定型的词、词组、成语、惯用语、缩略语或具有修辞色彩的词语中作为语素的数字,必须使用汉字。

示例:一律　一方面　十滴水　二倍体　三叶虫　星期五　四氧化三铁　一〇五九(农药内吸磷)　八国联军　二〇九师　二万五千里长征　四书五经　五四运动　九三学社　十月十七日同盟　路易十六　十月革命　"八五"计划　五省一市　五局三胜制　二八年华　二十挂零　零点方案　零岁教育　白发三千丈　七上八下　不管三七二十一　相差十万八千里　第一书记　第二

轻工业局　一机部三所　第三季度　第四方面军　十三届四中全会

4.2　使用阿拉伯数字或是汉字数字,有的情形,如年月日、物理量、非物理量、代码、代号中的数字,目前体例尚不统一。对这种情形,要求凡是可以使用阿拉伯数字而且又很得体的地方,特别是当所表示的数目比较精确时,均应使用阿拉伯数字。遇特殊情形,或者为避免歧解,可以灵活变通,但全篇体例应相对统一。

5　时间(世纪、年代、年、月、日、时刻)

5.1　要求使用阿拉伯数字的情况

5.1.1　公历世纪、年代、年、月、日

示例:公元前 8 世纪　20 世纪 80 年代　公元前 440 年　公元 7 年　1994 年 10 月 1 日

5.1.1.1　年份一般不用简写。如:1990 年不应简作"九〇年"或"90 年"。

5.1.1.2　引文著录、行文注释、表格、索引、年表等,年月日的标记可按 GB/T 7408—94 的 5.2.1.1 中的扩展格式。如:1994 年 9 月 30 日和 1994 年 10 月 1 日可分别写作 1994-09-30 和 1994-10-01,仍读作 1994 年 9 月 30 日、1994 年 10 月 1 日。年月日之间使用半字线"-"。当月和日是个位数时,在十位上加"0"。

5.1.2　时、分、秒

示例:4 时　15 时 40 分(下午 3 点 40 分)　14 时 12 分 36 秒

注:必要时,可按 GB/T 7408—94 的 5.3.1.1 中的扩展格式。该格式采用每日 24 小时计时制,时、分、秒的分隔符为冒号":"。

示例:04:00(4 时)　15:40(15 时 40 分)　14:12:36(14 时 12 分 36 秒)

5.2　要求使用汉字的情况

5.2.1　中国干支纪年和夏历月日

示例:丙寅年十月十五日　腊月二十三日　正月初五　八月十五中秋节

5.2.2 中国清代和清代以前的历史纪年、各民族的非公历纪年。

这类纪年不应与公历月日混用,并应采用阿拉伯数字括注公历。

示例:秦文公四十四年(公元前 722 年)　太平天国庚申十年九月二十四日(清咸丰十年九月二十日,公元 1860 年 11 月 2 日)　藏历阳木龙年八月二十六日(1964 年 10 月 1 日)　日本庆应三年(1867 年)

5.2.3 含有月日简称表示事件、节日和其他意义的词组

如果涉及一月、十一月、十二月,应用间隔号"·"将表示月和日的数字隔开,并外加引号,避免歧义。涉及其他月份时,不用间隔号,是否使用引号,视事件的知名度而定。

示例 1:"一·二八"事变(1 月 28 日)　"一二·九"运动(12 月 9 日)　"一·一七"批示(1 月 17 日)　"一一·一○"案件(11 月 10 日)

示例 2:五四运动　五卅运动　七七事变　五一国际劳动节　"五二○"声明　"九一三"事件

6　物理量

物理量量值必须用阿拉伯数字,并正确使用法定计量单位。小学和初中教科书、非专业科技书刊的计量单位可使用中文符号。

示例:8 736.80 km(8 736.80 千米)　600 g(600 克)　100 kg～150 kg(100 千克～150 千克)　12.5 m^2(12.5 平方米)　外形尺寸是 400 mm×200 mm×300 mm(400 毫米×200 毫米×300 毫米)　34℃～39℃(34 摄氏度～39 摄氏度)　0.59 A(0.59 安〔培〕)

7　非物理量

7.1　一般情况下应使用阿拉伯数字。

示例:21.35 元　45.6 万元　270 美元　290 亿英镑　48 岁

11个月 1 480人 4.6万册 600幅 550名

7.2 整数一至十,如果不是出现在具有统计意义的一组数字中,可以用汉字,但要照顾到上下文、求得局部体例上的一致。

示例1:一个人 三本书 四种产品 六条意见 读了十遍 五个百分点

示例2:截至1984年9月,我国高等学校有新闻系6个,新闻专业7个,新闻班1个,新闻教育专职教员274人,在校学生1 561人。

8 多位整数与小数

8.1 阿拉伯数字书写的多位整数和小数的分节

8.1.1 专业性科技出版物的分节法:从小数点起,向左和向右每三位数字一组,组间空四分之一个汉字(二分之一个阿拉伯数字)的位置。

示例:2 748 456 3.141 592 65

8.1.2 非专业性科技出版物如排版留四分空有困难,可仍采用传统的以千分撇","分节的办法。小数部分不分节。四位以内的整数也可以不分节。

示例:2,748,456 3,14159265 8703

8.2 阿拉伯数字书写的纯小数必须写出小数点前定位的"0"。小数点是齐底线的黑圆点"."。

示例:0.46不得写成 .46和0·46

8.3 尾数有多个"0"的整数数值的写法

8.3.1 专业性科技出版物根据GB 8170—87关于数值修约的规则处理。

8.3.2 非科技出版物中的数值一般可以"万"、"亿"作单位。

示例:三亿四千五百万可写成345,000,000,也可写成34,500万或3.45亿,但一般不得写作3亿4千5百万。

8.4 数值巨大的精确数字,为了便于定位读数或移行,作为特例可以同时使用"亿、万"作单位。

示例：我国 1982 年人口普查人数为 10 亿 817 万 5288 人；1990 年人口普查人数为 11 亿 3368 万 2501 人。

8.5　一个用阿拉伯数字书写的数值应避免断开移行。

8.6　阿拉伯数字书写的数值在表示数值的范围时，使用浪纹式连接号"～"。

示例：150 千米～200 千米　－36℃～－8℃　2 500 元～3 000 元

9　概数和约数

9.1　相邻的两个数字并列连用表示概数，必须使用汉字，连用的两个数字之间不得用顿号"、"隔开。

示例：二三米　一两个小时　三五天　三四个月　十三四吨　一二十个　四十五六岁　七八十种　二三百架次　一千七八百元　五六万套

9.2　带有"几"字的数字表示约数，必须使用汉字。

示例：几千年　十几天　一百几十次　几十万分之一

9.3　用"多""余""左右""上下""约"等表示的约数一般用汉字。如果文中出现一组具有统计和比较意义的数字，其中既有精确数字，也有用"多"、"余"等表示的约数时，为保持局部体例上的一致，其约数也可以使用阿拉伯数字。

示例1：这个协会举行全国性评奖十余次，获奖作品有一千多件。协会吸收了约三千名会员，其中三分之二是有成就的中青年。另外，在三十个省、自治区、直辖市还设有分会。

示例2：该省从机动财力中拿出 1 900 万元，调拨钢材 3 000 多吨、水泥 2 万多吨、柴油 1 400 吨，用于农田水利建设。

10　代号、代码和序号

部队番号、文件编号、证件号码和其他序号，用阿拉伯数字。序数词即使是多位数也不能分节。

示例:84062部队　国家标准 GB 2312—80　国办发〔1987〕9号文件　总 3147 号　国内统一刊号 GN 11—1399　21/22 次特别快车　HP—3000 型电子计算机　85 号汽油　维生素 B_{12}

11　引文标注

引文标注中版次、卷次、页码,除古籍应与所据版本一致外,一般均使用阿拉伯数字。

示例1:列宁:《新生的中国》,见《列宁全集》,中文2版,第22卷,208页,北京,人民出版社,1990。

示例2:刘少奇:《论共产党员的修养》,修订2版,76页,北京,人民出版社,1962。

示例3:李四光:《地壳构造与地壳运动》,载《中国科学》,1973(4),400~429页。

示例4:许慎:《说文解字》,影印陈昌治本,126页,北京,中华书局,1963。

示例5:许慎:《说文解字》,四部丛刊本,卷六上,九页。

12　横排标题中的数字

横排标题涉及数字时,可以根据版面的实际需要和可能作恰当的处理。

13　竖排文章中的数字

提倡横排。如文中多处涉及物理量,更应横排。竖排文字中涉及的数字除必须保留的阿拉伯数字外,应一律用汉字。必须保留的阿拉伯数字、外文字母和符号均按顺时针方向转90度。

示例一：

雪花牌 BCD 188 型家用电冰箱容量是一百八十八升，功率为一百二十五瓦，市场售价两千零五十元，返修率仅为百分之零点一五。

示例二：

海军 J12 号打捞救生船在太平洋上航行了十三天，于一九九〇年八月六日零时三十分返回基地。

14 字　　体

　　出版物中的阿拉伯数字，一般应使用正体二分字身，即占半个汉字位置。

附录二

标点符号用法

(1995年12月13日国家技术监督局
发布 1996年6月1日施行)

1 范　围

本标准规定了标点符号的名称、形式和用法。本标准对汉语书写规范有重要的辅助作用。

本标准适用于汉语书面语。外语界和科技界也可参考使用。

2 定　义

本标准采用下列定义。

句子 sentence

前后都有停顿,并带有一定的句调,表示相对完整意义的语言单位。

陈述句 declarative sentence

用来说明事实的句子。

祈使句 imperative sentence

用来要求听话人做某件事情的句子。

疑问句 interrogative sentence

用来提出问题的句子。

感叹句 exclamatory sentence

用来抒发某种强烈感情的句子。

复句、分句 complex sentence, clause

意思上有密切联系的小句子组织在一起构成一个大句子。这样的大句子叫复句,复句中的每个小句子叫分句。

词语 expression

词和短语(词组)。词,即最小的能独立运用的语言单位。短语,即由两个或两个以上的词按一定的语法规则组成的表达一定意义的语言单位,也叫词组。

3 基本规则

3.1 标点符号是辅助文字记录语言的符号,是书面语的有机组成部分,用来表示停顿、语气以及词语的性质和作用。

3.2 常用的标点符号有 16 种,分点号和标号两大类。

点号的作用在于点断,主要表示说话时的停顿和语气。点号又分为句末点号和句内点号。句末点号用在句末,有句号、问号、叹号 3 种,表示句末的停顿,同时表示句子的语气。句内点号用在句内,有逗号、顿号、分号、冒号 4 种,表示句内的各种不同性质的停顿。

标号的作用在于标明,主要标明语句的性质和作用。常用的标号有 9 种,即:引号、括号、破折号、省略号、着重号、连接号、间隔号、书名号和专名号。

4 用法说明

4.1 句号

4.1.1 句号的形式为"。"。句号还有一种形式,即一个小圆点".",一般在科技文献中使用。

4.1.2 陈述句末尾的停顿,用句号。例如:

a) 北京是中华人民共和国的首都。

b) 虚心使人进步,骄傲使人落后。

c) 亚洲地域广阔,跨寒、温、热三带,又因各地地形和距离海洋远近不同,气候复杂多样。

4.1.3 语气舒缓的祈使句末尾,也用句号。例如:
请您稍等一下。

4.2 问号

4.2.1 问号的形式为"?"。

4.2.2 疑问句末尾的停顿,用问号。例如:
a) 你见过金丝猴吗?
b) 他叫什么名字?
c) 去好呢,还是不去好?

4.2.3 反问句的末尾,也用问号。例如:
a) 难道你还不了解我吗?
b) 你怎么能这么说呢?

4.3 叹号

4.3.1 叹号的形式为"!"。

4.3.2 感叹句末尾的停顿,用叹号。例如:
a) 为祖国的繁荣昌盛而奋斗!
b) 我多么想看看他老人家呀!

4.3.3 语气强烈的祈使句末尾,也用叹号。例如:
a) 你给我出去!
b) 停止射击!

4.3.4 语气强烈的反问句末尾,也用叹号。例如:
我哪里比得上他呀!

4.4 逗号

4.4.1 逗号的形式为","。

4.4.2 句子内部主语与谓语之间如需停顿,用逗号。例如:
我们看得见的星星,绝大多数是恒星。

4.4.3 句子内部动词与宾词之间如需停顿,用逗号。例如:
应该看到,科学需要一个人贡献出毕生的精力。

4.4.4 句子内部状语后边如需停顿,用逗号。例如:
对于这个城市,他并不陌生。

4.4.5 复句内各分句之间的停顿,除了有时要用分号外,都要用逗号。例如:

据说苏州园林有一百多处,我到过的不过十多处。

4.5 顿号

4.5.1 顿号的形式为"、"。

4.5.2 句子内部并列词语之间的停顿,用顿号。例如:

a) 亚马孙河、尼罗河、密西西比河和长江是世界四大河流。

b) 正方形是四边相等、四角均为直角的四边形。

4.6 分号

4.6.1 分号的形式为";"。

4.6.2 复句内部并列分句之间的停顿,用分号。例如:

a) 语言,人们用来抒情达意;文字,人们用来记言记事。

b) 在长江上游,瞿塘峡像一道闸门,峡口险阻;巫峡像一条迂回曲折的画廊,每一曲,每一折,都像一幅绝好的风景画,神奇而秀美;西陵峡水势险恶,处处是急流,处处是险滩。

4.6.3 非并列关系(如转折关系、因果关系等)的多重复句,第一层的前后两部分之间,也用分号。例如:

我国年满十八周岁的分民,不分民族、种族、性别、职业、家庭出身、宗教信仰、教育程度、财产状况、居住期限,都有选举权和被选举权;但是依照法律被剥夺政治权利的人除外。

4.6.4 分行列举的各项之间,也可以用分号。例如:

中华人民共和国的行政区域划分如下:

(一)全国分为省、自治区、直辖市;

(二)省、自治区分为自治州、县、自治县、市;

(三)县、自治县分为乡、民族乡、镇。

4.7 冒号

4.7.1 冒号的形式为":"。

4.7.2 用在称呼语后边,表示提起下文。例如:

同志们,朋友们:

现在开会了。……

4.7.3 用在"说、想、是、证明、宣布、指出、透露、例如、如下"

等词语后边,表示提起下文。例如:

他十分惊讶地说:"啊,原来是你!"

4.7.4 用在总说性话语的后边,表示引起下文的分说。例如:

北京紫禁城有四座城门:午门、神武门、东华门和西华门。

4.7.5 用在需要解释的词语后边,表示引出解释或说明。例如:

外文图书展销会

日期:10月20日至11月10日

时间:上午8时至下午4时

地点:北京朝阳区工体东路16号

主办单位:中国图书进出口总公司

4.7.6 总括性话语的前边,也可以用冒号,以总结上文。例如:

张华考上了北京大学,在化学系学习;李萍进了中等技术学校,读机械制造专业;我在百货公司当售货员:我们都有光明的前途。

4.8 引号

4.8.1 引号的形式为双引号""""和单引号"''"。

4.8.2 行文中直接引用的话,用引号标示。例如:

a) 爱因斯坦说:"想象力比知识更重要,因为知识是有限的,而想象力概括着世界上的一切,推动着进步,并且是知识进化的源泉。"

b) "满招损,谦受益"这句格言,流传到今天至少有两千年了。

c) 现代画家徐悲鸿笔下的马,正如有的评论家所说的那样,"神形兼备,充满生机"。

4.8.3 需要着重论述的对象,用引号标示。例如:

古人对于写文章有个基本要求,叫做"有物有序"。"有物"就是要有内容,"有序"就是要有条理。

4.8.4 具有特殊含义的词语,也用引号标示。例如:

a) 从山脚向上望,只见火把排成许多"之"字形,一直连到天上,跟星光接起来,分不出是火把还是星星。

b) 这样的"聪明人"还是少一点好。

4.8.5 引号里面还要用引号时,外面一层用双引号,里面一层用单引号。例如:

他站起来问:"老师,'有条不紊'的'紊'是什么意思?"

4.9 括号

4.9.1 括号常用的形式是圆括号"( )"。此外还有方括号"[ ]"、六角括号"〔 〕"和方头括号"【 】"。

4.9.2 行文中注释性的文字,用括号标明。注释句子里某些词语的,括注紧贴在被注释词语之后;注释整个句子的,括注放在句末标点之后。例如:

a) 中国猿人(全名为"中国猿人北京种",或简称"北京人")在我国的发现,是对古人类学的一个重大贡献。

b) 写研究性文章跟文学创作不同,不能摊开稿纸搞"即兴"。(其实文学创作也要有素养才能有"即兴"。)

4.10 破折号

4.10.1 破折号的形式为"——"。

4.10.2 行文中解释说明的语句,用破折号标明。例如:

a) 迈进金黄色的大门,穿过宽阔的风门厅和衣帽厅,就到了大会堂建筑的枢纽部分——中央大厅。

b) 为了全国人民——当然也包括自己在内——的幸福,我们每一个人都要兢兢业业,努力工作。

4.10.3 话题突然转变,用破折号标明。例如:

"今天好热啊!——你什么时候去上海?"张强对刚刚进门的小王说。

4.10.4 声音延长,象声词后用破折号。例如:

"呜——"火车开动了。

4.10.5 事项列举分承,各项之前用破折号。例如:

根据研究对象的不同,环境物理学分为以下五个分支学科:

——环境声学;

——环境光学;

——环境热学；

——环境电磁学；

——环境空气动力学。

4.11 省略号

4.11.1 省略号的形式为"……",六个小圆点,占两个字的位置。如果是整段文章或诗行的省略,可以使用十二个小圆点来表示。

4.11.2 引文的省略,用省略号标明。例如：

她轻轻地哼起了《摇篮曲》："月儿明,风儿静,树叶儿遮窗棂啊……"

4.11.3 列举的省略,用省略号标明。例如：

在广州的花市上,牡丹、吊钟、水仙、梅花、菊花、山茶、墨兰……春秋冬三季的鲜花都挤在一起啦！

4.11.4 说话断断续续,可以用省略号标示。例如：

"我……对不起……大家,我……没有……完成……任务。"

4.12 着重号

4.12.1 着重号的形式为"．"。

4.12.2 要求读者特别注意的字、词、句,用着重号标明。例如：

事业是干出来的,不是吹出来的。

4.13 连接号

4.13.1 连接号的形式为"—",占一个字的位置。连接号还有另外三种形式,即长横"——"(占两个字的位置)、半字线"-"(占半个字的位置)和浪纹"～"(占一个字的位置)。

4.13.2 两个相关的名词构成一个意义单位,中间用连接号。例如：

a) 我国秦岭—淮河以北地区属于温带季风气候区,夏季高温多雨,冬季寒冷干燥。

b) 复方氯化钠注射液,也称任-洛二氏溶液(Ringer-Locke solution),用于医疗和哺乳动物生理学实验。

4.13.3 相关的时间、地点或数目之间用连接号,表示起止。

例如：

a) 鲁迅(1881—1936)中国现代伟大的文学家、思想家和革命家。原名周树人,字豫才,浙江绍兴人。

b) "北京——广州"直达快车。

c) 梨园乡种植的巨峰葡萄今年已经进入了丰产期,亩产1 000公斤～1 500公斤。

4.13.4　相关的字母、阿拉伯数字等之间,用连接号,表示产品型号。例如：

在太平洋地区,除了已建成投入使用的 HAW—4 和 TPC—3 海底光缆之外,又有 TPC—4 海底光缆投入运营。

4.13.5　几个相关的项目表示递进式发展,中间用连接号。例如：

人类的发展可以分为古猿—猿人—古人—新人这四个阶段。

4.14　间隔号

4.14.1　间隔号的形式为"·"。

4.14.2　外国人和某些少数民族人名内各部分的分界,用间隔号标示。例如：

列奥纳多·达·芬奇

爱新觉罗·努尔哈赤

4.14.3　书名与篇(章、卷)名之间的分界,用间隔号标示。例如：

《中国大百科全书·物理学》

《三国志·蜀志·诸葛亮传》

4.15　书名号

4.15.1　书名号的形式为双书名号"《》"和单书名号"〈〉"。

4.15.2　书名、篇名、报纸名、刊物名等,用书名号标示。例如：

a)《红楼梦》的作者是曹雪芹。

b) 你读过鲁迅的《孔乙己》吗？

c) 他的文章在《人民日报》上发表了。

d) 桌上放着一本《中国语文》。

4.15.3 书名号里边还要用书名号时,外面一层用双书名号,里边一层用单书名号。例如:

《〈中国工人〉发刊词》发表于 1940 年 2 月 7 日。

4.16 专名号

4.16.1 专名号的形式为"＿＿"。

4.16.2 人名、地名、朝代名等专名下面,用专名号标示。例如:

司马相如者,汉蜀郡成都人也,字长卿。

4.16.3 专名号只用在古籍或某些文史著作里面。为了跟专名号配合,这类著作里的书名号可以用浪线"～～"。例如:

屈原放逐,乃赋离骚;左丘失明,厥有国语。

5 标点符号的位置

5.1 句号、问号、叹号、逗号、顿号、分号和冒号一般占一个字的位置,居左偏下,不出现在一行之首。

5.2 引号、括号、书名号的前一半不出现在一行之末,后一半不出现在一行之首。

5.3 破折号和省略号都占两个字的位置,中间不能断开。连接号和间隔号一般占一个字的位置。这四种符号上下居中。

5.4 着重号、专名号和浪线式书名号标在字的下边,可以随字移行。

6 直行文稿与横行文稿使用标点符号的不同

6.1 句号、问号、叹号、逗号、顿号、分号和冒号放在字下偏右。

6.2 破折号、省略号、连接号和间隔号放在字下居中。

6.3 引号改用双引号"﹃﹄"和单引号"﹁﹂"。

6.4 着重号标在字的右侧,专名号和浪线式书名号标在字的左侧。

声　明

对于本教材所使用的受著作权法保护的材料,尽管本社已经竭尽全力去获得使用许可,但由于缺少联系方式,仍有些材料未能获得著作权人的许可。为满足课堂教学之急需,我们在这些材料未获得许可的情况下出版了本教材,并按照国家相关标准将稿酬先行列支。我们对此深表歉意,并请相关著作权人在看到本教材及本声明后尽快与我们联系,我们将立即奉上稿酬及样书。

联系人:刘　正
地　址:北京市海淀区成府路205号
　　　　北京大学出版社205室
邮　编:100871
电　话:010—62753334

北京大学出版社
2008年7月